权威 · 前沿 · 原创

皮书系列为
“十二五”“十三五”国家重点图书出版规划项目

中国商务中心区发展报告 No.5（2019）

ANNUAL REPORT ON THE DEVELOPMENT OF CHINA'S CENTRAL BUSINESS DISTRICT No.5 (2019)

营造 CBD 国际一流营商环境

名誉主编／龙永图　李国红
主　　编／郭　亮　单菁菁
副 主 编／周　颖　武占云

社会科学文献出版社
SOCIAL SCIENCES ACADEMIC PRESS (CHINA)

图书在版编目(CIP)数据

中国商务中心区发展报告：营造 CBD 国际一流营商环境. No.5，2019／郭亮，单菁菁主编. --北京：社会科学文献出版社，2019.10

（商务中心区蓝皮书）

ISBN 978-7-5201-5731-5

Ⅰ.①中… Ⅱ.①郭… ②单… Ⅲ.①中央商业区-研究报告-中国-2019 Ⅳ.①F72

中国版本图书馆 CIP 数据核字（2019）第 221782 号

商务中心区蓝皮书

中国商务中心区发展报告 No.5（2019）

——营造 CBD 国际一流营商环境

名誉主编／龙永图　李国红
主　　编／郭　亮　单菁菁
副 主 编／周　颖　武占云

出 版 人／谢寿光
责任编辑／薛铭洁　陈　颖　桂　芳　陈晴钰

出　　版／社会科学文献出版社·皮书出版分社（010）59367127
地址：北京市北三环中路甲 29 号院华龙大厦　邮编：100029
网址：www.ssap.com.cn
发　　行／市场营销中心（010）59367081　59367083
印　　装／天津千鹤文化传播有限公司

规　　格／开 本：787mm×1092mm　1/16
印 张：23.25　字 数：348 千字
版　　次／2019 年 10 月第 1 版　2019 年 10 月第 1 次印刷
书　　号／ISBN 978-7-5201-5731-5
定　　价／158.00 元

本书如有印装质量问题，请与读者服务中心（010-59367028）联系

《中国商务中心区发展报告》
编　委　会

主要编撰者介绍

郭　亮　北京商务中心区管理委员会常务副主任，曾担任北京奥运森林公园建设管委会、北京市朝阳区发展和改革委员会的领导职务，长期从事城市与区域经济发展研究，具有丰富的实践管理经验。

单菁菁　中国社会科学院城市发展与环境研究所研究员、博导，城市规划研究室主任，《城市蓝皮书：中国城市发展报告》主编。主要从事城市与区域规划、城市经济、城市社会、城镇化等研究。先后主持或参与了多项地区的经济社会发展规划或专项规划研究和编制工作。主持或参加国家社科基金课题、中英合作伙伴课题、中国社科院重大课题、中国社科院重点课题、中国社科院城环所重点课题、青年基金课题、地方委托课题等60多项，其中主持或合作主持课题36项，参加了17部学术著作的撰写工作，发表专著2部、中英文学术论文60多篇，撰写研究报告50多篇，向国务院提交了10余个政策建议，《中国农民工市民化研究》获钱学森城市学金奖提名奖，主持或参与完成的科研成果多次获奖，曾赴英国、法国、比利时、意大利、越南、泰国、新加坡、韩国、中国香港、中国澳门等地进行考察与学术访问。

周　颖　北京商务中心区管理委员会发展处处长，先后从事金融产业发展和商务区发展研究工作，具有丰富的实践经验。

武占云　中国社会科学院城市发展与环境研究所副研究员、博士，主要从事城市规划、城市与区域经济学研究。在国内外核心期刊发表中英文学术论文30余篇，撰写研究报告10余篇。先后主持或参与完成了10多项科研项目，包括国家社科基金4项、国家自然基金3项、教育部人文社科项目1项、博士后基金1项、中国社科院中英研究项目1项、中国社科院青年中心基金1项。

摘　要

打造良好的营商环境是建设现代化经济体系、促进经济高质量发展的重要基础，创造能够最大限度激发市场主体活力、激励相容、高效透明的营商环境是中国 CBD 的重要发展趋势。《中国商务中心区发展报告 No.5（2019）》（以下简称《报告》）以“营造 CBD 国际一流营商环境”为主题，立足于深化改革和对外开放的双重背景，系统总结中国 CBD 营商环境优化的进展、成效和问题，研究提出促进 CBD 营商环境优化的总体思路、重点任务及对策建议。《报告》总体框架包括总报告、政务环境篇、投资贸易篇、创新环境篇、诚信法治篇、国内案例篇、国际经验篇和大事记等八个篇章。

《报告》指出，随着中国“放管服”改革的深入推进，CBD 在深化商事制度改革、推进投资贸易便利化、加强信用体系建设、营造创新创业环境等领域先行先试、率先突破、探索经验，营商环境的国际化、法治化和便利化水平显著提升。《报告》分别从政务服务环境、投资贸易环境、市场法治环境和创新创业环境等四个层面分析中国 CBD 在营商环境优化方面的进展及成就。

一是政务服务环境持续优化。CBD 通过减少行政审批事项、深化商事制度改革、推动“互联网 + 政务服务”等措施，最大限度实现准入环节便利化，既提升了政府服务效率，又为 CBD 的发展注入了新动能和新活力。二是投资贸易更加便利化。CBD 积极主动对标国际高标准投资贸易规则，推动服务业领域的对外开放和制度创新，施行准入前国民待遇加负面清单管理制度，最大限度降低市场准入门槛，投资贸易环境显著改善。三是市场法治环境明显改善。CBD 通过建设以信用监管为核心的市场监管机制，完善以商务诚信为核心的社会信用体系，以及加强知识产权保护等措施，努力营造公平高效的市场法治环境。四是创新创业活力显著提升。CBD 基于全球技术变革和创新人才竞争的新形势，通过减负降税激发企业活力、优化人才发展环境、促进多元主体共治等措施，最大限度激发创新创业活力。

总体来看，中国 CBD 在营商环境优化方面取得了长足进步，尤其是北京、上海、广州和深圳 CBD 在营商环境优化方面进入了深度攻坚和前沿探索阶段。然而，随着国际竞争格局的变化，国际市场环境更为严峻，中国 CBD 的发展仍面临着诸多问题和挑战，包括投资贸易规则与国际高标准仍存在差距、信用监管体系不健全、企业税负仍然较重、政策精准性和协同性有待提升等。如何突破发展瓶颈，对营商环境进行系统设计和改革，打造国际一流营商环境是 CBD 未来一段时期内的重点任务。

面对新形势和新挑战，《报告》指出 CBD 既肩负着国家发展更高层次开放型经济的战略任务，又面临着经济迈向高质量发展的内在转型要求，应以构建国际一流营商环境为目标，以市场主体感受度为评价标准，以制度创新为核心，进一步深化“放管服”改革，打造国际一流政务服务环境；对接国际最高标准，着力推进贸易投资环境改善；强化法治保障，营造竞争高效的市场运行秩序；激发市场活力，打造更具活力的创新创业环境；注重公众参与，推动多元主体协同共治，多维度、全方位推动形成国际一流营商环境。

关键词： CBD　营商环境　高质量发展　开放型经济

目　录

Ⅰ　总报告

B.1　打造国际一流营商环境，助推经济高质量发展

…………………………………………………………… 总报告课题组 / 001

一　中国 CBD 营商环境优化的进展与成效 ………………… / 002

二　中国 CBD 营商环境优化面临的问题与挑战 …………… / 013

三　国际 CBD 营商环境优化的经验借鉴 ………………… / 016

四　促进 CBD 营造国际一流营商环境的对策建议 ………… / 025

B.2　2018年中国 CBD 发展评价 ……………………… 总报告编写组 / 033

一　2018 年发展评价 ……………………………………… / 034

二　趋势与展望 …………………………………………… / 043

三　结论与建议 …………………………………………… / 047

Ⅱ　政务环境篇

B.3　我国 CBD 政务服务改革的地方实践与经验…… 黄　晴　刘华兴 / 049

B.4　CBD 投资审批改革的进展、成效与对策

——以工程建设项目投资审批改革为例……………… 苗婷婷 / 064

B.5 CBD 商事制度改革的进展、成效与对策 …………………………………… 李水金 欧阳蕾 栗 娜 / 081

Ⅲ 投资贸易篇

B.6 服务业扩大开放战略背景下 CBD 的机遇与挑战 ……………………………………………… 谭洪波 夏杰长 / 096
B.7 我国贸易投资便利化的发展及对 CBD 的借鉴 ………… 于 鹏 / 120

Ⅳ 创新环境篇

B.8 北京市金融业空间集聚及 CBD 金融业发展路径 ……… 赵 璐 / 133
B.9 CBD 创新型人才发展的对策研究 ……………… 邬晓霞 黄 艳 / 149

Ⅴ 诚信法治篇

B.10 CBD 信用体系建设的进展、问题与提升路径 ………… 周 莉 / 166
B.11 知识产权保护与交易的厦门实践 ……………………… 邓 明 / 183
B.12 完善我国 CBD 市场监管体系的思路及对策 …………… 王艳红 / 193

Ⅵ 国内案例篇

B.13 北京 CBD：以平台和标准建设为抓手，打造国际一流营商环境 ……………………………………… 张炯杨 邬晓霞 / 207
B.14 陆家嘴金融城关于创新“业界共治”模式优化营商环境实务研究 …………… 任凯锋 周海东 李 彦 张 羽 / 218
B.15 拓展企业服务前沿境界 打造营商环境福田标杆 …… 冯向阳 / 236

B.16 广州市天河中央商务区在现代化国际化营商环境方面出新出彩的探索实践 …………………… 武占云 杨 阳 / 247

Ⅶ 国际经验篇

B.17 全球企业的家园，国际营商的天堂
——新加坡优化营商环境的经验借鉴及对中国商务中心区发展的启示 …………………… 朱轶佳 赵大生 / 259

B.18 地区治理、活力与吸引力：以法国为例
…………………………………… 步睿飞 朱禹铭 范德维 / 275

B.19 伦敦中央商务区（金丝雀码头）的营商环境发展战略
…………………………………………………… 肖超伟 / 302

Ⅷ 大事记

B.20 2018年度 CBD 发展大事记 ………………………………… / 316

Abstract …………………………………………………… / 334

Contents …………………………………………………… / 337

皮书数据库阅读**使用指南**

总 报 告

General Reports

B.1

打造国际一流营商环境，助推经济高质量发展

总报告课题组*

摘　要： 打造良好的营商环境是建设现代化经济体系、促进经济高质量发展的重要基础。随着我国“放管服”改革的深入推进，CBD 着力深化商事制度改革、持续放开市场准入、不断完善市场监管、多措并举促进创新创业，营商环境的国际化、法治化和便利化水平有了大幅提升。随着国际竞争格局的变化，国际市场环境更为严峻，CBD 的发展面临着新问题和新挑战，包括投资贸易规则与国际高标准仍存在差距、信用监管

---

* 单菁菁，中国社会科学院城市发展与环境研究所规划室主任，研究员，博士，研究方向：城市与区域经济发展战略、城市与区域规划、城市与区域管理等；武占云，中国社会科学院城市发展与环境研究所副研究员，博士，研究方向：城市规划、城市与区域经济等；耿冰，中国社会科学院城市发展与环境研究所博士后，研究方向：城市与区域规划。

体系不健全、多种要素成本缺乏竞争力、政策精准性和协同性有待提升。面对新形势和新挑战，本文提出，CBD 应进一步深化“放管服”改革，打造国际一流政务服务环境；对接国际最高标准，着力推进贸易投资环境改善；强化法治保障，营造竞争高效的市场运行秩序；激发市场活力，打造更具活力的创新创业环境；注重公众参与，推动多元主体协同共治，多维度、全方位推动形成国际一流营商环境。

关键词： CBD　营商环境　商事制度　市场监管

营商环境是一个国家、地区或城市的市场发育程度、对外开放水平和政府治理能力的综合反映。随着全球经济一体化的深入推进和全球贸易格局的深刻变革，营商环境优化已成为当前全球主要经济体竞争的重要领域。同时，随着国际贸易摩擦给中国经济发展带来的风险性和不确定性加大，持续优化营商环境成为中国经济深化对外开放、谋求高质量发展的重要保障。CBD 作为全球跨国公司总部和高能级功能性机构最为集聚的区域，已成为外资进入中国的“投资指南”和“方向标”，营商环境的优良直接决定了 CBD 及其所在城市和区域的竞争力，CBD 的高质量发展更需要与国际通行规则接轨的营商环境。近年来，创造能够最大限度激发市场主体活力、激励相容、高效透明的营商环境已成为各地 CBD 的共同发展目标，深化商事制度改革、推进投资贸易便利化、加强信用体系建设、营造创新创业氛围成为各 CBD 的政策主线，未来，持续优化营商环境、降低制度性交易成本、开放更多发展空间是 CBD 提升全球竞争力的重要方向。

一　中国 CBD 营商环境优化的进展与成效

营商环境不仅是影响企业“全生命周期”活动效率和质量的法制监管

环境，更是涉及企业所在国家或地区的政治、经济、文化、社会等诸多方面的制度环境，是一个国家或地区参与全球竞争、开展国际交流与合作的重要保障[①]。党的十八大以来，中国以“放管服”为核心，持续推进简政放权、放管结合、优化服务改革，CBD 作为外资企业最密集、国际化程度最高的特殊经济功能区，在深化商事制度改革、推进投资贸易便利化、加强信用体系建设、营造创新创业环境等领域先行先试、率先突破、探索经验，营商环境的国际化、法治化和便利化水平显著提升，为推动经济高质量发展、建设现代化经济体系奠定了坚实基础。本文分别从政务服务环境、投资贸易环境、市场法治环境和创新创业环境等四个层面分析中国 CBD 在营商环境优化方面的进展及成就。

（一）政务服务环境持续优化

通过全面清理事项、优化再造流程、完善服务机制，营造更加规范化、透明化、高效化的政务服务环境是各地区优化营商环境的基础，也是首要任务。中国各地 CBD 通过减少行政审批事项、深化商事制度改革、推动“互联网 + 政务服务”等，最大限度地实现准入环节便利化，有效提升了政府服务效率，促进了政务服务的公开透明，为 CBD 的发展注入了新动能和新活力。

1. 积极推进简政放权，大幅削减行政审批事项

随着全国“放管服”改革的深入推进，各地 CBD 积极推进简政放权，一方面，通过合理分配审批事权、清理取消部分审批事项、实行告知承诺制等改革，推动企业注册、专利申请、商标注册、电力接入、施工许可等领域办事流程的简化和办理时长的压缩，有效降低了企业交易成本。另一方面，积极承接市区两级政府下放的行政审批事项，在 CBD 设立行政审批部门和“一网通办”窗口，对涉企事项网上可办率予以明确的量化目标，着力推行

① 上海市人民政府发展研究中心：《推动高质量发展的营商环境研究》，上海人民出版社，2019。

“前台综合受理、后台分类审批、综合窗口出件”的政务服务新模式，大力简化和优化行政审批流程，提高了行政审批的效率。例如，上海陆家嘴金融城设立了行政审批处，承接区由发改局、规土局、建设局、环保局等部门授权审批事项；上海虹桥 CBD 地域涉及四个行政区，原工商税务审批事项按照行政区受理给区域企业带来了很多不便，近年来虹桥 CBD 设立了“一门通办窗口”和外国人来华工作许可窗口，四个行政区将多项审批事项下放至虹桥 CBD，提升了审批效率。北京 CBD 通过规范经营范围、企业自主预查、网上系统办照、落实容缺受理以及实行智能化审批等措施，实现了企业营业执照办理的大幅提速，申请人在提交企业开办申请后一天内即可领取营业执照。西安长安路 CBD 所在的西安市积极开展“行政效能革命”，下放 452 项行政事权，向社会公布落实“最多跑一次”事项 13675 个，有效提升了服务 CBD 企业的效率。2018 年长安路 CBD 开办企业耗时压缩至 2.7 天，办理施工许可证耗时减少至 55 天。

2. 深化商事制度改革，促进市场准入便利化

商事制度是规范市场主体与商事活动的制度安排和政策规定，是市场经济健康运行的基础性制度，推进商事制度改革是优化营商环境的核心任务。各地 CBD 率先启动登记制度改革，推动注册资本由实缴改认缴，“先证后照”改为“先照后证”，实施“一照通办、一码通用、证照分离、照后减证”等改革。如北京 CBD 大力推广电子营业执照，创新实行企业“网上填报零见面”、“企业开办零见面”、“使用电子执照零见面”等“无须跑、零见面”的服务方式，企业网上申报开办后，不用再去领取“法人一证通”等证书，凭借电子营业执照就可以办理后续的企业社保、税务、公积金等相关事宜。上海 CBD 建立了包括网上提交、电子认证、在线审核、网络发照、数字建档等一揽子流程在内的全程电子化企业申报登记系统，申请人通过一表填报信息、在线提交数据，就可以实现营业执照、企业公章、税务事项等业务的并联办理，以及社保、税务、市场监管等相关数据的同步采集，大大减少了办事环节，节省了办事成本。通过大幅压缩企业注册周期，有效降低企业准入的制度性交易成本，各地 CBD 新增市场主体数量不断增

多。例如，截至2018年底，陆家嘴金融城新设30家外资资产管理机构，聚集了17家外资法人银行、57家外资银行中国区域分行，全球资产管理规模前10位的资产管理机构有9家落户陆家嘴金融城。深圳福田CBD集聚了31万家法人企业，其中世界500强总部3家、中国500强总部13家、上市公司81家、总部413家。广州天河CBD企业总量超过7万家，自2013年商事制度改革以来，企业总数由3万家增长到超过7万家（见表1）。企业活力持续增强。

表1　2018年中国部分CBD的GDP总量和企业数量情况

CBD	2018年GDP总量(亿元)	企业总量(家)	总部企业数量(家)
广州天河CBD	3182.54	70000	109
北京CBD	3163.00	50830	428
深圳福田CBD	2400.00*	9800*	413
武汉CBD	1304.18	—	—
天津河西CBD	1041.98	30000	73*
杭州武林CBD	928.91	2107	—
重庆解放碑CBD	717.00	9684*	145
大连人民路CBD	581.00	6000	35
银川阅海湾CBD	274.00	1648	50
郑东新区CBD	233.43	8345	34
重庆江北嘴CBD	222.00	2337	—
南京河西CBD	178.20	4262	26
西安长安路CBD	153.20*	7169	33*

*为2017年数据。

资料来源：根据中国商务区联盟成员提供数据整理。

3.推动“互联网+政务服务”，提升政府服务效率

随着互联网、大数据等信息技术的快速发展，各地CBD着力推动“互联网+政务服务”的新型服务模式，建立网上综合审批窗口，统一受理申请材料、开展多部门并联审批，通过减材料、减程序、降成本，大幅降低了企业的制度性交易成本；建立手机App、企业综合信息服务网、一站式公共

信息服务平台等互联网终端平台，为区域内企业提供政策咨询、商务资讯、交通出行等信息，提升企业服务智能程度。例如，广州天河 CBD 作为广州市“人工智能 + 机器人”全程电子化商事登记系统的试点区域，首创“智能无人审批”模式，实现了商事登记“零见面、全天候、无纸化”高效办理。上海虹桥 CBD 启动国内首个“5G 示范商务区”建设，着力打造“虹桥慧”一站式公共信息服务平台，汇集交通、会展、商贸、生活等信息，方便区域内企业和居民便捷获取公共服务信息。深圳福田 CBD 建立企业信息综合服务平台，整合梳理分散在各平台的资源信息，全面、快速、方便地建立资源信息系统之间的联系，依托平台“一站式”公开资源清单和服务事项清单，有效提高政府服务整体效能。北京 CBD 开通了“e 窗通”政务服务平台，实现了企业申领执照、刻制公章、申请发票、领取税控器、办理用工登记、办理社保、预约银行开户等全程化在线申报服务。广西南宁金湖 CBD 推出了“手上青秀”App，该 App 依托网上政务服务平台，实时汇入网上申报、排队预约、事项受理、审批（审查）结果和审批证照等信息，降低企业运转成本，有效提升政府工作效率。宁波南部 CBD 探索利用网络技术、云计算、大数据以及手机 App、微信公众号等服务功能，实现服务职能前置，延伸服务深度，优化办事流程，提高办事效率。

专栏 1：深圳福田 CBD 政府服务企业标准管理体系

为适应企业发展多元化需求，促进政府部门服务职能融合，整合政府服务资源，规范资源配置方式，福田企业服务中心在全国率先启动企业服务标准化的探索与研究，根据“顶层整合资源、内部优化流程、端口标准提供”的模式，创新企业服务管理机制，推行企业服务标准化，形成了《福田区政府服务企业标准管理体系》，极大地降低了企业制度性交易成本和经营成本。企业服务标准管理体系运用过程管理原则，对政府服务企业的各环节进行从源头到终端“全流程”管理；整合企业服务资源和事项，明确配置规则，实施“清单式”管理；以“满意度指数”和“营商指数”，衡量企业的满意度水平和营商环境优化的效果。企业服务标准管理体系从企业服务流程性管理的角度分为“通用基础、服务决策、资源管理、服务提供和绩效评价”五大标准体系，共66项标准文件（其中通用基础标准5项、服务决策标准5项、资源管理标准23项、服务提供标准29项、绩效评价标准4项），互相制约、互相补充、协调配套。

（二）投资贸易更加便利化

党的十九大报告提出推进高水平的贸易投资自由化便利化政策，全面实行准入前国民待遇加负面清单管理制度（“准负模式”），降低市场准入门槛和坚定服务业对外开放，CBD是中国经济尤其是现代服务业发展的前沿阵地和核心引擎，主动对标国际高标准投资贸易规则，推动服务业领域的对外开放和制度创新，投资贸易环境显著改善。

1. 持续放宽服务业市场准入

在国家服务业对外开放战略部署下，各地CBD依托自由贸易试验区、“一带一路”建设和服务业扩大开放试点等对外开放战略，实行准入前国民待遇加负面清单管理制度（“准负模式”），持续放宽服务业外资市场的准入限制，减少对外资投资企业开展业务的限制，率先探索跨境服务贸易领域的开放。上海陆家嘴金融城凭借位于上海自贸区的政策优势，早在2013年就开启了外商投资领域的负面清单改革，2018年又发布了《中国（上海）自由贸易试验区跨境服务贸易特别管理措施（负面清单）（2018年）》，积极探索跨境服务贸易特别管理模式。北京CBD作为北京现代服务业扩大开放综合试点区域，积极推进外资独立经营培训政策、金融业对外开放等试点改革。杭州武林CBD依托中国（杭州）跨境贸易电子商务产业园，着力打造集大数据通关服务平台、外贸综合孵化创业平台、一站式公共通关服务平台于一体的“跨贸小镇”。深圳福田CBD明确降低外资准入门槛，包括在经营性电子商务、资信调查与评级服务等领域允许设立外商独资企业。广州天河CBD作为广东省服务贸易自由化示范基地和广州市服务贸易示范区，积极探索粤港澳大湾区全面实行服务贸易自由化的重点领域，提出了在金融、法律、医疗、教育、家政服务等首批6条逐步放松CEPA“负面清单”的试验性政策措施。

专栏2：广州天河CBD：积极探索粤港澳大湾区服务贸易自由化

广州天河CBD率先落实国家对港澳开放新举措，推进广东省服务贸易自由化示范基地和广州市服务贸易示范区建设，探索研究粤港澳大湾区全面实行服务贸易自由化的重点领域，提出了在金融、法律、医疗、教育、家政服务等首批6条逐步放松CEPA“负面清单”的试验性政策措施。目前，广州第一家澳门银行、自贸区外第一家内地香港联营律师所均在CBD，落户CBD的港澳企业超过1300家。未来，将进一步探索在商务服务领域，支持港澳会计律师事务所与内地会计律师事务所设立合伙联营会计律师事务所，扩大联营事务所在天河商务区的准许经营范围；深化与港澳建筑及相关工程专业服务合作。在旅行服务领域，鼓励穗港澳旅行合作社开发跨境自驾游产品。在金融服务领域，扩大银行业对外开放，支持港澳资银行积极参与境内市场、提供金融服务。

2. 提升投资贸易便利化水平

在投资贸易便利化方面，各地CBD大力深化国家外资企业“一窗受理”改革，实施外企备案管理新规，大幅缩减外企备案事项办理时限；通过注册资本制度改革和登记制度改革等，调整证照关系，多证合一、证照分离，大大简化了市场准入的环节。各地根据自身特点和行业情况，进行“单一窗口”的特色贸易投资便利化创新。

广州“单一窗口”上线16大业务功能，基本满足了国际贸易全流程的需要，并实现外商投资企业准入一体化，不涉及准入特别管理措施的外企直接登记注册；上海推进国际贸易“单一窗口”与国家标准版进行融合对接，方便进出口企业办理相关口岸申报事宜，同时建立跨境贸易管理大数据平台，为企业通关提供全流程便捷化服务。北京率先在国际贸易“单一窗口”的国家标准版上实现了申报出口退税，同时大力推广实施电子报关委托，大幅削减进出口环节的核验证件数量，实行通关作业无纸化办公，北京 CBD 的外资企业备案事项办理时限从 20 个工作日缩短至 3 个工作日；深圳前海 CBD 则允许在前海设立外商独资私募证券投资基金管理公司。

3. 深度参与全球服务业价值链重构

随着投资贸易便利化水平的提升，CBD 外资利用规模持续扩大，全球功能性机构不断集聚，为深度参与全球服务业价值链重构创造了良好条件。2018 年，北京 CBD 外资利用数量处于全国领先地位，达到了 42.58 亿美元，广州天河 CBD 外资利用总额超过了 10 亿美元，杭州武林 CBD 和武汉 CBD 则超过了 5 亿美元，上海虹桥 CBD 和长沙芙蓉 CBD 超过了 2 亿美元（见图 1）。

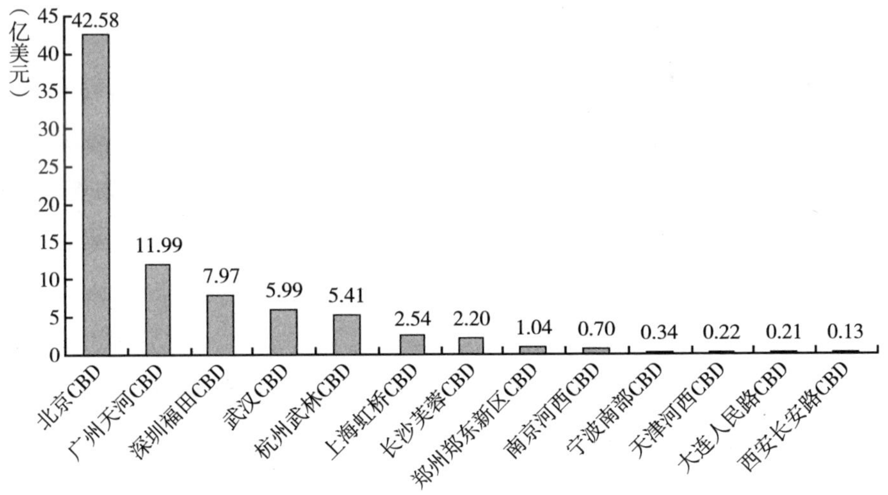

图 1　2018 年中国部分 CBD 外资利用情况

资料来源：根据中国商务区联盟成员提供数据整理。

（三）市场法治环境明显改善

市场法治环境是影响企业投资、经营和退出市场的重要方面，良好的法治环境有利于稳定市场预期、降低市场风险、增强企业投资吸引力。各地

CBD 通过建设以信用监管为核心的市场监管机制、完善以商务诚信为核心的社会信用体系，以及加强知识产权保护等措施，努力营造公平高效的市场法治环境，有利提升了 CBD 营商环境的吸引力和竞争力。

1. 建立以信用监管为核心的市场监管机制

2018 年，《国务院办公厅关于加快推进社会信用体系建设　构建以信用为基础的新型监管机制的指导意见》（国办发〔2019〕35 号）明确提出，以加强信用监管为着力点，创新监管理念、监管制度和监管方式，建立健全贯穿市场主体全生命周期，衔接事前、事中、事后全监管环节的新型监管机制。各地 CBD 在市、区两级市场监管体系的总体部署下，积极转变监管方式，实施以规范市场主体为重点的事中事后监管制度，由单一“纵向监管”向“横向监管”转变，加强跨部门联合监管，深入推进“两随机、一公开”监管方式，促进市场监管的精准化发展。

例如，陆家嘴金融城积极贯彻浦东新区的“六个双”（双告知、双反馈、双跟踪，双随机、双评估、双公示）市场监管新机制，开发大数据、智能化监管应用程序，构筑覆盖企业全生命周期的监管闭环，不断推进信用监管、风险监管、分类监管、动态监管，并引入第三方机构参与市场监管。深圳福田 CBD 出台《福田区受产业政策支持企业监督管理制度》，对于存在有关监管协议考核未达标问题的招商引资项目和企业，将着手研究空间资源退出机制。广州天河 CBD 探索建立服务贸易综合监测平台，创新区域服务贸易企业数据统计方式，推进与广州市服务贸易公共服务平台在信息共享、业务监管等方面的对接与合作，联通企业库、服务机构库、科研机构库，引导企业共享技术研发、工业设计、知识产权等资源。重庆解放碑 CBD 为推动城市管理高品质，以重点区域和时段为监管重点，加强多部门联合执法，强化日常巡查、广告店招管理和违章建筑整治，有效维护了 CBD 区域经营秩序。

2. 完善以企业诚信为核心的市场信用体系

CBD 区域内集聚的各类高端企业具有资源配置能力强、市场影响范围广的典型特征，CBD 尤为重视以企业诚信为核心的市场信用体系建设，以期降低市场风险、稳定市场预期。随着 2017 年“国家企业信用信息公示系统”的全面建成，CBD 着力推动企业信用平台的建设，力争将跨部门、跨领域、跨层级的各类行政许可、行政处罚、注册登记、抽查检查等关于企业的信息统一归集，发挥“一网归集、服务各方”的重要作用。例如，北京 CBD 通过“两系统、一平台”，即北京 CBD 中心区“综合资源管理系统”、“CBD 功能区产业转型升级和楼宇经济管理系统”以及企业信用监管综合平台，建立了“评价方法 - 数据归集 - 综合应用 - 业务联动”的企业信用监管新体系。银川阅海湾 CBD 联合银川市审批局、工商局、税务局、市场安全监督局等对区域内企业建立长效监督机制，全面清理处置企业违约失信问题，加大对违约失信行为的惩戒力度，构建“一处失信、处处受限”的企业失信惩戒长效机制。

专栏 3：北京 CBD：商务诚信事前、事中、事后全方位监管

北京 CBD 积极探索企业信用体系监管新模式，归集了政府、市场、互联网等近 3000 万条数据，建立了企业征信大数据库和企业信用监管体系，实现商务诚信事前、事中、事后全方位监管。该监管体系采用“评价方法 - 数据归集 - 综合应用 - 业务联动”的信用监管模式，在对区域新增企业和存量企业进行信用评估的同时，针对企业信用信息进行公开和共享，打造守信激励、失信惩戒机制的诚信生态环境，同时，该企业信用监管平台还嵌入了企业信用风险评估模型，实现了对企业风险的实时评判，根据企业风险类型，建立全面监测、重点监测、瞬时风险监测的监管模式。

（四）创新创业活力显著提升

创新环境是 CBD 营商软实力和国际竞争力的重要支撑，国际经验表明，国际一流 CBD 在优化营商环境的过程中尤为重视人才和创新环境的建设。各地 CBD 基于全球技术变革和创新人才竞争的新形势，通过减负降税激发企业活力、优化人才发展环境、促进多元主体共治等措施，最大限度激发创新创业活力。

1. 减负降税激发企业活力

为最大限度激发市场主体创新创业活力，我国近年来出台了一系列减税降负措施。CBD 作为市场主体创新最为活跃的区域，积极落实国家和省区市各项减税政策，持续推进“营改增”改革，贯彻小微企业税收优惠政策，扩大小微企业税收优惠范围，取消或减免部分政府性基金，企业的制度性交易成本和生产经营成本有所降低，提升了企业内部动能和市场活力。此外，CBD 积极推进区域内的银企合作，通过发展科技金融、供应链金融、知识产权抵押等新型融资方式，缓解区域内的民营企业、小微企业融资难融资贵问题。例如，深圳福田 CBD 建立“股权 + 资助”的多元化产业资金支持政策，形成“1 +9 + N”系列惠企政策措施，促进了辖区企业健康发展。武汉市江汉区 CBD 优化科创贷、助保贷等金融产品，积极搭建银企对接平台。开展企业动产抵押网上全程办理，支持中小微企业发展。南京河西 CBD 为中小创企业提供“众创空间 + 创业辅导 + 资金融通 + 中介服务 + 政策对接”的全方面金融服务。

2. 着力优化人才发展环境

CBD 是区域创新的策源地，聚集了大量管理型和科技型创新人才，通过各项人才引进政策汇集全球创新型人才成为我国各地 CBD 提升软实力的普遍做法。除了全面推进创新型人才税收减免、住房保障、子女就学等人才引进政策外，各 CBD 不断推出更具吸引力的人才政策，全面优化人才发展环境。例如，北京 CBD 构建全面的国际化人才培养体系，与耶鲁中国商学院、沃顿商学院等世界著名大学合作建立培训中心。上海虹桥 CBD 全面开展外国人来华工作许可业务，试点开展面向长三角企业的外国人来华工作许可业务。上海陆家嘴金融城为了吸引外籍高层次人才，推出了国内首创的“对外籍高层次人才创办科技型企业一视同仁、一照多址”举措。广东省于 2019 年正式实施外国人 144 小时过境免签政策，该政策极大地提升了广州天河 CBD 外籍商务人士的出入境便捷程度，也拓宽了商务人士在大湾区范围的商务服务半径。

3. 促进多元市场主体共治

国际经验表明，CBD 作为最具经济活力和人文魅力的区域，往往通过多元市场主体参与共治以增强文化黏性、提升政府包容性，从而营造包容共享的氛围。近年来，我国 CBD 着力改变政府单一主体的治理模式，积极构建由政府、市场、社会组织等多元主体共治共享的营商环境。例如，上海陆家嘴金融城借鉴伦敦金融城的经验，建立了金融城理事会这一“业界共治 + 法定机构”区域公共治理架构，理事会由 127 家业界代表共同组成，理事会下还设立了品牌推广、楼宇发展、绿色金融和金融风险管理四个专委会，作为共治的平台和抓手。广州天河 CBD 大力实施政府购买专业服务，引入专业服务机构为辖区内重点企业在天河设立分支机构提供项目选址、核名注册、配套服务、政策支持等方面的高效服务。

专栏 4：上海陆家嘴金融城：首创“业界共治 + 法定机构”管理模式

上海陆家嘴金融城积极探索构建精简高效的公共治理模式，在全国首创“业界共治”平台——陆家嘴金融城理事会。金融城理事会由浦东新区政府联合业界发起设立，通过理事大会、常务理事会和专业委员会三个层面开展共治工作。理事大会为理事会最高决策机构，主要职能是听取并审议理事会工作报告和计划、金融城发展规划等；理事会秘书处设在陆家嘴金融城发展局（上海自贸区陆家嘴管理局），为理事会的执行机构；常务理事会由理事长和常务理事构成，理事大会闭会期间，由常务理事会行使相关职能。就打造优质营商环境及所执行不同领域事务之需要，理事会先后成立绿色金融专委会、品牌推广专委会、楼宇发展专委会和金融风险管理专委会，并可根据金融城的发展重点和业界诉求需求，适时组建其他专委会。

二　中国 CBD 营商环境优化面临的问题与挑战

近年来，中国 CBD 在营商环境优化方面取得了长足进步，尤其是北京、上海、广州和深圳 CBD 在营商环境改革方面进入了深度攻坚和前沿探索阶段，营商环境的优化有效促进了经济高质量发展。然而，与国际一流 CBD 相比，中国 CBD 的发展仍面临着一些问题和挑战，包括投资贸易规则与国际高标准仍存在差距、信用监管体系不健全、企业税负仍然较重、政策精准性和协同性有待提升等。如何突破上述发展瓶颈，对营商环境进行系统谋划、设计和改革，打造国际一流营商环境是 CBD 仍需努力谋划和改善的重点。

（一）与国际高标准存在差距

一是投资贸易规则与国际高标准差距较大。虽然当前我国实行准入前国民待遇加负面清单管理制度，贸易投资便利化达到了全球中上水平，但制度创新有待深入。当前国际最高标准已经深入到投资便利后规则，包括进入后的竞争中立规则、环境标准提升、知识产权扩大、劳动权益保护等已经充分放开，而我国目前包括上海自贸区在内的制度创新仍主要集中在便利前规则，负面清单最初在很大限度上也是外商投资指导目录的改版，与国际高标准仍然差距较大。

二是全流程再造尚未完全实现。目前国内 CBD 多是对标世界银行的 10 个领域进行单业务环节的改革创新，尚未涉及投资贸易综合惯例的流程再造。然而就单个指标而言，与国际最高标准也尚存在差距。例如，虽然我国企业注册登记的时间已经大为缩短——减至 2018 年的 8.55 天，但仍落后于新加坡和香港地区的 1.5 天。在获得电力方面，北京、上海通过持续改革，将“获得电力”办理时间、程序大幅缩短为 34 天、3 个环节，仍远高于迪拜（10 天）和香港地区（24 天）。

三是一些体制性障碍依然存在。尽管各地 CBD 大力推行减少社会资本市场准入限制、压减行政许可事项、简化企业投资审批等改革，但制约企业发展的一些体制性障碍依然存在，仍存在招商门槛过高、大量中小企业很难参与到重要项目的投标和建设中；人才政策门槛较高，对人才的吸引力不强，以及缺乏吸纳招揽国际性高级人才、顶尖人才的差别化政策等。

（二）社会信用体系建设有待完善

虽然 CBD 的社会信用体系建设有了较大进展，但与以信用监管为核心的新型监管体制的目标仍有较大差距。

一是政府主导的信用体系不完善，信用平台建设快于制度建设，尤其是监管机制建设滞后，信用监管机制、预警机制不完善；守信联合激励和失信联合惩戒的制度还有待完善；跨部门和跨行业的信用联合奖惩体系还未建成；部分 CBD 政府工作人员缺乏信用监管方面的专业知识，对新型监管手段和方式运用不足，制约了监管体制改革的有效开展。

二是信用信息主体权益保护机制缺失，市场化的信用服务不足，尤其是随着移动互联网、大数据、人工智能等技术的普及应用，大数据征信的“泛信用化”现象加大了监管和维权难度。

三是契约精神和诚实守信的风尚欠缺，各类市场主体违背法律法规、不履行合同契约、不兑现承诺的不诚信现象依然广泛存在。

（三）企业税负重、融资难问题依然存在

虽然各地 CBD 大力推动减税降负以降低市场运营成本、激发市场主体活力，但企业经营成本仍然较高，税负重、融资难问题依然存在。

一是企业税费负担仍然偏重。根据世界银行营商环境报告，我国企业综合税负为 67%，高居全球第二位，涉企经营服务性收费门类仍然较多。

二是中小企业融资难、融资贵问题仍然存在，位于 CBD 内的中小微企业主要集中于金融、商务服务、信息技术、文化创意等轻资产的生产性服务业，缺乏有效的可抵押资产，加剧了其融资难度，中小微企业融资难、融资贵现象依然非常普遍。

（四）政策缺乏精准性、协同性和承接性

一是政策缺乏精准性。虽然各地大力推行行政审批“最多跑一次”改革，但部分政策落实和标准仍不够明确和规范，办事流程和时限缺乏明确告

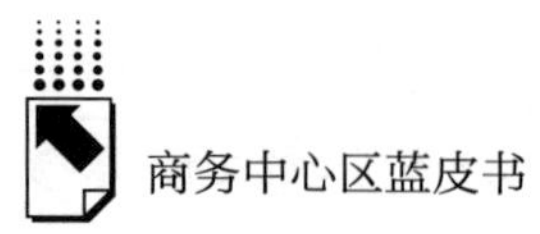

知，导致企业对审批流程的预期性较差。一些地方推行电子证照、电子印章、电子签名、电子档案，由于法规不健全，造成认定使用难、跨地区办理难。

二是政策缺乏协同性。虽然各地建立了“一网通办”窗口，但部分行政审批事项仍存在条块交错、共享互通不够的现象，政府与市场及各部门之间的关系尚未完全理顺，尤其是信息孤岛的存在导致政策协同性较差。

三是政策缺乏承接性。随着“放管服”改革的不断深入，市区下放的行政审批有不少涉及专业性强、政策性强的事项，CBD 的基层行政人员由于缺乏系统的专业培训，出现放权过快与承接能力不足、事权下放与财权人权不匹配等问题。

三　国际 CBD 营商环境优化的经验借鉴

构建良好的营商环境、促进经济高质量发展是提高地区软实力和核心竞争力的最直接、有效的手段之一。在经济全球化的今天，营商环境已成为世界各大经济体激烈竞争的重要抓手。为更好地衡量和评估营商环境，全球各大权威组织机构积极开展营商环境评估工作，如世界银行发布的《全球营商环境报告》、美国科尔尼管理咨询公司发布的《科尔尼全球城市营商环境指数》、瑞士洛桑国际管理发展学院发布的《世界竞争力年报》、世界经济论坛发布的《全球竞争力报告》、英国 Z/Yen 集团与中国（深圳）综合开发研究院联合发布的《全球金融中心指数》等。尽管这些报告在评估内容、指标侧重、评价方法等方面各有不同，但最终的评价结果却相差无几，一些国家或城市连年位居营商环境排行前列，在营商环境优化方面具有丰富的经验。为此，本文综合多家营商环境评估结果，选择了综合评价排名靠前、最具代表性的四个国家或地区作为研究案例，分析其在优化营商环境方面的措施成效和主要经验。

（一）新西兰：鼓励投资，营商便捷

新西兰是一个政局稳定、法制健全、市场机制发育完全、各级政府办事

程序相对规范和透明的国家。尽管新西兰属于发达国家中的中小成员，但它在全球舞台上非常活跃，是众多国际组织以及全球、区域贸易安排的积极参与者，其营商环境排名在世界银行发布的《全球营商环境报告》中常年保持世界前三的水平，近三年来更是连续居于首位，在国际经济舞台上发挥了超出其国家实力的独特影响。综合来看，新西兰优良的营商环境主要体现在以下三个方面。

1. 公平透明的政策环境

新西兰是一个政策透明度极高的国家，持续位于国际组织透明清廉指数排行榜的前四位。透明清廉的法律法规渗透在新西兰的各行各业中，成为新西兰吸引海外投资的重要因素之一。一方面，新西兰的政策信息透明公开，投资者可以通过公开方式获取投资相关信息，《海外投资法 2005》和《海外投资条例 2005》对海外投资也有明确的表述。海内外的投资者均有权获得政府的相关文件，不仅大大节约了投资者的时间成本，也保障了投资企业的知情权，确保投资过程中享受平等的待遇。另一方面，新西兰政府对所有投资者一视同仁，欢迎海外投资，并认可海外投资为新西兰人民带来的积极的经济和社会贡献。在新西兰，除某些特殊类型的投资领域外，没有其他禁止外资进入的领域。任何投资者，无论其来自国内或海外，在新西兰均被一视同仁，享受相同的政策待遇，这也是新西兰政策公平透明的重要体现。

尽管新西兰在投资领域上十分宽松，但在投资监管方面却很严格，这也是维护清廉的投资环境的重要手段。例如对证券监管的《证券法 1988》，保护资源的《资源保护法 1991》，保护消费者权益的《消费者保护法 1993》等。通过这些法律法规手段，加强了对投资者的监管，同时也保护了投资者的合法利益不受侵害。正是由于新西兰透明公开、一视同仁的政策法规，营造了一个公开、平等、透明的投资环境，从而吸引了众多投资者，尤其是创业中的中小企业，成为全球最受欢迎的投资目的地。

2. 自由开放的贸易政策

新西兰支持自由贸易，与许多国家和地区签署了自由贸易协定，如澳大

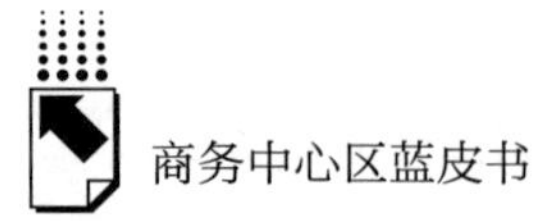

利亚、中国、韩国、新加坡、泰国等。在 2017 全球经济自由度评价中，新西兰被评为全球经济自由度第三的经济体，仅次于作为国际自由港的中国香港和新加坡。

在进口方面，新西兰对进口贸易的管制采取宽松政策，任何注册企业均可自动获得进口经营权并不受经营范围限制。同时新西兰还取消了进口许可证制度，推行和提高其贸易进口的电子通关能力。在出口方面，新西兰发挥其特色农产品丰富的独特优势，加大出口贸易力度，积极拓展国际市场。通过建立贸易发展局、“出口企业奖”、“出口信贷担保计划” 等方式，鼓励国内企业积极拓展国际市场、参与出口贸易，扩大新西兰农产品在国际市场的竞争力。

3. 便捷完善的配套服务

新西兰拥有良好的基础设施，尤其是运输、物流和电信，在世界具有领先水平。新西兰 7 个中心城市的国际机场可迅速连接到全球各大洲的主要国家和城市；新西兰的深水港可提供四通八达、联系广泛的全球航运服务；新西兰发达的公路和铁路运输系统连接着国内各个城市和地区。多元化、高效率的交通基础设施为投资者提供了优质便捷的营商环境。

此外，新西兰的商事服务便捷化程度很高，是全世界注册公司最简单的国家——在新西兰注册一家公司仅需要半天时间，而注册一个物业也只需要两天时间，远远低于全球平均注册公司所需的 21 天。另外，新西兰在办理开工许可、房产注册、授信以及保护少数投资者方面也排在世界第一位。正是由于这种国际一流的营商环境，新西兰已成为广大中小企业投资发展的天堂。对于资金成本有限的创新创业型中小企业而言，只需在新西兰税务部门开设独立账户，就可以开展经营活动。这大大减少了企业的经营成本，为创新创业型企业发展提供了极大的便利。

（二）新加坡：“亲商”先行，环境卓越

新加坡为吸引全球企业来新投资和发展，一直以优化营商环境为重要抓手，通过一系列的举措，成功跻身全球营商环境最佳的国家之列。

1. “亲商”理念先行

新加坡资源相对比较缺乏，地狭人稠，但依然是全球营商环境最佳、最具吸引力的国家之一，这不得不归功于新加坡政府率先倡导实施的“亲商”理念，即坚持聆听企业的需要，急企业之所需，努力建立政府与企业之间互利共生的信任伙伴关系。

第一，新加坡政府为吸引企业入驻，努力营造一个宽松的、具有活力的经济环境，为企业建立宏观环境的信任基础。例如，新加坡通过不断的产业更新升级，逐步从劳动密集型产业向知识密集型产业过渡，并带动经济持续健康发展，从而向来新加坡投资的企业传递了良好的经济增长预期，树立了企业信心，带动了企业的投资意愿。

第二，新加坡建立了公开透明的法律体系。例如，重点围绕吸引人才的工资福利和移民政策，相对健全的商业法规体系和司法审判体系等。同时，新加坡也拥有完善的法律仲裁体系，可以帮助企业及时解决各类商业纠纷。此外，为鼓励科技创新并推动产业升级，新加坡还围绕企业知识产权保护，制定了一套相对完善的知识产权制度，保护企业创新的知识产权及相关权益，并尽可能为之创造更多的商业机遇。目前新加坡已成为全球排名第 4 位的知识产权保护国。

第三，新加坡政府持续优化商事制度，为企业发展提供多项优惠政策。例如，简化企业商事登记流程，利用大数据、电子政务等手段协助企业完成相应手续，从而降低企业的“隐形成本”，使其能将有限的资金、资源真正用到发展的渠道上。同时，还为符合相关条件的企业提供各项优惠政策，如企业研究补贴计划、企业培训补贴计划等。

2. 良好的软硬件基础条件

在硬件方面，新加坡地处太平洋与印度洋航运要道马六甲海峡的出入口，地理位置得天独厚。借助良好的地理区位条件，新加坡在过去近 60 年内，充分发挥交通区位优势，逐步将自身打造成为全球最重要的交通物流枢纽之一。

在软件方面，新加坡是国际自由贸易港，与众多国家签署了广泛稳定的国际贸易协定，为全球的企业创造了优越的市场准入和贸易条件。此外，新加坡丰富的人才储备也是其营商环境的重要“软件”基础，对吸引企业在当地投资运营发挥了极为重要的作用。新加坡的人才一方面来源于当地的培养，每年从各个大学、学院毕业的专业技术人员为企业提供了源源不断的专业人力资源；另一方面来源于外来移民，新加坡较为开放但又有门槛的移民政策吸引了全球各地的高端人才，提高了新加坡在全球的人才竞争力。

3. 高品质的居住环境

新加坡是一个多元文化融合的国家，为留住企业和人才，新加坡不仅为企业本身提供优质的服务，更为企业员工创造高质量的生活环境。一方面，新加坡打造了世界公认的最安全、最干净、绿化覆盖率最高的居住环境。新加坡通过发达的公共交通、健全的医疗保健服务、分级设置的商业设施、便利且多样化的生活服务，吸引并留住了大量海外人才。另一方面，新加坡还着力营造多元文化融合的社会氛围，通过开展多种多样的文化赛事，丰富居民的文化生活，这些都使新加坡成为一个适宜居住、工作和投资的国际化都市。当前尽管新加坡已成为世界上生活成本最高的国家之一，但仍能够继续吸引、培养并留住人才，这不得不归功于其高品质的居住和工作环境。

（三）韩国：投资自由，知识保护

韩国政府积极营造有利于激发创新创业的生态系统，主动投资和鼓励企业拓展新技术、新领域，扶植新兴行业发展，打造世界顶级基础设施，重视知识产权保护。被《2018 年全球营商环境报告》评选为全球第五位营商环境最好的国家。

1. 全面自由化的投资政策

韩国政府对外商在韩投资实行全面自由化和鼓励政策。一方面，韩国放宽对新产业投资的限制，对于企业进入新产业领域的投资，采取“消极审查系统”，消除新融合产品的灰色区域，构筑新产品进入市场的“快速通道”。另一方面，研究制定外商投资的限制性行业目录，尽可能减少对外商投资的限制，规划建设特殊的外商投资区，并将投资区内的行业扩大到服务业，降低科学技术、学术、艺术等非营利法人的投资条件。此外，韩国政府还建立了外商投资的“一站式消除障碍体系”，用来随时解决投资时遇到的各种问题。如由行政长官主持的综合恳谈会、外商投资企业 CEO 恳谈会、驻韩外国工商会议、各个部门的说明会、相关部门的个别协商会议等。

2. 具有竞争力的商务成本

在世界银行公布的《2018 年全球营商环境报告》中，韩国在获得电力、执行合同两项指标上均名列第 2 位，水电供应基础设施及通信网络均位于全球一流水平。韩国的电费低廉，供应稳定，在经合组织主要国家中电费最低，仅为 91.9 美元/MWh；工业用水供应顺畅，几乎覆盖全国，水费仅为 0.53 美元/吨，是经合组织主要国家平均水费的 1/3。此外，韩国拥有超高速移动通信网，开通通信网络只需一天。这些低廉稳定的水、电、通信设施极大地降低了企业的商务成本，因此韩国也成为全球企业最青睐的投资目的地之一。

3. 重视知识产权保护

韩国政府高度重视创新型企业的知识产权保护，其专利审查效率远远高于美国、日本等发达国家。根据 2016 年韩国专利审查处理时长统计数据，韩国的年平均审查时长为 10.6 个月，而美国则需要 17.3 个月。此外，为了加强知识产权保护，韩国还不断健全完善其法律法规及相关系统，及时提供知识产权信息及咨询，坚决打击假冒伪劣伪造产品。在国际专利方面，韩国加强多边合作，与美国、日本、中国、欧洲五大知识产权局深度合作，并根据专利合作条约，落实国际专利申请制度，保护外国人的专利权和商标权。这种对知识产权强有力的保护政策，以及快捷迅速的专利服务，都为创新型企业和外商投资者提供了稳定的投资环境。

（四）英国：软硬兼顾，吸引外资

长期以来，英国在吸引外商直接投资方面位居世界前列。在过去十年中，英国的外商投资项目数量稳居全球第二位，仅次于美国；资本投资方面紧随美国和中国之后，位居全球第三。截至 2018 年，《财富》世界 500 强企业中有 57% 将欧洲总部设在英国，远高于德国（14%）、瑞士（7%）、荷兰（7%）、比利时（5%）等欧洲其他国家。英国之所以能够吸引如此之多的总部落户，得益于长期以来为营造良好营商环境做出的不懈努力。下面以著名的伦敦中央商务区——金丝雀码头为例，简要分析其在优化营商环境方面的主要做法及经验。

1. 营建良好的硬件设施环境

良好的工作环境是吸引企业的重要因素，尤其对于从事金融等高端商务服务的企业而言，更是影响其选址落户的决定性因素之一。金丝雀码头作为欧洲重要的金融中心，为吸引国际大企业总部入驻，实施了一系列基础设施提升策略。

首先，通过构建多样化、立体式交通系统大幅提升其交通便利程度。如建设了连接金丝雀码头与老城区的地铁和轻轨，将金丝雀码头顺畅融入伦敦四通八达的交通网络，特别是地铁网络；距离码头仅 3 英里的伦敦城市机场可为 CBD 的商务人士提供 10 分钟的快捷登机服务，使之能够迅速抵达国际国内一些重要的城市。

其次，围绕地铁站点进行 TOD 模式的开发，将写字楼、商业、公园绿地、公共建筑、文化休闲设施等布局在步行可达的公共交通站点范围内，完善相关商业配套和服务配套。对区域内的商务楼宇，大多遵循只租不售的原则，以提高商务楼宇的自持率，保证物业管理的高水准和商务办公空间的完整性。见缝插针建设大量公共绿地，提升优化河岸景观带，构建高品质的公共空间，营造便捷、舒适、绿色的宜居宜业环境。

再次，针对不同阶段采取不同的建设重点：在开发初期以满足周边办公人群的基本服务为主，充分了解目标消费客户群对住房及配套环境的要求；第二阶段，营造多元化的人文休闲场所，增加咖啡店、酒吧、影院等文化休闲设施，丰富项目业态，提升服务品牌；第三阶段，为解决金丝雀码头夜晚人去楼空的问题，以优惠的租金价格吸引媒体和高校等文化教育机构入驻，先后引入路透社、每日电讯、独立报、英国镜报、伦敦城市大学等，连续运转的新闻机构和活跃的高校为 CBD 聚集了大量人气，使金丝雀码头成为 24

小时繁荣活跃的地区，并拉动 CBD 全方位发展。

最后，与时俱进地加强智慧城市建设，提升区域智能电网、智慧交通、供水供气、垃圾处理、环境监测等城市设施的智能化水平，使进驻的企业可以快捷便利地通过互联网、智能终端等多种渠道随时获得各类城市服务。

2. 提供优质的软件配套服务

在政策保障、立法规范、政务服务等软环境方面，英国政府积极主动为吸引企业入驻金丝雀码头而“擂鼓助威”“摇旗呐喊”，并提供相应的政策配套保障。

首先，成立服务高效、管理到位的综合性服务管理机构，从基础设施建设维护到经济发展战略的制定等，对金丝雀码头进行“统一规划、统一设计、统一建设、统一管理”，着力解决投资人、创业者、从业者遇到的各种问题。

其次，每年不定期到世界各地进行宣传推广和招商引资，着力宣传和推介英国金融业以及金丝雀码头的品牌形象，全力打造全球知名的经济地域品牌。

最后，注重成长型企业的培育和孵化，在企业发展的不同阶段给予相应的扶植政策。如在企业发展初期阶段进行营业税的减免，协助解决企业融资问题，降低企业所得税，对企业的投资施行税收抵免或资本收益津贴，放宽从业限制，加快审批流程等。在企业发展成熟阶段，对企业的转型升级进行财政税收优惠，协助企业进行人才培训，通过举办丰富多彩的商业文化活动吸引客户、聚集人气，保持区域活力。

（五）经验启示

作为城市经济发展的核心区域，营造良好的营商环境是 CBD 的重要职责，也是立身之本。在我国深化改革和对外开放的背景下，新西兰、新加坡、韩国、英国等国家在优化营商环境方面的先进经验，为我国 CBD 的未来发展提供了有益借鉴。

1. 强化基础建设，营造一流环境

从发达国家和地区的成功经验看，强化软硬件基础建设，建立通达国际国内和区域内部的便捷交通，提供高品质的商务楼宇和物业服务，完善区域水、电、气、路、信息化、商业、休闲、生活等公共配套和相关服务，构建多元包容、丰富多彩的文化精神生活，打造国际一流的宜居宜业环境，是提升区域凝聚力、吸引企业、留住企业的重要因素。

2. 完善法制基础，保障企业权益

完善的法制基础是维护公平的市场秩序、创建良好营商环境的重要保障。纵观国际经验可知，全球营商环境排名靠前的国家均十分重视法制法规建设，并将法制法规建设作为构建良好营商环境的第一步。例如在《2018年全球营商环境报告》中排名第一位的新西兰，具有十分完善的法制基础，国内外的投资者均可以寻找到明确的法律法规来指导投资行为，不仅避免了投资过程中的不必要纠纷，也节约了投资的时间成本，提高了工作效率。

3. 简化办事流程，创新服务方式

从市场化程度看，优化营商环境关键在于理顺政府与市场的关系，尽可能减少行政事项与审批流程，让企业经营更便利。政府应尽量减少对市场与资源配置的干预，降低企业的生产经营性成本和制度性交易成本。在世界各大营商环境评价中，“办事效率”这一评价指标出现的频率颇高，可见政府的服务效率是影响营商环境的重要因素之一。例如，《2018 年全球营商环境报告》就以企业生命周期来设置评价指标，评估企业在启动、选址、融资、容错处理等不同发展阶段的办事项目数量、办事流程时间、办事容易程度等，从而评判各个国家或地区的营商环境水平。

4. 放宽外资准入，提供自由环境

自由宽松的投资政策是吸引企业投资的重要手段。新西兰、新加坡、韩国等国家均制定了宽松且全面的自由化投资政策，并取得了良好的效果。未来我国应进一步推进 FTA 网络建设，有序放松对外资的限制，提高市场准入度。对于 CBD 而言，应根据各地经济发展情况，修正投资产业指导目录，鼓励因地制宜地制定企业优惠政策，为企业发展提供更加自由的投资环境，从而吸引外商投资。

5. 加强政府监管，保障营商安全

合理规范的政府监管是营造宽松市场环境和维护良好市场秩序的前提。更大规模的开放需要更高水平的监管，例如营商环境最佳的新西兰，一方面具有最宽松的营商环境，但另一方面也具有最严格的市场监管，二者相互依存，共同营造可持续健康发展的营商环境。

四　促进 CBD 营造国际一流营商环境的对策建议

改革开放以来，中国 CBD 在外向型经济发展方面取得的成就，一定程度上是凭借减税让利、通过资源和政策优惠获取了大量的外商投资，并在构建与国际通行规则接轨的营商环境方面走在了全国前列，取得了一系列可资借鉴的经验。随着国际贸易摩擦和国际竞争格局的变化，CBD 既肩负着国家发展更高层次开放型经济的战略任务，又面临着经济迈向高质量发展的内在转型要求，需要以构建国际一流营商环境为目标，以市场主体感受度为评价标准，以制度创新为核心，持续优化营商环境，创造更具吸引力的投资环境，培育高质量发展新动能，提升全球竞争力。

（一）继续深化“放管服”改革，打造国际一流政务服务环境

CBD 作为全球跨国公司总部和高能级功能性机构的重要集聚区，应尊重全球经济发展规律，聚焦市场主体在进入市场、开展经营、谋求发展方面的诉求，持续深入推进“放管服”改革，有效推动政府职能从重审批向重监管、优服务转变，最大限度减少政府对市场资源的直接配置和对市场活动的直接干预，优化服务流程，完善服务机制，降低服务成本，打造国际一流的政务服务环境。

1. 对标国际一流标准继续深化商事制度改革

一是继续推进审批制度改革。各地 CBD 应按照国家和省区市行政审批制度改革的要求，进一步精简行政审批事项，减少不合理收费项目，加快构建统一的“一站、一门、一窗、一次”服务体系，简化审批流程和审批材

料，推动政务信息数据和相关证明信息等跨部门、跨区域、跨行业互认共享，真正实现“一窗受理、限时办结”和“最多跑一次”。二是持续推动服务流程再造。推进工商登记全程电子化，加快推行电子营业执照跨区域、跨行业、跨领域应用，围绕“准入不准营”问题，在“多证合一”改革基础上，加大推进“证照分离”力度。同时，鉴于新行业新业态在CBD的快速涌现，CBD应积极配合、推动相关主管部门出台新兴行业的工商登记管理办法和标准，为新兴行业的市场准入提供良好条件。三是完善市场退出机制，尽快完善企业简易注销登记制度，简化办理注销登记，压缩审理环节；建立健全破产程序启动机制和破产重整企业识别机制，推动部门之间企业破产相关数据“一网互通”。

2. 借助智慧化手段创新政务服务模式

依托数字化、网络化、智能化等核心技术，通过“互联网+政务服务”模式推动政府治理模式变革创新是全球政务服务的主流趋势。一方面，CBD应加快建设全流程一体化的“一网通办”在线政务服务平台，推动CBD的政务服务事项与全国、省区市标准统一；按照“统一受理、平台授权”的原则，积极推动与市、区的政务平台数据共享，使其具备跨系统、跨部门、跨业务的数据调度能力，并依托一体化在线平台推进政务服务线上线下深度融合。另一方面，CBD应依托高水平的信息基础设施，不断创新服务应用，推动“场景化服务”“指尖式服务”“智慧化服务”“精准化服务”，满足区域内外资、国企、民企等多元市场主体的经营活动需求。

3. 加强跨部门合作提升政策协同性和精准性

由注重企业开办过程中营商环境改善向全链条营商环境优化是国际一流CBD提升全球竞争力的重要趋势。各地CBD在深化“放管服”改革过程中，应以营商环境全链条优化为核心，注重加强改革政策系统化集成创新，最大限度地降低制度化交易成本。一是加强政策协同。政府部门之间应改变以横向主管业务做切分的政策制定模式，打通部门信息壁垒、破除政策壁垒、强化数据信息共享，实现各部门政策制定的相互协同与呼应，确保政策的协同性和持续性，给予市场主体稳定的政策预期。二是提升政策精准性。

强化“四个清单”制度建设，各类政策和各项管理制度的制定应充分了解企业实际需求，听取CBD企业、行业协会、商会的意见，精准制定管理清单，实行最简管理程序。三是强化政策承接性。通过组织专项培训、加强政策解读和宣讲等形式，提升基层部门尤其是CBD行政管理人员的政策承接能力，解决承接不到位问题。

（二）对接国际标准，全方位改善提升贸易投资环境

CBD作为我国实施对外开放和合作的重要平台，应按照新时期我国构建开放型经济新体制的要求，聚焦贸易投资环境改善所面临的关键问题，持续推进投资贸易自由化便利化，努力营造与国际高标准投资贸易规则接轨的开放、高效、便利的营商环境。

1. 围绕“跨境服务贸易”持续放宽市场准入

CBD应紧抓《外商投资法》实施的契机，对标国际一流标准，持续放宽外资市场准入，消除对投资的监管和管理瓶颈等，提升服务贸易国际化水平。一是持续扩大服务业开放领域。对照国际通行规则，进一步扩大开放商务服务、技术服务、医疗卫生、科技教育、信息服务、知识产权服务等领域。支持位于自贸试验区和粤港澳大湾区内的CBD加快在跨境服务贸易、离岸贸易、科技金融、跨境科技并购等领域放宽市场准入，提升CBD在国际服务贸易价值链中的地位。二是着力完善外商投资便利后规则，包括进入后的竞争中立规则、环境标准提升、知识产权扩大、劳动保护等方面，为外国投资者创造更加稳定、透明、可预期和公平竞争的市场环境。

2. 进一步提升贸易便利化水平

一是加快推进通关一体化制度改革，进一步加强国际贸易“单一窗口”建设，将“单一窗口”功能由口岸执法环节向前置和后续环节拓展，推行通关无纸化作业，压缩通关时间，提升跨境贸易时效。二是加速智能化通关一体化系统的改革力度，运用大数据、云计算、区块链等技术搭建跨境贸易大数据平台，推动跨部门数据与平台对接，构建多部门协同的跨境贸易监测和综合监管制度。

3. 及时把握新兴贸易领域的变化

以智能化、网络化、数字化为核心的新一轮工业革命推动全球技术范式和经济范式加速变革，继而推动全球服务贸易创新发展，尤其是极大地提高了服务的可贸易性，服务贸易形态的不断创新和贸易方式的日益多样化对新型贸易投资便利化提出了新的要求。一方面，CBD 应积极关注新兴贸易领域的变化，尤其是关注全球经贸规则调整对电子商务、数字贸易等新型贸易方式的影响；另一方面，需要联合相关部门与时俱进更新新兴服务贸易的服务和监管方式，提升服务水平和监管效率。

（三）强化法治保障，营造竞争高效的市场运行秩序

作为外资机构高度聚集、创新创业最为活跃的区域，CBD 应以国际规则审视现行市场运行秩序，借鉴国际经验，完善以信用为基础的市场监管体系，积极推进“互联网 + 信用监管”和包容审慎监管等新型监管模式，加强诚信文化建设，营造“守信激励、失信惩戒”的营商氛围，加快形成竞争高效、接轨国际的市场运行秩序。

1. 完善法律法规和市场监管体制

一是以竞争中立为原则，以促进市场统一、维护平等交换为导向，围绕产权保护和履行契约等重点领域，进一步完善相关法律法规；对于新技术、新产业带来的新问题，需要通过制定新的行业和部门规章制度予以支持并加强监管。二是以商务诚信、企业诚信为核心，以“双随机、一公开”监管为基本手段，以事前告知承诺、事中评估分类、事后联动奖惩为重点，继续健全以信用监管为基础的新型监管机制。三是 CBD 应加快企业信用信息平台建设，推动企业信用平台与审批平台和综合监管平台的信息共享及互联互通，推动审批告知承诺制公示、市场主体自我信用承诺公示及第三方信用评价公示。

2. 以提高效能、鼓励创新、防范风险为导向创新监管模式

一是充分利用互联网、大数据、云计算等新一代信息技术，积极推进“互联网 + 信用监管”，构建覆盖事前、事中和事后全过程的智慧化信用监

管模式，推动部门间资源共享、信息互通，促进形成跨部门跨行业的协同监管体系，提高市场监管效能。二是按照“鼓励创新、包容审慎”的原则，对新经济和新服务实施包容审慎监管，为数字经济、平台经济、共享经济、互联网金融等新兴产业分门别类制定包容审慎监管模式和标准规范，创造更为宽松有序和公平竞争的市场环境，促进新兴产业健康发展。三是为新型业态设置风险控制的红线，加强监管风险监测研判，以分类监管、协同监管、智能监管为基础，全面提升 CBD 区域的风险防范水平和安全监管水平。

3. 加强诚信文化和诚信体系建设

以诚信建设为中心，树立契约理念，加强 CBD 区域诚信文化建设。建立 CBD 企业守信激励机制，开展诚信示范企业评比，引入第三方机制参与信用治理，营造诚信保障环境；建立诚信文化公共交流平台，广泛开展以诚信文化为主题的宣传活动，积极发挥媒体优势，建立常态化的宣传合作机制，宣传和普及信用基础知识和典型案例，扩大诚信宣传的广度和深度，营造“守信激励、失信惩戒”的良好氛围。

（四）激发市场活力，打造更具活力的创新创业环境

人才环境和创新环境是国际一流营商环境的重要组成部分，CBD 应聚焦科技创新和服务创新的关键领域，持续提升全球人才及各类创新资源聚集能力、国际重要创新成果转移和转化能力，营造更加适于创新要素集聚和跨境流动的便利环境。

1. 打造多元化创新创业平台

一是积极吸引包括跨国公司研发服务机构在内的外资研发服务业，提升 CBD 在全球创新服务网络中的地位；支持外资创业投资、股权投资机构创新发展，积极探索外资创业投资、股权投资机构投资项目管理新模式。二是打造功能性研发服务平台，积极争取高层次的共性技术研发服务平台落户 CBD，完善创新空间、孵化器等功能性创新服务平台的功能，尤其是加强服务延伸和集成能力建设。三是完善创新服务政策，对标自贸试验区的创新服务政策，研究探索鼓励创新创业的普惠税制，积极争取海外人才永久居留便

利服务试点等创新政策在 CBD 先行先试。

2. 加强知识产权保护和转化应用

一是加快建立商事调解、行业调解和行政调解等知识产权纠纷多元调解机制，为企业“走出去”提供知识产权侵权预警、海外维权援助等服务。二是建立知识产权信用体系，强化对侵犯知识产权等失信行为的联动惩戒；建立知识产权侵权查处快速反应机制，完善知识产权行政管理和执法“三合一”机制，强化行政执法与司法衔接，加强知识产权综合行政执法。三是聚焦知识产权质量以及知识产权的转化应用，加强与世界知识产权组织等国际机构的交流与合作，促进知识产权转化为区域创新动力。

3. 持续推进减税降负

一是持续推进落实国家各项减税政策，优化纳税服务。深入清理涉企行政事业性收费，不断降低企业制度交易成本，着力推进亲商环境建设。二是降低小微企业获得信贷的难度和成本，建设以政府担保为主的融资担保体系，构建大数据平台，推进中小微企业征信体系建设。三是探索开展投贷联动等金融服务模式创新，开展针对科技型中小企业的金融服务创新；探索试点银行业金融机构为企业创新活动提供股权和债权相结合的融资服务方式，与创业投资、股权投资机构实现投贷联动。

4. 优化人才发展环境

充分发挥市场在人才资源配置中的决定性作用，建立健全集聚人才、培养人才的体制机制。一是建立更便捷、更具吸引力的人才引进和服务体系。加大海外高层次人才引进力度，开展外籍人才永久居留、出入境等便利服务试点，探索国际医疗保险境内使用机制，改进与完善外籍高端人才在 CBD 工作、生活的环境和相关服务。二是持续营造激发人才创新的环境。积极引导企业完善创新导向的股权激励制度和业绩考核制度，鼓励企业加大对员工的培训投资，同时注重构建创新型人才的评价、激励和考核体系，为创新型人才提供更广阔的发展空间。三是构建完善 CBD 创新人才信息库，整合区域内创新创业资源，充分收集国内外创新型人才信息，完善评价考核体系，为 CBD 的人才引进提供指导。

（五）注重公众参与，推进多元市场主体协同共治

以法治为基础的多元主体共同治理是世界一流 CBD 营商环境优化的重要趋势，伦敦金融城的“业界自治”、陆家嘴金融城的“业界共治”，以及纽约金融中心的“全球竞争力办公室”均是政府通过多元主体共治以提高包容度、自由度并激发区域创新的有效模式。CBD 应加快改变政府过度干预市场的管理模式，深入推进简政放权，发挥多元市场主体的协同共治作用，加快凝聚市场主体的资源和力量，以激发市场主体的作用，形成区域发展合力。

1. 培育和支持市场主体承接政府转移职能

简政放权的力度越大，社会组织承接的职能和权力就越多。一方面，CBD 应着力增强社会组织承接政府转移职能的能力，通过政府服务外包、公益创投等多种形式鼓励社会组织承接转移政府职能，激发社会组织的市场活力。另一方面，应加快推进中介服务机构、行业协会商会与行政机关脱钩改革，吸引国外的会计评估、产权交易、法律服务、金融服务、专业技术服务和咨询服务等中介服务机构落户 CBD，破除中介服务行业垄断，构建政府与市场之间良好的共治共享关系。

2. 提高社会组织自我发展能力和管理水平

一是引导行业协会、中介组织构建高效的运行制度和有力的管理团队，发挥其在资质认定、企业评估、行业指导等方面的积极作用，提升社会组织的专业性、权威性和影响力；二是发挥社会组织的行业自律作用，鼓励行业协会商会集中制定行业自律公约、行业规章条例并部分履行监管措施，推动同行监管和大数据监管。

3. 营造共治共享的营商环境氛围

一是要建立“清亲”型政商关系。CBD 管理机构应加快建立完善制度化、经常化的政企沟通机制，推行党政领导、相关部门联系非公有制企业制度，健全完善重点企业挂钩帮扶机制，实现政府与企业的良性互动。二是在政策制定、政策调整和政策实施过程中，加强与市场主体利益相关方的沟通，主动听取和征求有关行业协会的意见，进一步优化和完善政策设计。

参考文献

上海市人民政府发展研究中心：《推动高质量发展的营商环境研究》，上海人民出版社，2019。

谢伏瞻：《论新工业革命加速拓展与全球治理变革方向》，《经济研究》2019 年第 7 期。

《国务院关于做好自由贸易试验区第五批改革试点经验复制推广工作的通知》，http://www.gov.cn/zhengce/content/2019-04/30/content_5387852.htm。

夏杰长、刘奕：《共享经济的缘起、影响与应对之策》，《国家治理》2018 年第 34 期。

邸俊鹏、沈开艳：《上海优化营商环境需增强多元主体合力》，《解放日报》2019 年 3 月 12 日。

B.2
2018年中国 CBD 发展评价

总报告编写组*

摘 要： 2018 年是全面贯彻党的十九大精神的开局之年，面对复杂多变的国内外形势，中国供给侧结构性改革深入推进，营商环境持续优化，CBD 在保持快速发展的同时呈现一些新特征和新趋势。本文从创新发展、经济效益、开放水平和营商环境等角度对中国商务区联盟的 21 个 CBD 进行量化评估。评价结果显示，2018 年，中国 CBD 经济效益显著，稳步向高质量发展阶段迈进；市场主体数量增长较快，创新创业活力持续增强；对外开放持续推进，开放型经济迈向更高层次；对接国际通行规则，营商环境显著优化。展望未来，CBD 应着力打造更富竞争力的营商环境，以更深层次改革和更高水平开放推动经济高质量发展。

关键词： CBD　营商环境　高质量发展

随着全球新旧动能转换加快、贸易保护主义升级，全球贸易格局和产业结构正在发生深刻变革，CBD 作为全球资金流、信息流和数据流的管控和运作中枢，在新一轮全球经济格局变动中扮演着愈发重要的角色，CBD 的

---

* 武占云，中国社会科学院城市发展与环境研究所副研究员，博士，研究方向：城市规划、城市与区域经济等；单菁菁，中国社会科学院城市发展与环境研究所规划室主任，研究员，博士，研究方向：城市与区域经济发发展战略、城市与区域规划、城市与区域管理等；耿冰，中国社会科学院城市发展与环境研究所博士后，研究方向：城市与区域规划。

高质量发展对区域经济平稳发展尤为重要。同时，中国经济已由高速增长阶段转向高质量发展阶段，正处在发展方式变革、经济结构转型和发展动力转换的关键期，CBD 亦进入了提质增效的高质量发展阶段，实现 CBD 经济转型与高质量发展的紧迫性明显增强。本文重点从经济效益、创新活力、营商环境和开放型经济等方面对 2018 年中国 CBD 的发展特征进行系统评价，立足于全球经济变动格局和全国经济发展走向，对 CBD 发展趋势进行预判，并提出相关对策建议，以期通过更深层次改革和更高水平开放推动 CBD 实现经济高质量发展。

一 2018年发展评价

2018 年，全球贸易摩擦升级和经济不稳定性加剧，中国经济进入高质量发展的关键期，中国 CBD 经济转型实现与高质量发展的紧迫性随之增强。随着营商环境被提升到国家战略高度，打造与国际接轨的营商环境成为 CBD 提升竞争力、保持经济韧性的重要措施。总体来看，2018 年，中国 CBD 经济效益显著提升，稳步向高质量发展阶段迈进；市场主体数量较快增长，创新创业活力持续增强；对外开放持续推进，开放型经济迈向更高层次；对接国际通行规则，营商环境显著优化，正以更深层次的改革和更高水平的开放推动经济高质量发展。

（一）经济效益稳步提升，稳步向高质量发展迈进

1. 经济效益显著

2018 年，中国 CBD 的地区生产总值呈现明显的梯度变化。位居第一梯队的分别是广州天河 CBD、深圳福田 CBD 和北京 CBD，地区生产总值均超过了 1500 亿元，其中广州天河 CBD 的 GDP 更是突破了 3000 亿元，位居全国 CBD 首位。武汉 CBD 和天津河西 CBD 位居第二梯队，GDP 总量均超过了 1000 亿元。杭州武林 CBD、重庆解放碑 CBD 和大连人民路 CBD 位于第三梯队，GDP 总量均超过了 500 亿元。银川阅海湾 CBD、郑东新区 CBD、

重庆江北嘴CBD、南京河西CBD和西安长安路CBD则位居第四梯队，GDP总量位于100～300亿元。

从GDP增速来看，与2017年相比，GDP增长最快的是郑东新区CBD，增幅达到40%，其他CBD的GDP增幅均低于10%，与2018年全国经济增速放缓密切相关。从地区经济贡献来看，广州天河CBD的地区生产总值占全市比重接近14%，深圳福田CBD达到10.67%，大连人民路CBD也超过了10%，地区经济贡献突出。其中，位于西部地区的银川阅海湾CBD，地区生产总值占全市比重位居各CBD之首，达到24.82%。广州天河CBD占全市GDP比重为13.92%，占天河区GDP总量的70%，为区域经济发展做出了巨大贡献。

表1　2018年中国部分CBD经济发展比较（按经济总量排序）

排名	CBD	面积（平方公里）	GDP总量（亿元）	GDP增幅（%）	占全市比重（%）
1	广州天河CBD	20.00	3182.54	8.70	13.92
2	深圳福田CBD	6.07	2400.00	—	10.67
3	北京CBD	6.99	1664.00	2.72	5.94
4	武汉中央商务区	28.29	1304.18	—	9.73
5	天津河西CBD	42.00	1041.98	5.4	5.62
6	杭州武林CBD	31.46	928.91	2.81	7.99
7	重庆解放碑CBD	1.61	717.00	6.63	3.68
8	大连人民路CBD	8.40	581.00	7.10	10.78
9	银川阅海湾CBD	2.20	274.00	5.38	24.82
10	郑东新区CBD	4.75	233.43	40.34	4.33
11	重庆江北嘴CBD	5.00	222.00	—	1.14
12	南京河西CBD	22.00	178.20	8.00	1.52
13	西安长安路CBD	4.55	153.20	0.00	2.13

注：（1）各地市GDP为市辖区统计范围数据；（2）深圳福田CBD和西安长安路CBD为2017年数据。

资料来源：《中国城市统计年鉴2018》和中国商务区联盟提供资料。

从地均产出来看，2018年重庆解放碑CBD的地均GDP位居全国首位，达到445.34亿元/平方公里，是重庆市地均GDP的1000多倍。深圳福田

CBD的地均GDP也接近400亿元/平方公里，广州天河CBD和北京CBD紧随其后，超过200亿元每平方公里。核心区面积仅有2.88平方公里的银川阅海湾CBD，2018年的地均GDP突破100亿元/平方公里，是银川市地均GDP的近261倍。由此可见，无论是东部沿海发达地区还是中西部地区，各城市的CBD在经济效益和土地集约利用方面均远远领先于全市平均水平。

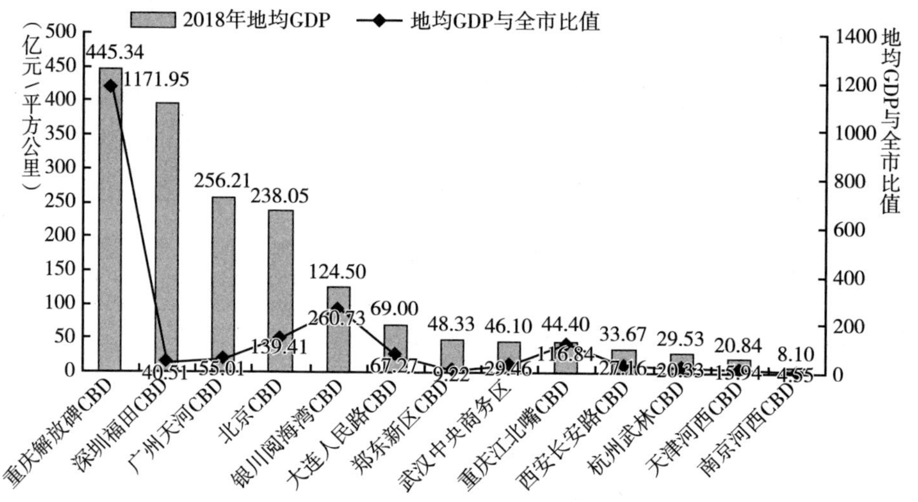

图1　2018年中国部分CBD地均产值比较（按地均产值排序）

注：深圳福田CBD和西安长安路CBD为2017年数据。

资料来源：《中国城市统计年鉴2018》和中国商务区联盟提供资料。

2. 税收贡献突出

从税收贡献来看，2018年，深圳福田CBD纳税总额达到1800.00亿元，位居各CBD首位，广州天河CBD位居第二，纳税总额达到653.83亿元，其次是北京CBD（中心区范围），达到428.70亿元，而北京CBD功能区税收总额则达到了1358.03亿元，占所在朝阳区的60%。天津河西CBD、上海虹桥CBD和武汉CBD的纳税总额也超过100亿元。西部地区CBD以及东部地区处于建设成长期的CBD则在税收总额方面差距较大，在高附加值和高端产业培育方面需要作出更多努力。

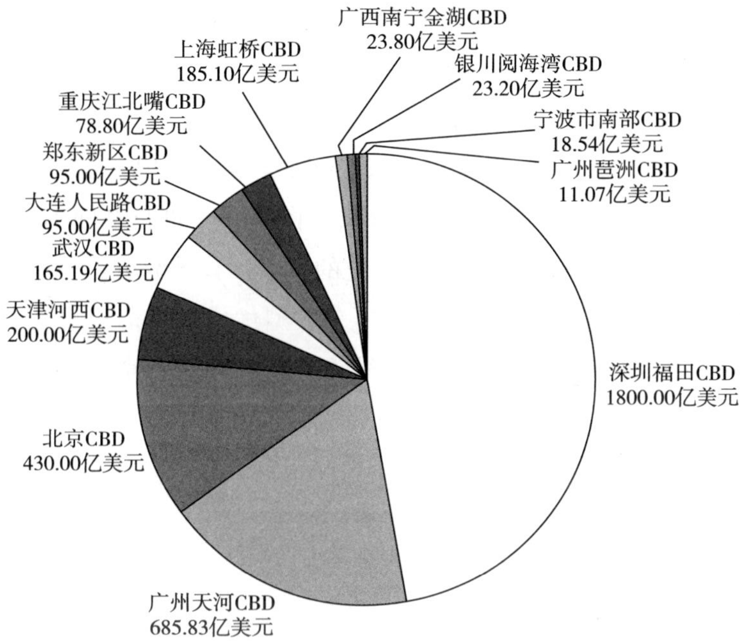

图 2　2018 年中国部分 CBD 纳税总额比较

资料来源：根据中国商务区联盟成员提供数据整理，部分 CBD 由于数据缺乏未纳入评价。

3. 楼宇经济提升

中国 CBD 普遍重视楼宇经济的作用，在楼宇效益提升、楼宇标准制定、楼宇品质改善等方面探索了积极有效的做法和经验。众多 CBD 的商务楼宇数量均超过了 100 座，其中上海虹桥 CBD 的楼宇数量达到 628 座，位居首位。从楼宇纳税贡献来看，很多 CBD 的单座楼宇税收贡献超过了亿元，甚至 10 亿元，其中，广州天河 CBD 的纳税过亿楼宇达到 71 座，占其商务楼宇的比重高达 59%。北京 CBD 税收过亿楼宇达到 52 座，单体楼宇最高纳税额达到 57 亿元。同时，天河 CBD 和北京 CBD 在楼宇标准化方面也走在全国前列。早在 2015 年，天河中央商务区管委会就与香港品质保证局合作，在全国率先开展楼宇物业管理标准化服务体系建设，率先推出楼宇可持续发展指数，并于 2017 年正式发布了“天河标准”——《广州市天河中央商务区楼宇可持续发展指数白皮书》，从环境、社会、经济三方面 24 个评定指标对楼宇进行全方位考评。北京 CBD 经过 2 年多的潜心研究和不断完善，于2018 年正式发布了《CBD 楼宇品质分级评价标准》，围绕设计、环境、节能、健康、管理、创新六大核心理念，从选址与建筑设计、节能与设备管理、室内外环境管理、健康与安全管理、物业与租户管理、创新与因地制宜六大模块、15 个评价方向、31 个评价点对商务楼宇进行全面测评与分级。北京 CBD 和广州天河 CBD 对楼宇标准化的探索，有效推动了 CBD 楼宇品质的提升和与国际标准的接轨，为吸引更多大型优质企业落户奠定了良好基础。上海虹桥 CBD 积极推进绿色楼宇建设，2018 年获评全国首个“三星级国家绿色生态运行城区”。

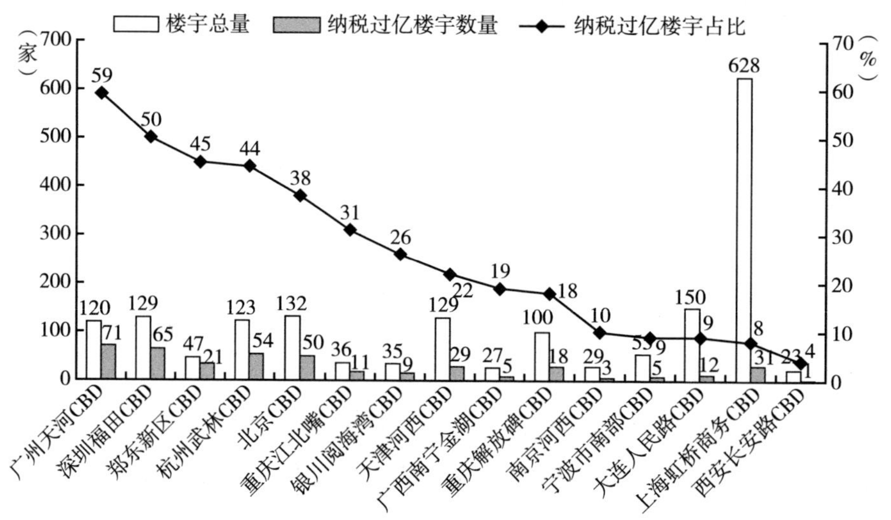

图 3　2018 年中国部分 CBD 楼宇经济情况（按纳税过亿楼宇占比排序）

注：深圳福田 CBD、北京 CBD 和西安长安路 CBD 为 2017 年数据。

资料来源：根据中国商务区联盟成员提供数据整理，部分 CBD 由于数据缺乏未纳入评价。

（二）市场主体快速增长，创新创业活力持续增强

1. 市场主体快速增长，企业活力持续增强

随着“放管服”改革的深入推进，CBD 积极落实国家和省市各项减税政策，扩大小微企业税收优惠范围，取消或减免部分政府性基金，企业的制

度性交易成本和生产经营成本明显降低，激发了企业内部动能和市场活力，各类市场主体快速增长。截至2018年底，深圳福田CBD集聚了31万家法人企业，其中世界500强总部3家、中国500强总部13家、上市公司81家、总部413家。广州天河CBD企业总量已经超过7万家，142家世界500强企业在此设立201个项目机构，108家广州市认定的总部企业入驻天河CBD。陆家嘴金融城新设30家外资资产管理机构，聚集了17家外资法人银行、57家外资银行中国区域分行以及全球资产管理规模前10的资产管理机构有9家落户陆家嘴金融城。

2. 总部企业高度集聚，引领作用更加显著

在总部企业集聚方面，东部沿海地区CBD吸引国内外大型企业总部集聚的优势依然明显。2018年，北京CBD总部企业数量达到428家，聚集了北京市约50%的总部企业。深圳福田CBD共有各类市场主体9800家，其中总部企业数量有413家，占比达到4.21%，位居全国CBD首位；在这些总部企业中，持牌金融机构总部占深圳市的67%，物流企业总部和安防企业总部均占深圳市的70%；在专业服务机构方面，福田CBD聚集了全市56%的会计师事务、40%的律师事务所、54.11%的专利代理机构，已经成为粤港澳大湾区的重要引擎和总部集聚地。

西部地区虽然不是跨国公司或总部企业的主要集聚区，但近年来西部主要城市CBD一直把发展区域总部经济作为优化产业结构、扩大对外开放、提高城市竞争力的重要举措。例如，在“一带一路”建设和国家内陆开放战略的支持下，西部地区CBD积极吸引跨国企业地区总部以及国际机构在西部地区的办事处。目前包括银川阅海湾CBD和西安长安路CBD在内的西部CBD，已拥有总部企业超过30家，而且呈现逐渐增长的趋势。从总部企业数量占比来看，除了深圳福田CBD，银川阅海湾CBD总部企业占其企业数量的比重也超过了3%，在全国处于领先水平。作为新兴的商务功能区，银川阅海湾CBD近年来围绕“三基地”——总部经济集聚基地、中阿文化交流基地和伊斯兰经济专业服务基地建设，已经成为我国西部地区重要的总部经济集聚地和国家向西对外开放的桥头堡。

表 2　2018 年中国部分 CBD 总部企业数量比较（按总部企业数量排序）

CBD	企业总量（个）	总部企业数量（个）	世界 500 强企业数量（个）	总部企业数量占比（%）
北京 CBD	50830	428	163	0.89
深圳福田 CBD	9800	413	98	4.21
上海虹桥 CBD	9341	153	15	2.93
重庆解放碑 CBD	9684*	145	78	1.50
广州天河 CBD	70000	109	201	0.16
天津河西 CBD	30000	73*	40*	0.24
银川阅海湾 CBD	1648	50	8	3.03
大连人民路 CBD	6000	35	58	0.58
郑东新区 CBD	8345	34	53	0.41
西安长安路 CBD	7169	33*	25	0.46
南京河西 CBD	4262	26	29	0.61
宁波市南部 CBD	4023	20	—	0.50
广西南宁金湖 CBD	6235*	12	12*	0.19
广州市琶洲 CBD	9458	—	—	—
重庆江北嘴 CBD	2337	—	36	—
杭州武林 CBD	2107	—	3	—

注：带 * 数据为 2017 年数据；“—” 为缺失数据。

资料来源：根据中国商务区联盟成员提供数据整理，部分 CBD 由于数据缺乏未纳入评价。

3. 四新经济蓬勃发展，创新生态逐渐完善

高质量发展必须以创新驱动为发展动力，蓬勃成长的创新活力是 CBD 区别于一般经济功能区的显著特征。中国 CBD 瞄准全球先导性产业前沿、拥有前瞻性和强大覆盖能力的革命性技术和服务模式创新，不断提升创新能力。尤其是以技术创新和模式创新为核心的“四新经济”——新技术、新产业、新业态、新模式蓬勃发展，共享经济、数字经济、跨境电商、金融科技等新产业新业态不断涌现（见图 4）。尤其是北京、上海、深圳、杭州等城市近年来在具有先导性的创新产业培育方面取得了显著成效，成为中国独角兽企业①分布最多的城市，而这些独角兽企业高度聚集在 CBD 区域内。位

① 独角兽企业指市场估值 10 亿美元以上，并且创办时间相对较短（一般为十年内）还未上市的企业，独角兽企业代表着新经济活力、行业发展趋势和区域及国家创新竞争力。

于西部地区的银川悦海湾 CBD 依托创业孵化示范基地、宁夏回族自治区级双创示范基地、宁夏回族自治区现代服务业集聚区，在“四新”经济培育方面也取得积极成效，尤其是围绕电子商务和电子竞技等新兴业态，打造和形成了丝路通跨境电商出口平台和电竞中心。

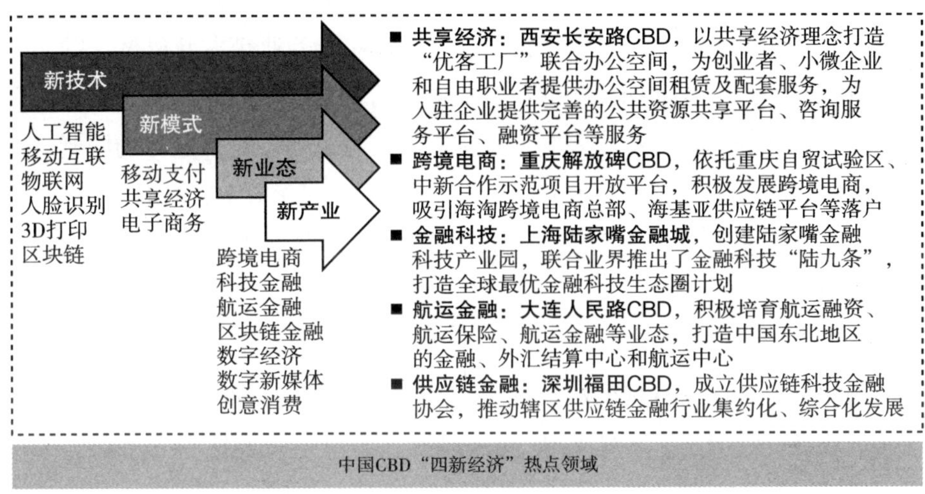

图 4　中国 CBD“四新经济”热点领域

（三）对接国际通行规则，全力营造高品质营商环境

营商环境不仅是影响企业“全生命周期”活动效率和质量的法制监管环境，更是涉及企业所在地区的政治、经济、文化、社会等多领域、全方位的制度环境，是一个国家或地区参与全球竞争、开展国际交流与合作的重要保障。2018 年，随着国家“放管服”改革的深入推进，中国 CBD 在深化商事制度改革、推进投资贸易便利化、加强信用体系建设、营造创新创业环境等领域先行先试、积极探索、率先突破，营商环境的国际化、法治化和便利化水平显著提升，为推动经济高质量发展、建设现代化经济体系奠定了坚实基础（见图 5）。

一是政务服务效率大幅提升。对标国际一流 CBD，着力优化政务服务环境是优化营商环境的核心，中国各地 CBD 通过减少行政审批事项、深化商事登记制度改革、推动“互联网 + 政务服务”等，最大程度实现准入环节便利化，既提升了政府服务效率，又为 CBD 的发展注入了新动能和新活力。

二是投资贸易更加便利化。在国家服务业对外开放战略部署下，各地 CBD 依托自由贸易试验区、“一带一路”建设和服务业扩大开放试点等对外开放战略，实行准入前国民待遇加负面清单管理制度（“准负模式”），持续放宽服务业外资市场的准入限制，减少对外资投资企业开展业务的限制，率先探索跨境服务贸易领域的开放。在投资贸易便利化方面，各地 CBD 大力深化国家外资企业“一窗受理”改革，实施外企备案管理新规，大幅缩减外企备案事项办理时限。

三是市场法治环境明显改善。市场法治环境是影响企业投资、经营和退出市场的重要方面，良好的法治环境有利于稳定市场预期、降低市场风险、增强企业投资吸引力。各地 CBD 通过建设以信用监管为核心的市场监管机制、完善以商务诚信为核心的社会信用体系，以及加强知识产权保护等措施，努力营造公平高效的市场法治环境，有利提升了 CBD 营商环境的吸引力和竞争力。

四是人才发展环境显著优化。CBD 是区域创新的策源地，聚集了大量复合化、高端化、国际化的管理型和科技型创新人才，通过各项人才引进政策汇集全球创新型人才成为我国各地 CBD 提升软实力的普遍做法。除了全面推进创新型人才税收减免、住房保障、子女就学等人才引进政策外，各 CBD 不断推出更具吸引力的人才政策，全面优化人才发展环境。

（四）对外开放持续推进，开放型经济迈向更高层次

当今世界经济是一个全球高度融合发展、市场体系相互渗透影响的共同体。CBD 作为城市中对外开放程度最高、与全球价值链连接最为紧密的区域，其高质量发展必然是在高度开放的全球化过程实现的。尤其是在全球产

• 积极推进简政放权 • 深化商事制度改革 • 推动“互联网+政务”	• 放宽服务业市场准入 • 提升投资贸易便利化 • 深度参与价值链重构	• 建立市场监管体制 • 完善市场信用体系 • 加强知识产权保护	• 完善人才培养体系 • 推行人才税收减免 • 优化人才服务环境
政府服务水平大幅提升	投资贸易更加便利化	市场法治环境明显改善	人才发展环境显著优化
• 广州天河CBD首创“智能无人审批”模式，实现商事登记“零见面、全天候、无纸化”高效办理 • 上海虹桥CBD设立“一门通办窗口”和外国人来华工作许可窗口，提升了审批效率	• 上海陆家嘴金融城探索跨境服务贸易特别管理模式 • 广州天河CBD积极探索粤港澳大湾区服务贸易自由化 • 北京CBD外资企业备案事项办理时限从20个工作日缩短至3个工作日	• 北京CBD建立“评价方法数据归集-综合应用-业务联动”的企业信用监管新体系 • 上海陆家嘴金融城构筑覆盖企业全生命周期的监管闭环，引入第三方机构参与市场监管	• 上海陆家嘴金融城推出国内首创的“对外籍高层次人才创办科技型企业一视同仁、一照多址”举措 • 天津河西CBD实施“345”海外高层次人才引进计划，设立市级企业青年工程师科研基金

图5　中国CBD营商环境优化措施及成效

业从基于全球价值链（GVC）的制造业全球化向嵌入全球创新链（GIC）的服务业全球化转型中，全力提升在全球创新链中的等级是CBD的重要发展趋势。中国CBD依托自由贸易试验区、“一带一路”建设、服务业扩大开放试点等国家新一轮对外开放战略，着力提升投资贸易便利化水平，积极构建开放型经济新体系，外资利用规模持续扩大，全球功能性机构不断集聚，为深度参与全球服务业价值链重构创造了良好条件。2018年，北京CBD外资利用数量处于全国领先地位，达到了42.58亿美元，广州天河CBD外资利用总额超过了10亿美元，杭州武林CBD和武汉CBD则超过了5亿美元（见图6）。

二　趋势与展望

改革开放以来，中国CBD在融入全球经济、带动区域经济发展方面取得了显著成就。随着国际贸易摩擦和国际竞争格局的变化，CBD既肩负着

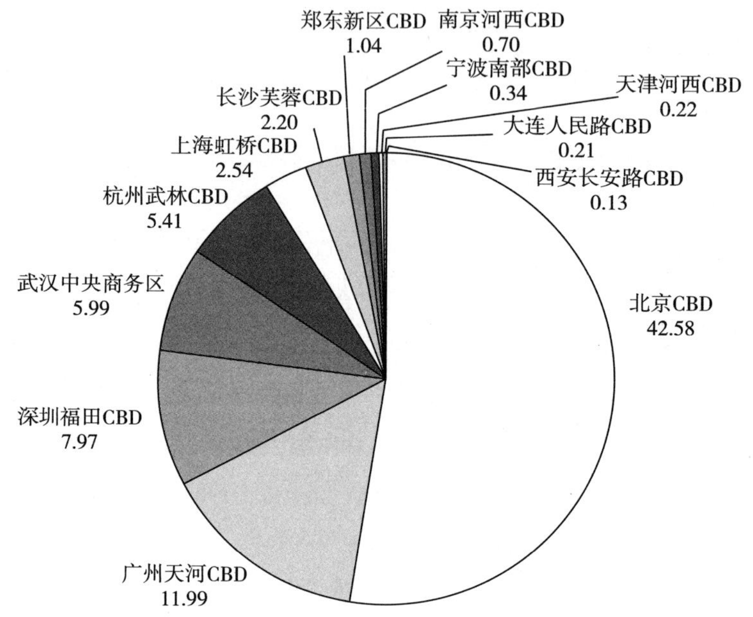

图6　2018年中国部分CBD外资利用情况

资料来源：根据中国商务区联盟成员提供数据整理，部分CBD由于数据缺乏未纳入评价。

国家发展更高层次开放型经济的战略任务，又面临着经济迈向高质量发展的内在转型要求。基于全球贸易格局的新动向、国内经济的新形势和CBD发展的阶段要求，本报告认为未来CBD发展将呈现以下趋势。

（一）营商环境是CBD提升全球竞争力的关键要素

近年来国际竞争日趋加剧，世界各国高度重视营商环境的改善。世界银行连续16年发布《营商环境报告》，受到世界各个国家的高度重视，全球各大顶级咨询机构也纷纷围绕营商环境出版了各类专项研究报告。伴随供给侧结构性改革的深入推进和对外开放新格局的逐步形成，中国政府也高度重视培育创新和私营企业的发展，出台多项政策措施聚焦简政放权、降低税费等商事制度改革。CBD作为跨国企业和高端服务机构最为集聚的区域，已成为外资进入中国的“投资指南”和“方向标”，营商环境的优良直接决定了 CBD 及其所在城市和区域的竞争力，CBD 的高质量发展更需要与国际通行规则接轨的营商环境。未来，持续优化营商环境、降低制度性交易成本是 CBD 提升全球竞争力的重要方向。

从全球范围来看，国际一流 CBD 营商环境也呈现新趋势和新特征。一是营商环境理念的变化，营商环境不仅仅是影响企业从“开办、扩建、经营到破产”这一“全生命周期”活动效率和质量的法制监管环境，更是企业所在国家或地区的政府、社会、市场、文化等诸多因素构成的外部环境总和，后者从影响企业投资经营所涉及的所有外部因素来审视营商环境，既有宏观层面又有微观层面。二是营商环境链条由注重企业开办过程中营商环境改善向全链条营商环境优化转变，通过全面优化准入前、准入后的营商环境，形成全链条优化、各环节重点关注的局面。三是“人工智能 + 大数据”的智慧政务服务模式将是全球 CBD 的新取向。

（二）创新驱动是 CBD 实现高质量发展的根本动力

国际经验表明，创新环境是 CBD 营商软实力和国际竞争力的重要支撑，高标准、高质量地打造具有国际影响力的知识密集型和技术密集型的现代商务中心必然需要各类创新要素和创新人才的支撑，国际一流 CBD 在发展过程中尤为重视人才和创新环境的建设。未来，通过提高原始创新能力、聚集创新资源、提供创新供给是 CBD 实现高质量发展的重要途径。从全球视野来看，除了人才、技术、管理和服务的创新，产业业态的创新也是全球 CBD 竞相发展的重点领域。例如，新加坡政府投放 2.25 亿新币在不同领域的金融科技项目上，又设立监管沙盒（Regulatory Sandbox）、战略支付平台、国际科技咨询委员会及人才发展等配套的创新政策；香港发展以大数据与智能投顾（Robo－Advisor）为基础的财富管理产品；上海陆家嘴金融城充分发挥丰富的金融科技应用场景优势，深刻分析金融科技企业全生命周期的发展规律，联合业界推出 2.0 版金融科技“陆九条”，分别对接金融科技企业在应用场景、孵化投资、专业服务、技术研发、风险防范、展示交流、人才服务、财政扶持、国际推广等方面的具体诉求，旨在打造全球最优金融科技生态圈计划。

（三）融入全球网络是 CBD 繁荣发展的必由之路

从全球 CBD 发展历程来看，每一次全球市场重心的转移都使得 CBD 的发展体系得以扩展，随着市场重心从地中海到大西洋，再到美洲大陆，而后东亚的变迁，伦敦金融城、纽约曼哈顿、东京 CBD、新加坡、香港中环 CBD、上海陆家嘴金融城等逐渐融入互联互通的全球化网络节点，并占据全球价值链的制高点。随着服务经济时代的到来，全球产业正从基于全球价值链（GVC）的制造业全球化向嵌入全球创新链（GIC）的服务业全球化转型中。未来，通过国际资本、国际技术和国际文化的双向开放，深入参与全球价值链、融入全球网络体系是 CBD 提升全球竞争力的重要方向。

（四）共治共享是 CBD 保持区域凝聚力的重要基础

中国 CBD 在向高质量发展迈进的过程中，不仅只关注高效率、高附加值的产业发展，更应重视经济发展与可持续性、包容性的结合。从根本上看，高质量发展意味着要从不平衡不充分发展转向共享发展、充分发展和协同发展，实现产品服务高质量、投入产出高效率、发展成果共享化。国际经验表明，CBD 作为最具经济活力和人文魅力的区域，往往通过多元市场主体参与共治以增强文化粘性和区域凝聚力，从而营造包容共享的氛围。例如，伦敦金融城是一个享有高度自治的行政单元，并不受伦敦市政府管辖，金融城委员会由金融界、商业的企业领袖代表组成；上海陆家嘴金融城借鉴伦敦金融城的经验，建立了金融城理事会这一“业界共治 + 法定机构”区域公共治理架构，理事会由 127 家业界代表共同组成。通过多元主体共治以提高包容度、自由度，强化区域凝聚力、激发区域创新活力是全球 CBD 的重要发展趋势。

三　结论与建议

2018 年，中国服务业占国民经济比重达到 52.2%，服务业对经济增长的贡献率达到 59.7%，对劳动就业的贡献率达到 46.3%，服务业占外商投资比例达到 68.1%，服务贸易占对外贸易比重达到 14.6%，日益接近世界 20% 的平均水平，服务业成为推动中国经济增长的主动力。CBD 是服务业尤其是高端服务业集聚的主要区域，在服务经济时代促进中国经济高质量发展、高水平对外开放方面承担着更加艰巨的责任与使命。因此，无论是位于对外开放前沿的东部沿海 CBD，还是地处内陆开放高地的中西部 CBD，都应牢牢把握服务经济大发展的历史机遇，审时度势顺应时代发展，从优化营商环境、激发创新活力、融入全球网络、提升包容性等方面入手，全面提升 CBD 的经济韧性和核心竞争力。

一是全方位打造一流营商环境。CBD 应进一步深化“放改服”改革，对接国际最高标准，深入推进商事制度改革、着力推进贸易投资环境改善、营造竞争高效的市场运行秩序；注重公众参与，推动多元主体协同共治，多维度、全方位推动形成国际一流营商环境。

二是多途径激发创新创业活力。CBD 应聚焦科技创新和服务创新的关键领域，着力整合科研院所、企业研发中心等创新资源，完善以企业为主体、市场为导向、产学研企相结合的科技创新体系，搭建全链条全要素的创新服务平台；继续提升全球人才及各类创新资源聚集能力、国际重要创新成果转移和转化能力，营造更加适于创新要素集聚和跨境流动的便利环境。

三是积极融入全球价值链网络。经济全球化是当代世界经济的重要特征之一，也是世界经济发展不可逆转的趋势。CBD 应积极应对全球治理体系和国际贸易格局新变化，结合国家“一带一路”建设，不断扩大国际经贸合作，加快推进服务贸易转型升级，逐步向国际产业链的高端环节拓展延伸，在更高层次上参与国际竞争，加快融入全球价值链网络。

参考文献

上海市人民政府发展研究中心：《推动高质量发展的营商环境研究》，上海人民出版社，2019。

上海市人民政府发展研究中心：《全球城市营商环境评估研究》，上海人民出版社，2019。

李勇坚、夏杰长、姚战琪：《中国服务业发展报告2018》，经济管理出版社，2019。

政务环境篇

Government Environment Chapters

B.3

我国 CBD 政务服务改革的地方实践与经验

黄　晴　刘华兴*

摘　要： 近年来，城市 CBD 在地方发展与地方竞争力提升中扮演着越发重要的角色，并成为吸引优质企业、聚集产业资源、激活城市经济、推动内城更新的主要动力之一。随着“放管服”改革的推进，CBD 的建设与发展政策需要从硬件环境的完善转移到公共服务的提升与管理软环境的营造上。为了更好地推动 CBD 的发展，不同的城市采取了不同的方法。本文通过对西安碑林长安路 CBD、大连人民路 CBD、郑东新区 CBD 的实践进行观察与分析，为我国 CBD 政务服务建设提出了政

* 黄晴，山东大学政治学与公共管理学院，讲师，研究方向：城市治理、城市政治、内城更新；刘华兴，山东大学政治学与公共管理学院，讲师，研究方向：城市治理、城市政治、社会科学研究方法。

策建议，即城市政府应以空间规划科学性、环境设施精细化管理、招商引资政策完善、人才引进策略制定和服务水平提升等方面为着力点继续深化改革，为 CBD 创造良好的营商环境。

关键词： 政务服务　合作治理　监管创新　生活导向　CBD

一　我国 CBD 政务服务建设的发展历程

随着 CBD 区域建设的快速发展，地方政府与企业对营商环境的关注也逐渐从物质条件转向管理服务，其中尤以政府所提供的政务服务为重。地方政府是否能够为企业提供便捷、高效、亲商的政务环境，日益成为 CBD 的核心竞争力之一。我国 CBD 政务服务建设主要经历了三个阶段：2016 年以前，地方政府侧重以经济优惠政策为导向的服务；2017 年，各级政府进入深化政务服务改革阶段；从 2018 年，各级政府开始注重政务服务的标准化定量评价。

（一）政策创新：地方经济优惠政策的试验探索阶段

自 2000 年以来，如何提升 CBD 汇聚优质企业和产业资源的能力是我国 CBD 发展政策的核心关注点。为此，中央与地方出台了一系列文件，旨在为 CBD 发展提供经济优惠政策，从而增加城市 CBD 对于企业和资本的吸引力。如表 1 所示，在 2002 至 2016 年期间，地方政府纷纷出台政策文件，从税收优惠、落户奖励、住房用地、人才吸引以及各类补助入手，加大对城市的 CBD 的发展扶持力度。

表 1　部分地方政府营商环境要素汇总

政策文件	城市	年份	营商环境要素
《关于〈上海市鼓励外国跨国公司设立地区总部的暂行规定〉的实施办法》	上海	2002	财政支持、人才引进
《关于鼓励国内大企业在浦东新区设立总部的暂行规定》	上海	2004	财政支持、工商登记、人才引进、购房优惠、出入境手续办理、子女就学等
《天津市促进企业总部和金融业发展优惠政策》	天津	2006	资金补助、人才支持、免征个人所得税
《关于鼓励企业总部和研发机构落户滨海新区的若干意见》	天津	2009	购租房优惠
《浦东新区促进总部经济发展财政扶持办法》	上海	2011	人才引进、购租房优惠
《滨海新区关于促进总部经济发展的实施意见》	天津	2011	税收优惠、各类资金补助、创新技术和服务平台支持、人才引进、个性化扶持政策
《关于进一步促进服务业发展的若干意见》	浙江	2012	土地税和房产税优惠、人才支持
《关于进一步加快舟山群岛新区地方金融业发展的若干意见》	浙江	2012	落户奖励、办公用房补贴、税收奖励、人才引进
《重庆北部新区扶持服务业发展办法》	重庆	2013	财政支持，包括税收优惠、落户奖励、购房补贴
《广州市人民政府关于印发加快发展总部经济实施意见及配套文件的通知》	广州 南沙新区	2013	企业落户奖励、企业发展贡献奖励、培育奖励、用房补贴
《关于促进南沙新区总部经济发展的指导意见》	广州 南沙新区	2013	落户奖励、人才奖励、用房补贴
《西咸新区丝路经济带能源金贸中心园区优惠政策》	陕西 西咸新区	2014	落户奖励、税收减免、免费用地
《关于鼓励和支持国(境)外企业到贵州投资总部经济的若干意见》	贵州 贵安新区	2015	土地优惠、财政扶持、人才引进
《鼓励服务业发展优惠政策(暂行)》	兰州新区	2016	所得税优惠、落户扶持、人才支持

注：政策文件来源于地方政府网站。

（二）优化服务：政务服务的深化改革阶段

自2017年以来，我国迎来了CBD建设与发展的热潮，各城市CBD之间的竞争越发激烈。面对这一趋势，在各项政策优惠之外，地方政府以“放管服”改革为契机，进一步简化企业办事流程，提升办事效率，提高城市政务服务水平和公共服务能力，为城市CBD的发展创造良好的政务环境。

基于上海市浦东新区的“证照分离”改革试点①，2017年9月，国务院印发《关于在更大范围推进“证照分离”改革试点工作的意见》，在深入总结上海市浦东新区“证照分离”改革试点经验基础上，在天津、辽宁、浙江、福建、河南、湖北、广东、重庆、四川、陕西10个自贸试验区，继续推广上海市改革试点的成熟做法。表2展示了在这一阶段中央和地方所颁布的相关文件及其所涉及的政务服务要素。

表2　中央和部分省份政务服务要素汇总

政策文件	年份	政务服务要素
《国务院关于在更大范围推进“证照分离”改革试点工作的意见》	2017	审批制度改革、事后监管、“证照分离”和“多证合一”改革
《国务院办公厅关于进一步激发民间有效投资活力促进经济持续健康发展的指导意见》	2017	深化“放管服”改革，提高审批服务水平、服务意识和服务能力，加强诚信体系建设
《国务院关于促进外资增长若干措施的通知》	2017	外资法律体系、产权保护
《国务院办公厅关于加快推进“多证合一”改革的指导意见》	2017	“多证合一”、审批制度改革、信息共享和业务协同、“互联网+政务服务”、“一照一码”、监管监督机制
《国务院关于印发全面深化中国（上海）自由贸易试验区改革开放方案的通知》	2017	行政管理体制、“互联网+政务服务”、商事登记制度改革、“证照分离”

① 2016年4月，上海市浦东新区进行“证照分离”改革试点，改革方案通过对116项行政许可等事项清理取消一批、改为备案一批、实行告知承诺制一批等措施，有效降低了企业交易成本，破解了企业“办照容易办证难”、“准入不准营”等突出问题，营造出稳定公平透明的CBD政务环境。

续表

政策文件	年份	政务服务要素
《国务院关于印发中国（辽宁）自由贸易试验区总体方案的通知》	2017	深化行政管理体制改革、知识产权综合管理改革试点、税收服务创新
《国务院关于印发中国（浙江）自由贸易试验区总体方案的通知》	2017	简政放权、优化服务改革、行政审批制度改革、商事制度改革、知识产权综合管理改革、税收服务、市场准入和监管制度
《国务院关于印发中国（陕西）自由贸易试验区总体方案的通知》	2017	事中事后监管、"多证合一"、"一口受理，并联审批"、信用监管体系、知识产权综合管理改革、负面清单管理制度
《国务院关于印发中国（重庆）自由贸易试验区总体方案的通知》	2017	法治建设、行政权责清单制度、行政审批服务体系、"四位一体"监管体系、"一口受理、同步审批"
《国务院关于印发中国（湖北）自由贸易试验区总体方案的通知》	2017	市场准入负面清单制度、行政许可权机制、"证照分离"、"多证合一"、事中事后监管体系
《国务院关于印发中国（河南）自由贸易试验区总体方案的通知》	2017	"多评合一、统一评审"、"五证合一、一照一码"、监管机制、清单动态管理机制、"互联网＋政务服务"
《国务院关于印发中国（四川）自由贸易试验区总体方案的通知》	2017	行政权责清单制度、事中事后监管体系、综合行政执法体系、社会治理新体系

注：政策文件来源于地方政府网站。

（三）管理服务标准化：政府服务评价体系的初步建立阶段

目前，各级政府"放管服"改革已取得重要进展，构建良好的 CBD 营商环境逐渐被地方政府所认可，政务服务及营商环境的标准化、透明化和可视化也成为未来改革趋势。因此，一些地方进行了大胆探索和制度创新，通过构建完善的营商环境评价指标体系，尝试建立 CBD 政务服务标准化评价体系，对政府的政务服务水平进行定量化评估，从而提高政府的管理能力和服务水平。表 3 展现了部分地方政府在构建营商环境评价体系方面所进行的改革措施。尽管该种尝试仍处于初步性、个性化的探索阶段，其适用范围和效果有待进一步的验证和探讨，但为我国政务服务评价体系国家标准的建立提供了宝贵经验。

表 3　营商环境指标评价要素

政策文件	年份	评价指标
《辽宁省优化营商环境条例》	2018	企业开办、施工许可、不动产登记、市场主体增加情况、政府诚信、典型案例办理
《山东省营商环境评价实施方案》	2019	企业开办、获得信贷、不动产登记、办理施工许可、获得电力、办理纳税
《青海省营商环境评价工作方案》	2019	衡量企业全生命周期、反映投资吸引力、体现监管与服务

注：政策文件来源于地方政府网站。

二　我国 CBD 政务服务改革的实践

目前，我国大多数城市 CBD 的政务服务改革仍侧重于第二阶段，即“深化政务服务”，其主要着力点包括精简服务流程、网上服务、招商服务、公共服务等几个方面。尽管主要着力点相似，但各地方政府在政务服务建设中，出发点和侧重点稍有差别，展现出自身的不同之处。其中西安碑林长安路 CBD 刀刃向内，以政府为主导完善自身政务服务体系建设；大连人民路 CBD 注重治理机制建设，实施合作治理与监管创新；郑东新区 CBD 以宏观规划为抓手，侧重提升生活和营商舒适度。

（一）西安碑林长安路 CBD：政府主导的政务服务体系建设

西安长安路 CBD 规划占地约 4.55 平方公里，核心区范围占地面积约 2.9 平方公里，现商务办公面积达 100 万平方米，聚集了埃克森美孚、铁姆肯等世界五百强、中国五百强企业分支机构 46 家，入驻汇丰、东亚银行等各类金融机构 34 家。西安碑林区 CBD 政务环境建设以地方政府为主导，从服务意识、服务制度与服务技术三个方面打造一流的 CBD 政务服务环境。

1. 推动政府服务意识转型

作风建设与意识转变是建设良好政务环境的前提，碑林区政府通过树立全区上下“一盘棋”的思想，实施“三个不”和“五个决不允许”原则，不断提升政府服务意识，不断转变工作作风，促使工作人员履行好职责、组织好领域，将优化 CBD 营商环境作为各级单位工作的核心任务。

2. 政务服务机制建设与完善

（1）权力清单“瘦身”，政务透明公开

权力透明与政务公开是提升 CBD 政务服务的有力支撑，碑林区政府健全政务公开负面清单制度，促使政府职责更加明确，避免互相推诿扯皮现象；同时还建立了优质高效政务服务平台，在提升行政运作效能的基础上，也增加了政务的透明度，确保行政权力切实为 CBD 发展服务。

（2）责任清单“强身”，简化审批流程

职责分明是提高政府工作效能的前提，碑林区编制了市、区（县）、镇（街）三级权责清单和包括 45 个部门、578 个行政审批服务事项的目录清单，促使审批时限平均压缩了 40%，审批事项和层级得到缩减、审批受理条件也进一步明晰。截至 2019 年 1 月，企业开办流程已压缩至 4 个环节，平均的业务办理时间已压缩至 2.7 天，需要申请材料减少至 10 件。简化审批流程是营造 CBD 亲企助商政务环境的一大助力。

（3）维护市场环境，保障企业权利

企业权力保障和良好的市场环境是企业发展的内外部条件，也是政府服务的重要方面，碑林区政府通过健全社会信用体系和推行行业“黑名单”管理制度，开展扫黑除恶专项和市场秩序整治行动，为碑林区 CBD 营造出诚实守信、公平竞争的市场环境；同时区政府通过法治监督、民主监督等方式，保护各种所有制经济组织和自然人的经济产权和合法权利。良好的市场环境和企业权利保障已成为碑林区 CBD 政务环境建设的亮点。

3. 政务服务技术的探索与运用：“互联网 + 政务服务”

科技改变了人类生活，同时也改变着政府服务的方式。2018 年西安市运用“互联网+政务服务”和大数据技术，逐步实现了一网受理、只跑一次。同时，碑林区政府进一步探索出多种形式的办税模式与稳定的合作机制，降低政企双方的征纳成本，在企业人工成本、物流成本、创新创业等重要领域和关键环节，区政府也不断落实降低成本的工作方案。互联网电子技术的运用，既提高了政府效能，也降低了企业成本，是实现政企双赢的有力举措。

（二）大连人民路 CBD：合作治理与监管创新

大连市中山区人民路是大连市重要的 CBD 区域，集中了大连市 80% 的金融服务机构和 80% 的航运物流机构，已经成为中国东北地区的金融、外汇结算中心和航运中心。

大连人民路 CBD 政务服务建设聚焦于打造集社会治理、监管与政商关系重构为一体的政务服务体系，致力于通过深化行政改革、提升政府服务效能，通过创新治理平台提高政府治理水平，通过理清政商关系引导政企合作，从而为大连市人民路 CBD 的发展构建起服务优质、治理有效和有序合作的政务环境。

1. 推动政府监管体制创新

（1）完善行政审批制度

变革行政审批制度，是构建服务型政府的主要途径，同时也是优化政务服务的主要举措。行政审批制度改革对大连市人民路 CBD 政务环境的建设发挥着重要作用。首先，改变了政务服务方式，通过成立综合审批窗口，实现了办理事务和提供服务集中化服务；通过推进“互联网+审批”模式和网上办事大厅，实现了线上线下一体化服务。其次，加快了政府信息公开的进程，政府部门政务服务事项目录和办事指南的编制，审批事项在服务大厅、窗口单位、街道、社区中层以上干部中的“三公开”，都展现了中山区政务服务的公开透明。

（2）创新行政监管模式

CBD 的发展离不开政府的支持，更离不开政府的监管，政府监管是对

CBD 发展秩序的有力维护。中山区政府对 CBD 的监管主要体现在企业监管和政府内部监督两个方面。在企业监管上，区政府在贯彻执法检查“双随机”监管模式①的基础上，实施集中性或一次性监管，推进跨部门联合的行政执法监督机制，逐步形成了重服务、少检查、轻处罚的行政监管模式。在政府内部监督上，中山区政府成立专项督查组，对相关窗口和工作单位进行不定期暗访，并建立起限期整改和监督整改的长效机制。对 CBD 企业和公共权力的有效制约与监管为 CBD 的发展提供了良好的政务制度环境，为建设有序的营商氛围提供了有力保障。

2. 探索社会合作治理模式

CBD 是集商业功能和生活功能为一体的区域，企业行为与个人行为构成了 CBD 的社会环境，因此中山区将“社会治理”引入 CBD 区域，对 CBD 区域社会生态环境的打造大有裨益。中山区政府开发了“益治理平台”，并开展网格化管理。该平台将中山区划分为 239 个网格，每个网格配备 1 名网格长，并设立相应的社会治理隐患点位，涵盖了市容整治、消防隐患、市政设施等多方面社会问题，实现了治理空间全覆盖、治理地域无缝隙。CBD 区域的全方位治理为区域内企业和人才打造出更加优良的社会环境，也已经成为大连市人民路 CBD 政务建设的创新核心。

3. 构建政府市场合作治理机制

（1）构建“亲”“清”政商关系

城市 CBD 已经成为城市政府发展经济的重要支柱，这意味着城市政府对 CBD 建设的重视和偏好，也意味着城市政府与商业主体更加紧密的关系，但是这二者的本质与职能是不同的，甚至政府的公共性与商业的营利性在某种程度上是对立的，因此如何平衡两者之间的关系至关重要。近年来，中山区按照国际化、法治化、市场化方向和“优化营商环境年”活动要求，以构建“亲”“清”政商关系为目标，制定了多个政策规划，从政策层面为营商环境推进工作提供了有效保障。

① 随机抽取检查对象，随机选派执法检查人员。

（2）加大招引和服务企业力度

CBD 招商引资机制已经成为城市政府关注的重点和焦点，大连市中山区政府也不例外。

在招引企业方面，中山区政府坚持“走出去”与“请进来”相结合、统一招商与分口招商相结合、大型招商与小型招商相结合，并采取了地块招商、产业链招商等多种手段。在服务企业方面，中山区政府建立了项目服务秘书制度，采取实地走访项目现场或开发企业、现场办公、协调业务部门会商等方式，协调解决和反映项目推进中出现的问题，促进项目顺利实施。

（三）郑东新区 CBD：生活导向的规划与服务

截至 2018 年，郑东新区 CBD 建成区面积达到 4.83 平方公里，核心区累计引进各类金融机构达 334 家，卢森堡中心、龙湖运河里等重点项目总投资达 125 亿元。在政务服务建设方面，郑东新区 CBD 通过加强宏观规划、打造区域生活基础设施、完善招商环境来增强生活舒适度和营商舒适度。其具体措施包括以下四个方面。

1. 健全宏观规划与政策设计

CBD 是综合性的商业中心，遵循楼宇经济的发展规律，但同时也离不开政府的规划指导。郑东新区 CBD 在发展过程中，政府政策与产业规划发挥了重要的导向性作用。如在产业发展方面，区政府制定了《郑东新区重点产业发展的若干管理办法》、《郑东新区关于促进大数据产业发展的若干意见》等一系列产业准入标准和政策，引导重点产业快速健康发展；还出台《郑东新区加快重点产业发展的扶持办法》、《郑东新区加快金融业发展扶持办法》等扶持政策，从产业发展、运营管理、配套服务等多角度全方位进行引导扶持，不断提升 CBD 区域内重点产业的集聚度和吸附力。

2. 打造高品质生活服务设施

CBD 区域的生活功能对于区域内基础设施提出了更高要求，尤其是在人才竞争日益激烈的环境下，基础服务设施的完善配套对于吸引人才、提升 CBD 竞争力具有重要作用。郑东新区 CBD 基础设施已逐步实现多样化，在就餐方面，郑州新区 CBD 已形成以政府为引导、楼宇经营方为主体、消防和食品安全部门为监管的餐饮配套推进机制；在交通方面，为解决“最后一公里”的交通需求，郑东新区 CBD 已引入公共自行车租赁和接驳公交车服务；在满足基础生活需求之外，郑东新区 CBD 也引入了个性化服务设施，如“24 小时自助图书阅览设备”、白领驿站等。郑东新区 CBD 基础设施的配备完善，不仅为人才提供了舒适舒心的工作环境，也成为 CBD 吸引人才的独特优势。

3. 优化招商服务

商务楼宇的招商引资、品质提升和运营效益是强化产业集聚发展的基石所在。郑东新区 CBD 在以下两个方面的探索颇具成效。一是建立招商联动机制，建立了“纵”“横”招商参考系①和“5 + 5”（五个招商部门、五个平台公司）招商队伍，现已形成“区—办事处—楼宇业主—物业”四级联动的招商机制。二是促进中心商务区提质提效，郑东新区通过开展商务楼宇星级评定工作，引导楼宇向品牌化、精品化、专业化发展，并定期对入驻率低、注册率低、贡献率低的“三低”楼宇引导进行功能置换、经营转向和“二次招商”。招商与运营机制的合作发力，稳步提升了郑东新区 CBD 的辐射力和经济效能。

三　国内 CBD 政务服务改革存在问题

为了促进 CBD 的发展，地方政府政务服务建设已经逐步展开，如制定发展政策、深化行政审批改革、优化招商机制以及完善基础设施多种举措，也的确取得了成效，极大地改善了城市 CBD 的发展环境，但仍存在着一定的不足。结合当前 CBD 政务服务建设实践，其不足之处主要体现在以下四个方面。

---

① 纵向，紧盯目标产业的龙头企业，着力招大引强，抢占产业制高点；横向，密切关注先进地区中央商务区招商引资的新成果、新动向，制定专案，快速跟进。

（一）CBD 发展政策体系有待完善

CBD 代表着产业发展的高级形态，凭借自身集聚效用，已经成为地区乃至国家经济发展中新的增长极，但是目前对关于 CBD 政务服务和持续发展的政策引导却远远不足。在政务服务方面，政策内容还需要进一步丰富完善，而且后续评估政策尚未涉及，如大连市中山区颁布了《关于在全区开展助力营商环境专项整治工作实施方案》等文件，但对于方案落实之后的内容评估尚未出台相关政策。此外，各地政府关于某一具体产业的发展指导政策出台比较少，已经出台的政策也以鼓励性为主，其可操作性和执行力度仍有待商榷。

（二）CBD 建设政绩导向问题突出

CBD 的建设是以城市经济发展和市场需求为基础的，CBD 建设已成为地方政府财政开源和衡量政绩的重要举措。一方面，这种政绩导向会造成同一城市 CBD 建设数量超过市场需求，出现供大于求的现象。例如，东部沿海某一 CBD 未来两年市中心城区预计将有 100 万平方米写字楼入市招商，其中区内新投入市场写字楼将达到 50 万平方米以上，但重点企业扩大投资的意愿并不强烈，因此短期内商务区的综合入驻率将有一定程度的下降。另一方面，偏离市场规律与市场需求的发展建设可能引发区域内城市之间的恶性竞争，如为了争夺中部区域中心城市的地位，武汉、郑州、长沙等城市相继推进了 CBD 建设。

（三）CBD 区域治理中的公共权力监管不力

在促进城市 CBD 发展的进程中，政府治理能力与服务能力亟待提升。一方面，城市政府需要积极引导社会与市场良性互动，避免“市场失灵”现象；另一方面，城市政府也应充分认识自身的定位，谨慎采取干预行为，防止“权利寻租”和“政府失灵”。但目前在推进城市 CBD 发展的进程中，地方政府的工作主要聚焦在为 CBD 发展创造良好市场环境。而在如何明确政府定位、防止权力寻租等方面仍处于滞后状态。如某些 CBD 在建设过程制定了构建"'亲''清'政商关系"的相关政策，但是其政策聚焦度和可操作性仍需进一步提高，何况还有更多城市政府尚未行动。

（四）CBD 区域公共服务配套设施不完善

不充足、不完善的公共服务是我国城市 CBD 持续发展要面临的重要问题之一。很多 CBD 区域公共设施配套滞后于 CBD 楼宇的建设与使用。当前 CBD 区域内教育、交通、休闲等生活设施的配套仍需进一步完善，小型博物馆、艺术画廊等文化类服务设施则更加稀缺。公共服务设施的缺乏会影响个人的工作和生活，也会影响 CBD 对高端人才和企业的吸引力。

四 深化 CBD 政务服务改革的对策

在国内外经济竞争日益激烈的背景下，城市 CBD 发展面临着越加严峻挑战，对于营商环境以及政务服务环境的建设也提出了新的要求，本文通过对国内城市 CBD 政务服务建设现状的梳理，对我国 CBD 政务服务建设提出以下政策建议。

（一）推动政策创新与宏观政策体系完善

在城市 CBD 政务服务建设中，完善公共政策、加强政策引导是政府工作的基础。地方政府要结合城市发展实际，鼓励企业、高校、非营利组织等城市主体参与到政策制定的过程中来，构建起多主体参与协商制定的政策网络，从而提高政策的科学性和执行性。同时，在政策内容上，既要从宏观上制定相关政策，为城市 CBD 的建设发展提供方向性的指引，同时也要从微观层面上制定某一具体领域的相关政策，如人才引进政策、金融产业政策、招商引资政策等，从而为城市 CBD 的政务服务建设和持续良好发展提供宏观引导。

（二）完善政府职能与厘清公共权力边界

在推进CBD政务服务建设过程中，政府应明确两个方面的定位，即对城市经济的定位以及对政府职能的定位。一方面，政府对城市经济水平的判断决定着城市CBD政策的导向。城市CBD建设应立足于城市经济发展实际状况，因此需要政府对其进行科学评估，根据城市资源和市场需求情况合理制定CBD的发展目标，从而避免出现重复建设、恶性竞争和资源分散等情况。另一方面，政府更需要明确自身权力边界与定位。尽管我国CBD的发展进程很大程度上是由地方政府主导推进的，但是其本质仍然是一种经济形式，仍遵循市场规律，因此在城市CBD的发展中，政府必须明确自身定位，防止自身在推动CBD发展过程中过度干预市场经济运行规律和CBD内部自发形成的规律。清晰的城市定位与自身定位，需要城市政府在CBD发展和政务服务建设过程中不断探索明晰。

（三）完善CBD区域公共服务供给体系

完善的公共服务供给对提升城市CBD的核心竞争力，吸引优质企业和优秀人才发挥着越来越重要的作用。首先，地方政府应不断完善CBD区域的基础设施，如加强园区建设、交通、水电等硬件基础设施配套，以及就业与社会保障、文教体卫等软设施，为公共生活和社会、经济、政治、文化活动提供保障。其次，CBD发展也需要良好的公共环境，因此区域政府应平衡好繁华现代的商业娱乐环境与绿色自然的生态环境。最后，地方政府在供给公共服务过程中应适度引进市场机制，为CBD区域提供多元化的、充足的、优质的公共服务。

（四）探索CBD区域公共管理机制创新

CBD管理的精细化、智能化和常态化是未来CBD发展的必然趋势，这对区域政府的管理水平也提出了更高的要求。精细化管理要求创建园区管理与政企联动协作平台，强化环境综合管理，创新管理思路。如可以探索工作前置与提前介入，强化对广告、店招、占道活动等事项的精细化管理，提高园区管理水平和管理效率。智能化管理意味着政府应借助电脑通信、联机网络和数字交互式媒体，创建信息化的管理平台，以新的理念、方式和方法来实现政务服务以及管理交流。常态化要求园区联合执法监管等部门，定期开展专项整治工作，进一步提升 CBD 区域的治安、自然环境与卫生等。

参考文献

王陈伟、卢向虎：《国家级新区发展总部经济的扶持政策比较》，《城市观察》2018 年第 7 期。

刘敏：《中国 CBD 发展现状与对策分析》，《特区经济》2015 年第 9 期。

李汉宗：《国内四大城市总部经济政策对比分析》，《中国经贸导刊》（理论版）2017 年第 23 期。

B.4
CBD投资审批改革的进展、成效与对策

——以工程建设项目投资审批改革为例

苗婷婷*

摘　要： 十八大以来，我国进入全面深化“放管服”改革的关键时期，各级政府采取切实措施，加快实施投资审批制度，尤其是工程建设项目的投资审批制度改革，“瘦身”审批事项和审批材料、革新审批流程、转变管理思路、改变监管模式，投资审批时间大大缩短，政府服务效率不断提高。CBD是城市的名片，建设密度大，对基础设施功能要求较高，因此，更需提高政府投资审批效率，提升建设和开发运作水平，以展示城市的发展活力。目前，很多CBD依托城市工程建设项目投资审批改革试点方案，进行体制创新，取得了突破进展。与此同时，在我国特殊的制度背景和CBD管理模式下，CBD项目投资和投资审批仍存在不少问题，具有进一步完善的空间。

关键词： 营商环境　放管服　工程建设项目　投资审批　CBD

在我国工程建设项目的报建过程中，审批手续过多、程序繁杂、耗时长等问题十分突出，严重影响了我国城市的投资效益和高质量发展。改革开放

* 苗婷婷，中国社会科学院城市发展与环境研究所，博士后，研究方向：城市治理、农民工问题、公共政策。

以来，尤其是十八大以来，国务院全面部署“放管服”改革，要求各级政府营造良好的营商环境，激发市场活力，优化政府服务。2018 年 5 月，国务院出台《关于开展工程建设项目审批制度改革试点的通知》（以下简称《通知》），要求对房屋建筑和城市基础设施等工程项目类别，实行全流程改革，提高政府服务水平。CBD 是城市的经济中心和活力源泉，CBD 工程建设项目的高效推进有利于城市发展提质上档，增强其经济吸引力，更好发挥 CBD 的经济集聚和辐射引领作用，提高城市及区域的经济发展能级。在工程建设项目审批改革试点地区，CBD 依据城市改革方案，贯彻落实投资审批改革措施，行政审批事项大面积减少，审批权限大幅下放，审批程序进一步规范化和标准化，审批服务效率全面提高，从而提升了企业的获得感，进一步释放了市场活力，维持了投资的持续增长。

一 基本概况

新中国成立以来，随着社会主义市场经济体制的建立，我国投资审批制度改革持续推进。针对工程建设项目，我国近年来积极开展投资审批改革试点，投资审批体制改革的成效尤为显著，为 CBD 投资环境的改善和经济发展提速提供了制度保障。

（一）工程建设项目投资审批制度改革

“工程建设项目”主要涉及土木建筑工程，线路、管道及设备安装工程，建筑装修装饰工程等新建、扩建、改建活动[①]。按项目类别划分，工程建设项目大致包括房屋建筑、城市基建、交通、水利、能源等工程；按项目阶段划分，工程建设项目可分为新建、扩建、改建、迁建、恢复等项目；按项目规模划分，工程建设项目可分大、中、小型项目三类[②]。从特征上来

① 建设部：《工程建设项目实施阶段程序管理暂行规定》，1995。

② 按投资额度，能源、交通、原材料工业项目 5000 万元以上，其他项目 3000 万元以上的为大中型（或限额以上）项目；否则为小型（或限额以下）项目。

说，工程建设类项目具有资金投入大、项目跨距周期长、建设工程整体和固定性强等特点。如果设计方案不科学、施工方案不完善、管理和风险管控机制不健全，极易造成严重的经济损失。因此，在现行投资审批体制下，我国对工程建设类项目的投资审批管理最为严格，从项目开工前的项目策划、招商引资推介、土地熟化、招拍挂，到项目启动之后的项目报建、委托监理、招标投标、施工合同签订、建设工程施工许可证领取、施工、竣工验收及期内保修等都有严格的审批监管程序。

严格的投资审批体制，一方面为降低项目决策和实施过程中的风险起到很好的把控作用，有效保障了工程建设项目质量；另一方面，在我国工程建设项目的审批过程中，审批手续过多、程序繁杂、耗时长等问题十分突出，已严重影响了我国城市的投资效益和高质量发展。因此，2018 年 5 月，国务院办公厅出台《通知》，要求北京等 15 个城市和浙江全省作为改革试点地区，从统一审批流程、精简审批环节、完善审批体系、强化监督管理等方面入手，逐步建立投资审批改革的总体框架和制度体系，将审批时间从 200 多个工作日减至 120 个工作日①。经过一年的改革试点，各试点地区已基本形成统一规范的审批流程（见图 1）、统一的审批管理体系和制度框架。2019 年 3 月，国务院办公厅出台《关于全面开展工程建设项目审批制度改革的实施意见》，开始在全国范围内推广实施工程建设项目审批制度改革。

（二）CBD 工程建设项目的投资与审批体制

CBD 是一个城市进行商务活动的核心区域，是区域和国家经济发展、对外开放以及现代化水平的象征。近几年来，全国各级城市积极开发 CBD，加强城市综合体建设，以提振城市和区域经济。在各大城市，CBD 高度集中了城市的各项功能，建设投入密度较大，对道路、市政管网、公共服务设施以及楼宇项目的开发布局有较高的要求，因而既需要提高投资审批效率，

① 国务院办公厅：《关于开展工程建设项目审批制度改革试点的通知》，2018。

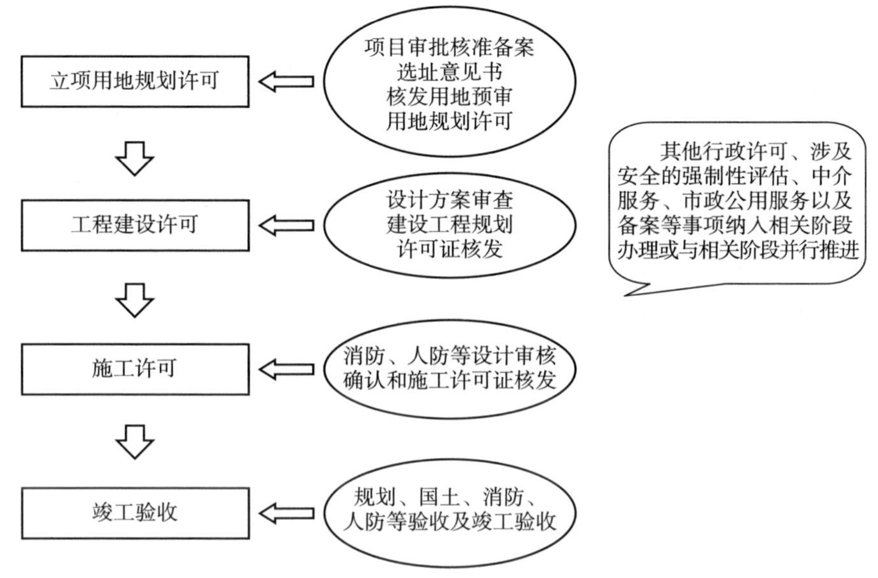

图 1　我国工程建设项目的审批流程

资料来源：作者依据相关政策文件自制。

加快发挥 CBD 促集聚和提服务的功能，又需做好审批监管，保证 CBD 工程建设项目的科学性和经济效益。

目前来讲，我国 CBD 工程建设项目的投资主体，尤其是基础设施项目，包括政府类投资主体、民间投资主体、外资类投资主体和公私合作投资主体四类，其中政府类投资渠道以政府财政和银行贷款为主，民间投资的资金来源于私营企业和个人，外资类投资的资金源自国外的政府、金融组织和民间资本等，而公私合作模式则由政府和私人合作投资①。

从投资占比来看。第一，虽然我国 CBD 多元化的投资渠道有效缓解了 CBD 建设过程中的资金紧张问题，但在全国历年城市市政公用设施建设固定资产投资中，地方财政拨款占比最多。以 2016 年为例，全国城市市政公用设施建设固定资产投资中，财政拨款为 5183. 7 亿元，占年度城市市政公

① 苟济帆：《金融中央商务区基础设施投融资研究》，《市场周刊》（理论研究）2016 年第 7 期。

用设施建设固定资产投资总额的31.65%。可见，政府是城市，包括CBD建设的核心主体。第二，随着我国融资市场化的推进，民间投资在城市和CBD建设中不断增长。截至2017年6月，全国入库的PPP市政工程项目（以污水处理、市政道路、供水、垃圾处理和管网项目为主）有4732个，总投资额为4.4万亿元[①]。目前，政府投资、银行贷款和民间投资占城市市政公用设施建设固定资产投资的85%左右。第三，因外资投资在国内审批程序复杂、周期长，外加一些不确定因素较多，外资投资占比非常低，2016年城市市政公用设施建设固定资产投资中，外资投资仅为34.6亿元，占比0.21%。

从投资报建和审批机构来看，我国综合发展指数最高的三大CBD——北京、上海、广州CBD以及重庆、南京、西安和天津等城市均设置了CBD管理委员会，主要负责CBD区域规划、公共资源采集、财政投资项目的前期研究、项目规划、储备及组织实施、建设用地征收、产业优惠政策制定、形象推广、招商引资和社会管理等。在没有设置CBD管委会的城市，CBD开发建设则一般由CBD基础设施建设主体单位（政府委托国有企业或政府成立投资公司、开发公司）进行土地开发、CBD项目策划、投资、开发、招商、运营等[②]。随着我国投资审批体制改革的推进，各市探索下放审批权限，实施就近办理，CBD工程建设类投资项目（不含市政府投资的项目）的审批可在投资项目在线审批监管平台系统内，由区级相关部门办理。

二　工程建设项目投资审批制度改革试点内容

2018年以后，我国启动工程建设项目审批改革试点工作，各试点地区按照“放管服”改革的总体背景和《通知》的要求，纷纷制定改革试点方案，对我国建设项目投资审批制度的优化和完善进行了创新性探索。

---

① 《2018年市政工程行业的四大发展趋势》，蜂聘网，http://news.360guakao.net/zixun/33776.html。

② 金铁民：《城市CBD项目投融资模式借鉴与启示》，《财会通讯》2018年第11期。

（一）优化审批流程

试点地区城市按照“多规合一”的原则，依据“一张蓝图”明确城市规划的总体发展目标，建立规划协作平台，消除不同规划之间的矛盾之处，形成统一的城市空间数据库，以统筹项目的开展。在多规合一的基础上，各地通过项目分类、差别化管理、部门协作、并联审批等措施再造、优化审批流程，提高了审批效率。

1. 按不同的项目类别分类施策、差别化管理

与原来一刀切的模式不同，各地为提高审批效率、优化审批流程，将工程建设投资项目划分为不同的类别，实行分类施策、差别化和精细化管理。一般情况下，各市依据资金来源将投资项目分为政府投资工程建设项目和社会投资工程建设项目，然后在不同的项目类别下，进一步按照项目性质①、项目规模、项目特点②等，差别化地制定投资审批流程和审批时间。

2. 加强部门协作、推行并联审批

首先，针对涉及多个部门的审批事项加强部门间合作，由“一家牵头”协调审批。“一家牵头”式审批模式，即在每个审批阶段明确一家牵头部门，由牵头部门主动与相关部门进行组织协调，一次性准备好相关文件，并在承诺的限定时间内完成审批工作。一般情况为，在立项用地规划许可、工程建设许可两个阶段，由规划国土资源部门牵头进行审批协调；在施工许可、竣工验收两个阶段则由住房城乡建设部门牵头进行审批协调。

其次，推行并联审批。并联审批是指成立并联审批中心，对涉及多个职能部门的申请，由并联审批中心抄告相关部门进行统筹协调，并规定反馈期限，限时办结。并联审批还涉及“整合事项”、“多审合一”、“多验合一”和

① 比如上海将政府投资项目划分为房屋建筑项目、市政类线性项目、交通类线性项目等三类。

② 比如上海将企业投资项目划分为工业项目、小型项目、三类保护项目、其他项目等四类，并进一步拓展了小型项目的应用范围，单列出装饰装修工程项目；广州社会投资项目进一步分为一般项目、中小型建设项目、不带方案出让用地的产业区块范围内工业项目及带方案出让用地的产业区块范围内工业项目4类。

“多测合一”等内容。“整合事项”是将由同一个部门负责审批且内容相近的多个审批事项，或处同一办理阶段的多个审批事项进行合并整合。“多审合一”将多个审查事项并入一个审查文件，由建设单位一次性出具①。“多验合一”指的是将传统的串联式验收改为并联式验收，在统一竣工验收图纸和整合验收标准的条件下，建设单位一口申请多个验收事项，相关部门通过网络平台共享验收确认文件，最后由建设主管部门统一出具联合验收意见书。

在测绘中介服务领域实行“多测合一”，是指由建设管理部门协同相关部门制定统一的测绘技术标准，由一家承认资质的中介服务机构统一提供所需的测绘数据，相关行业管理部门成果共享。

（二）整合审批事项

针对我国审批事项多而杂的情况，我国工程建设项目投资审批制度改革十分注重对审批事项进行精简和整合，即利用“减”、“并”、“调”等多种手段，将审批事项的数量降到最低，使得审批事项的时序安排合理化。

1. 精减审批事项

试点地区通过制定审批事项清单的方式，梳理现有审批事项的前置条件和具体要求，取消模糊条款以及不合理的事项。各类不合理的前置条件和事项能减则减，不得设置法律、法规和规章没有要求的事项，各部门通过互联共享的形式互通审批文件，建设单位不必再提交重复的审批材料。另外，实施告知承诺制，针对风险可控的审批事项，允许建设主体出具书面承诺，保证其了解审批条件及提供的材料或资质具可靠性，政府给予快速审批，并在事中事后的监管中给出必要的纠正。告知承诺制减少了审批事项，提高了建设主体的自我责任意识。

---

① 比如，北京将消防审查、人防审查并入施工图设计文件审查，由建设单位选择一家综合施工图审查机构对工程建设项目进行整体审查，出具一份审查合格书。上海和广州还推行了区域综合评估，各区政府、特定地区管委会负责对特定区域内的雷电灾害风险评估、地震安全性评价、地质灾害危险性评估、环境影响评价、节能审查、交通影响评价、社会稳定风险评估等事项实行区域评估，区域内共享评估评审结果，一般项目不再单独进行评估评审。

2. 合并审批事项

合并事项即对审批事项进行整合，集中一次办理。在操作过程中，试点地区通过对审批流程进行再造整理，对多个审批事项进行优化组合，由同一个部门负责审批内容相近的多个审批事项，或将处同一办理阶段的多个审批事项进行合并整合，然后通过合并一次办理的方式，令建设主体跑一次即可获取审批证件。“多事项合并”、“跑一次办结”很大程度上降低了群众的办事成本，提高了办事效率。

3. 调整审批时序

调整审批时序就是对审批事项的申请和办理时间顺序进行优化调整。比如，一方面，很多城市规定节能评价、环评、地震安全性评价等事项不再作为立项条件，也即，原本这些需在规划许可前完成的事项不必前期准备，地震安全性评价报告推迟到工程设计前提交即可，其他事项推迟到施工许可前提交即可；另一方面，供水、供电、供热、燃气、排水、通信等可提前报装，项目竣工且验收合格后可直接办理接入。此外，有的地区为优化审批流程，提高审批服务的效率，还对行政审批和技术审查进行了拆分处理，即由技术审查部门提前或在行政审批办理时即进行技术审查，等到相关前置手续完成后即刻给予批复。

（三）转变服务理念和管理方式

转变服务理念，即增强政府部门和平台的服务意识；改进管理方式，即充分发挥第三方机构的作用；管理服务模式的转变可大大提升服务水平，强化建设单位的主体责任意识。

1. 转变政府职能

政府部门内部加强协作，简化审批事项，提高审批效率，以建设服务型政府为指引，主动为企业服务。试点地区通过并联审批极大地缩短了审批时限；有的地区为企业免费提供技术咨询服务和现场查看服务，大幅减少社会投资小型项目的办理环节；有的地区还通过提供多重利好措施，为小型项目免费实施供排水外线介入等，进一步降低企业成本。

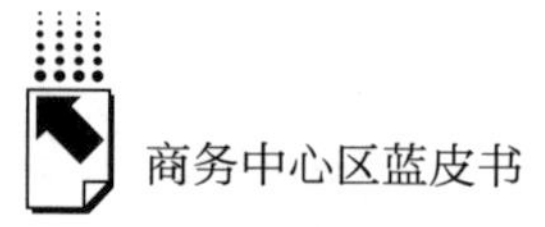

2. 充分尊重企业的主体责任

尊重企业的主体责任，首先是以政府服务企业为着力点，通过审批程序的优化，审批事项的瘦身，实现审批标准化，服务全过程，构建科学、便捷、高效的投资项目审批和管理体系，提高企业投资的便捷程度和可预期性。其次，试点地区积极探索扩大企业自主权，实现谁投资谁决策。比如，针对社会投资的房屋建筑类项目，很多地区规定企业可自主决定发包方式，建设单位可直接与承包单位签订合同，且不必到建设行政主管部门办理发包手续。

3. 规范中介市场

充分利用第三方机构提供数据检验、评审和测绘等服务，培育第三方咨询服务机构提供专业化的咨询服务。首先，很多地方针对符合条件的社会投资项目推行建筑师负责制，由各行业主管部门根据项目特点，明确工程相关设计指标要求，政府部门不再直接介入技术审查工作，改由建设单位自行组织技术审查，这样在大幅压减审批时限的同时，提升了项目的专业化管理水平，强化了建设单位的质量主体责任。其次，试点地区还积极培育综合性中介机构，规范资质认定，加强对执业人员的精细化管理，并针对中介机构的违法违规行为完善责任追究机制。

（四）改变监管方式，建立信用体系

贯彻落实“放管服”改革的总体要求，更好地发挥市场在资源配置中的作用，政府部门需转变职能和工作重心，将监管模式从规范市场主体“资格”向规范市场主体“行为”转变，即从注重前置审批转为侧重事中事后监管，从而使政府监管更加高效，企业投资更加便利。实现监管模式的转变，一是要实现监管阶段的后移，二是要加强信用体系的建设。

1. 以告知承诺为基础，注重事中事后监督

试点地区按照“谁主管、谁负责”的原则，加强企业的主体责任，以告知承诺制为基础，探索投资项目实施过程中的抽查、审核、记录和惩戒制，构建事中事后监管制度。

2. 加强社会信用体系建设

监管模式的转变需以诚信社会为基础，即在完善的市场诚信平台的基础上，汇总监管部门对企业和注册执业人员的信用监管记录，加强守信激励、失信惩戒，加强信用评价在投资审批相关环节的应用。

三 CBD 投资审批制度改革的成效和问题

（一）CBD 投资审批制度改革的成效

自 2018 年 5 月国务院实施工程建设项目审批制度改革试点以来，各试点地区按照上级部署，对工程建设项目审批的整体流程进行了改革创新，针对绝大多数项目①采取了精减审批事项、规范优化审批流程、转变管理思路、改变监管模式等措施，政府审批效率不断提高，营商环境不断改善。CBD 在城市工程建设项目投资审批改革的基础上，项目审批体制不断优化，企业获得感持续增强，投资建设效率明显提高。

1. 建立统一的信息数据平台，基本实现了全国城市 CBD 投资审批电子化

目前，我国地级以上城市基本建成了工程建设项目审批制度框架和信息数据平台，城市 CBD 建设中，不同投资主体的工程建设项目报建均可通过投资项目在线审批监管平台网上办理。建设单位可通过电脑、掌上移动客户端在线咨询填报事项，通过在线平台上传申报材料和各种证照，审批全程电子化，网上平台系统内各部门实施并联审批，这样建设单位便无需多头、来回跑，降低了项目建设的制度交易成本，提高了建设单位项目实施效率。

2. 审批体制更加优化，投资审批时长大大缩减

通过信息数据平台建设、优化审批流程、精简审批事项、审批权限下放等措施，我国城市及 CBD 工程建设项目的投资审批时限大大缩减，CBD 建

① 投资审批改革试点的项目主要涵盖房屋建筑和城市基础设施等工程，不包括特殊工程和交通、水利、能源等领域的重大工程。

设项目的审批效率大大提高。比如，在北、上、广等城市，政府投资建设项目审批均在100个工作日内即可完成；社会投资建设项目所需审批时间更短，比如北京社会投资内部改造项目的审批程序大幅简化，可直接从施工许可开始办理，只需21个工作日即可办完；上海企业投资装饰装修工程审批时间不多于20个工作日；在广州产业区块范围内，带方案出让用地的工业项目审批在22个工作日以内即可办结。

3. 监管模式有所调整，社会诚信体系建设不断推进

为加强事中事后监督，实现建设单位投资的便利化，很多城市和CBD积极构建社会诚信体系。比如，北京CBD通过“综合资源管理系统”和“CBD功能区产业转型升级和楼宇经济管理系统”两套系统以及企业信用监管综合平台收集约3000万条数据，在大数据的基础上，又结合企业信用指标体系和评估模型，形成“评价方法－数据归集－综合应用－业务联动”的信用监管体系，打造守信激励、失信惩戒机制的诚信生态环境，实现投资审批过程的信用管理①。

4. 政府职能加快转换，企业获得感有所提升

投资审批改革的一个重要内容是转变政府职能，提升企业在投资建设过程中的获得感。因此，各城市及CBD管委会深入企业，以企业需求为导向，积极出台营商环境优化政策，改变工作方式，让企业有更多获得感。比如，北京CBD以“建设单位体感评价指标体系”为基础，注重全流程案例分析，深入了解企业投资建设过程中遭遇的突出问题，抓好落实，并利用第三只眼，即第三方评估客观评价、排查问题，真正做到惠企便民，增强企业的获得感。广州开展“暖企”工作，建立“暖企”工作台账，通过走访企业了解企业需求，了解企业的发展动向。西安CBD建立重大项目审批全程代办制度，实行“一站受理、全程代办、服务到底”。

5. CBD项目建设稳步推进，经济发展平稳

随着我国城镇化的推进和社会经济的发展，全国各地热衷于建设CBD，

---

① 《北京CBD首建企业征信大数据库》，朝阳新闻网，http://chynews.bjchy.gov.cn/sub/news/437235/12876.htm。

政府、企业包括外资在市政工程建设，尤其是 CBD 区域内的市政工程建设投资不断增长。近几年来，各级城市和 CBD 在供热、供水、公共交通、地下综合管廊、公园绿地等项目加大资金投入力度，进一步优化项目审批流程，提高对企业的服务水平，项目建设进展平稳，CBD 设施服务功能显著提高，经济发展势头良好。

（二）CBD 投资审批制度改革中的问题

尽管各地工程建设投资审批制度改革试点取得了很大成绩，但目前我国投资审批制度，尤其是 CBD 地区的项目报建和投资审批还有不少难题，比如投资主体单一、投资事项和环节仍然相对较多、权力下放不匹配、社会信用体系建设滞后、政府定位不科学等。这对我国投资体制改革的全面开展，尤其是创新 CBD 地区的投资审批政策提出了更高的要求。

1. CBD 开发建设投资市场不完善，投资主体多元化有待加强

对多数城市来说，CBD 地位显要，展示着城市的形象与风貌，政府参与程度较深，企业和外资的投资空间有限。一方面，政府是 CBD 的倡导者、规划者和建设者，因此政府在 CBD 的建设中起着非常关键的作用。但另一方面，在经济资源密集、寸土寸金的 CBD 地区，政府资金有限，难以提供 CBD 建设所需的资金、人力和物力，因此需借助社会投资，充分利用企业投资、管理和技术的灵活性与高效性，发挥市场的作用对 CBD 进行开发建设。在我国 CBD 的建设中，虽企业投资逐年递增，政府投资类主体的主导地位仍未动摇，外资和债券筹资所占份额仍然很低，因此，多数城市 CBD 建设开发项目并未充分发挥市场融资功能，CBD 建设投资主体多元化有待加强①。

2. 审批事项仍然较多，程序仍比较复杂

与西方国家相比，我国工程建设投资审批事项仍然非常多，影响了投资

① 苟济帆：《金融中央商务区基础设施投融资研究》，《市场周刊》（理论研究）2016 年第 7 期。

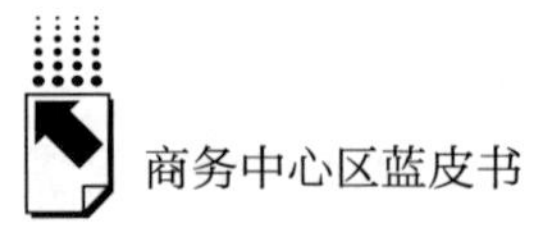

市场的活力。制度因素是造成这一弊端的主要原因。在西方发达国家，政府对投资项目进行审批或管制的范围十分有限，其主要目的是弥补市场不足。相较之下，我国的投资审批源于计划经济时期。在计划经济体制下，为维护社会市场秩序、对有限的资源进行合理分配、保障指令性计划的有效实施，我国政府不得不将经济决策权牢牢控制在自己手中，并利用行政手段对经济关系和生产发展进行调控。改革开放之后，我国社会主义市场经济体制逐步建立，而投资审批体制延续下来，成为我国政府对市场进行宏观调控和管理的行政工具。在这样的背景下，我国的工程建设项目投资审批体制受制于路径依赖，尚未完全突破计划经济时代的审批思路，投资审批项目名目繁多、程序复杂、流程较长，不仅束缚了企业和政府的投资积极性，也不利于外资的引入，对参与国际竞争有所掣肘，也为政府部门的寻租及腐败行为提供了土壤①。

3. 审批权力下放和承接能力不完全匹配

根据各试点地区的政策方案，相关审批事项可依据属地管理的原则，由市一级下放至区级部门进行审批。但在工程建设投资审批权下放过程中，存有审批事项下放有限、上下级部门协调不力、地方对审批权限承接能力不足等问题。据调查，随着地方审批机构的调整和审批业务“一口受理”的推行，审批部门公务人员的工作量大大增加。且合并审批需审批人员掌握其他部门和领域的法律法规、规章和行业准入标准等，具备多个领域的专业知识。如果缺乏较长时间的专业训练，相关工作人员将很难拥有成熟高效的业务能力，无法专业化地完成其审批工作。如果其工作停留在简单的文件收发整理等阶段，则很有可能造成相关审批部门疏于履职的情况，进而导致审批管理的“缺位”，影响审批服务质量②。

4. 社会信用体系建设相对滞后

概括来说，我国投资审批监管体制改革的目标是以“政策性条件引导、

① 陈振华：《我国投资审批制度的沿革与现状浅述》，《现代商业》2017 年第 5 期。

② 金铁民：《城市 CBD 项目投融资模式借鉴与启示》，《财会通讯》2018 年第 11 期。

企业信用承诺、监管有效约束”为原则，实行企业依法依规自主决策，政府不再审批，从而构建以信用为核心的新型市场监管体制，深化推动简政放权和政府职能转变。不过，市场监管模式的转变需要成熟的社会信用体系做支撑。目前，我国工程建设投资审批改革先行试点地区纷纷推行企业投资项目承诺制，调整审批时序从侧重前置审批向注重事中事后监督转变，建设市场诚信平台，汇总信用记录，以信用评价为基础做出审批决定。但对绝大多数城市和多数 CBD 来说，由于信用管理专业人才不足，信用数据采集标准不一，采集难度大，信用平台共享程度不高，影响了信用体系作用的有效发挥，制约了我国监管体制改革的有效开展。

5. 政府对 CBD 的建设和发展方向需进一步明确

政府在 CBD 的建设和管理中承担着非常重要的作用，是 CBD 最重要的建设者和资金提供者。因此，政府须对 CBD 的发展目标和自身职责具备科学准确的定位，既要发挥政府投资的引领作用，又要为其他投资主体的资金落地提供宽松的环境。但现实情况是，我国对 CBD 研究尚处于起步阶段，对 CBD 的内涵和发展路径等理论知识缺乏清楚的认识，对国外案例研究不足，因此，很多城市政府在投资建设中的职责和角色定位模糊，盲目学习北上广，无法科学地进行 CBD 空间规划和政府投资。在很多城市，当地政府和地方决策者将 CBD 视作城市的门面，大搞“面子工程”、“形象工程”，以大拆大建的形式大搞建设，大量投入资金，造成了城市基础设施的重复建设，楼宇入驻率较低，浪费了大量的人力物力，加大了政府财政负担①。

四　政策建议

针对以上问题，我国的工程建设项目，尤其是 CBD 建设项目投资审批体制改革需进一步探索顶层设计，充分利用制度工具，拓展投资渠道、精简

---

① 金铁民：《城市 CBD 项目投融资模式借鉴与启示》，《财会通讯》2018 年第 11 期。

审批事项、强化部门间的协调和合作、完善社会信用体系建设，并提高政府的建设能力。

（一）拓宽投资渠道，实现投资主体多元化

在我国绝大多数城市，城市建设投资主体以政府为主，虽然各城市不断推陈出现，积极探索招商引资的新渠道，但政府投资仍处绝对主导地位，社会和外商投资空间仍有较大的拓展潜力。在传统的投资体制下，我国政府对外商投资的准入管理和安全审查有较高的要求，不利于对外开放的深入，难以创造法治化、国际化、便利化的营商环境。2019 年 3 月，十三届人大二次会议通过了《中华人民共和国外商投资法》，对外国企业的投资实行准入前国民待遇加负面清单制度。6 月，《外商投资准入特别管理措施（负面清单)》（2019 年版）发布，外商投资的限制进一步放宽，在基础设施、交通和文化等领域取消了须由中方控股的限制。这些举措都将有助于拓宽 CBD 的投资渠道，为 CBD 构建更加开放、便利、公平的投资环境，推进 CBD 参与更大范围内的全球产业链合作。在 CBD 的建设中，各城市及 CBD 主管部门应加大开放程度，在发挥政府主导 CBD 投资建设的同时，积极引进社会和外商投资，为 CBD 的投资主体多元化创造条件。

（二）进一步精简投资事项，优化审批程序

减少报建审批的投资项目和申报材料，可降低制度交易成本，进一步激发社会投资活力。尽管目前我国工程建设项目投资审批改革已取得了很大进展，试点城市建设项目审批事项大幅减少，各阶段审批时间一再压缩，但对投资主体来说，投资审批事项仍然较多，审批流程仍然过于复杂，有进一步提升的空间。因此，我国未来工程建设项目投资审批的工作要点仍将聚焦于对投资审批体系进一步精简瘦身，在建设诚信社会的基础上，推广告知承诺制。“放手，再放手”，贯彻能减则减的原则，除立项、规划、施工等手续外，针对存量手续开展减事项、减环节、减材料、减时间等工作，不必要的审批手续一律取消，真正做到为企业减负，实现降低项目投资制度成本的目地。

（三）加强部门协调，提高基层部门的审批承接能力

首先，加强部门之间的协调配合，提高简政放权的协同性和联动性。政府管理部门需在投资项目在线审批监管平台的基础上，落实项目统一代码制度，强化横向协同、上下联动、信息共享。其次，完善业务“一个窗口受理”。针对当前审批人员工作量扩大化的现象，我们应学习引进企业的“项目经理制度”。项目经理不负责具体业务，但作为中间协调者出面统筹涉及各部门的审批手续和审批进度。在审批流程中，在接受企业的审批申请后，项目经理核查申请资料，转达各相关部门，制定时间表，跟踪审批进度，汇总审批结果，最终统一将批复结果传递给企业。这样“一个窗口受理”即可实现高效运转，不仅节省了企业的时间和精力，还切实发挥了政府职能部门的专业性，增强了协调性，提高了管理效能。

（四）加快完善社会信用体系建设

虽然我国社会信用体系建设起步较晚，但经过十余年的探索实践，已取得较大进展。目前，我国在信用信息采集、信用平台建设、平台信息共享、信用服务应用、奖惩制度建设等方面取得了很多值得推广的经验。为进一步完善社会信用体系，首先，我们需建立健全信用法律法规体系，进行全国统一的信用立法，出台地方信用法规和规章，制定统一标准，为信用服务的广泛应用提供法律依据。其次，各级政府需加大财政投入，培养一批在信用管理领域的专业人才，引入一批具有金融、财务、管理、统计等多元化的知识结构的信用管理专家，培育公平、公正、独立的评级机构，提高社会的信用观念。最后，在大数据时代，社会信用体系建设更需在思路和理念层面有所突破，比如充分运用大数据收集分析技术，探索信用数据的整合机制，探索信用平台的对接和信用数据的共享互换，营造信用生态环境，扩大信用服务的应用范围。

（五）提高政府投资和建设能力

政府作为 CBD 的建设者和管理者，需进一步提高其规划水平和投资决策

能力。首先，政府需深入理解 CBD 的内涵和特征，摒弃盲目推行“面子工程”的做法，发掘适合自己城市发展的 CBD 建设模式和发展目标。各 CBD 需借鉴成熟 CBD，比如北上广 CBD 的开发经验，进一步加强规划统筹工作，加快推进项目建设和土地储备，总结内外发展形势、对标国际案例，提出区域提升思路与举措。其次，各科研机构和 CBD 联盟需出台更为完善的数据考核指标，在经济发展、社会治理、文化多元、开放共享等领域制定标准，采集各 CBD 的数据，对各项数据做出统计、打分，这样各 CBD 之间才能有可比性，才能清楚自己的长处和短板，更为科学地明确自身的建设定位和发展模式，在政府投资决策时更为有效地利用财政资源。最后，尽管 CBD 范围内的市场投资回报率与其他地方相比较高，但要提高其横向竞争力，在全国众 CBD 中脱颖而出，还需城市政府和 CBD 主管部门加大政策引导、提高支持力度。从这个角度讲，政府需制定和实施一系列优惠政策，在特定范围内，针对符合 CBD 定位的行业，比如金融、会展、科技、文化等进行重点扶持、优先安排，为企业投资项目进一步简化审批事项，优化审批流程，提供绿色通道，鼓励投资入驻，调动企业建设的活力和竞争力，以此来更好地建设 CBD①。

① 金铁民：《城市 CBD 项目投融资模式借鉴与启示》，《财会通讯》2018 年第 11 期。

B.5

CBD商事制度改革的进展、成效与对策

李水金　欧阳蕾　栗　娜*

摘　要： 十九大报告指出，要深化商事制度改革，打破行政性垄断，防止市场垄断，加快要素价格市场化改革，放宽服务业准入限制，完善市场监管体制。“放管服”改革以来，我国CBD商事制度改革取得了显著成效，市场准入日益便利化，办事流程不断高效化，市场监管实现精准化，服务方式越发智能化，营商环境国际化程度不断提升。与此同时，我国CBD商事制度改革仍存在很多不足，有进一步完善的空间。

关键词： 商事制度改革　市场监管　营商环境　CBD

一　CBD商事制度改革的进展

（一）商事制度的概念内涵

所谓商事制度，即是规范市场主体和商事活动的法律规章和政策总和，是对市场主体准入、交易和退出等市场活动的制度和政策规定。作为我国社会主义市场经济体系中的重要组成部分，商事制度常伴随着不同的经济发展

* 李水金，首都师范大学管理学院，副教授，研究方向：政府改革、非营利组织治理；欧阳蕾，首都师范大学管理学院，研究生，研究方向：政府改革；栗娜，首都师范大学管理学院，研究生，研究方向：政府改革。

阶段和新的商业形态而不断调整和变化。本文中的 CBD 商事制度是指各国在中心商务区发展过程中对商事主体准入、交易和退出等市场活动的法规和政策总和，具体包括对其所从事营利性行为的内容和过程加以规范的制度和规定。

（二）改革开放以来 CBD 商事制度的发展历程

商事制度在中国古已有之，但在“自给自足”的小农经济和“重农抑商”政策的双重影响下，我国古代商事法制在总体上呈现起步低、发展困难等特点。1978 年，改革开放政策实施使我国商事制度进入了一个快速发展的过程。本文在前人研究的基础上，结合我国 CBD 制度发展的阶段特征，将改革开放以来我国 CBD 商事制度的发展历程划分为三个阶段：探索起步阶段（20 世纪 80 年代中期至 20 世纪末）、规划协调阶段（2000 ~ 2013 年）和改革发展阶段（2014 年至今）。

首先，CBD 商事制度的探索起步阶段（20 世纪 80 年代中期至 20 世纪末）。20 世纪 80 年代，经济全球化背景下，跨国公司和国际中心城市在国家发展战略中的地位逐步提高，国际环境下现代服务业集群发展的趋势日益明显，为我国 CBD 在理论和实践上的发展提供了良好的借鉴意义。一方面，中国经济快速增长，第三产业比重不断上升；加之工业化和城市化进程下房地产业的迅速发展，为我国 CBD 的产生奠定了市场条件。另一方面，中共第十四届中央委员会全国代表大会确定的我国要逐步建立社会主义市场经济体制的目标，则为我国 CBD 的发展提供了良好的制度环境。

其次，CBD 商事制度的规划协调阶段（2000 ~ 2013 年）。中国加入 WTO 后，许多国际零售、娱乐、家居、餐饮业商业巨头加快进军中国市场。2002 年开始，国内大中城市商业房地产发展迅速，各地都在建立各种形式的商业街及大型购物中心。① 为促进 CBD 商务中心区的建设发展，一方面，中央政府和地方政府纷纷出台了一系列促进 CBD 发展的制度措施。如 2005 年 9 月 4 日，由中国证监会发布的《上市公司股权分置改革管理办法》，不

① 蒋三庚：《中央商务区（CBD）研究》，中国经济出版社，2008。

仅进一步丰富了我国金融市场产品，同时也在一定程度上为吸引外商投资、促进 CBD 的快速发展提供了有利条件。另一方面，我国 CBD 商事制度改革的环境不断完善。2013 年 11 月中共十八届三中全会颁布的《关于全面深化改革若干重大问题的决定》中，将推进市场准入制度改革与建设法治营商环境作为这次决定的重要内容提出，为我国 CBD 的改革实践提供了良好的发展指导。相关数据显示，截止到 2013 年，北京 CBD 商务环境指数达到 433. 1，比 2010 年提高了 246 个点。[①]

最后，CBD 商事制度的改革发展阶段（2014 年至今）。2014 年 3 月，商事制度改革在全国范围内正式展开。[②] 2014 年，国务院将建设法治化营商环境确立为深化改革的目标任务，并坚持从“放管服”三方面入手，在放宽企业登记准入门槛、简易注销登记改革，以及扶持小微企业发展、加强市场环境建设等方面取得了重大进展。例如在新《公司法》中采取的取消法定注册资本的最低限额、实缴制改为认缴制、取消资本验资等一系列整改措施，便在一定程度上促进了我国 CBD 产业数量的增长。后期随着信息技术的迅速发展和“互联网 + 政务服务”理念的普及，我国于 2018 年又实现了由多证合一、先照后证到证照分离的转变。截至 2018 年末，全国多个省市已开通网上登记系统，实现了足不出户就能办理营业执照的目标。

二　CBD 商事制度的改革成效与问题

（一）CBD 商事制度的改革成效

商事制度改革是优化营商环境的“当头炮”，是服务民营经济高质量发展的“先手棋”。商务中心区（CBD）作为一个城市现代化的象征和功能核心，不仅聚集了大量优质商事主体、商事行为和商事活动，同时在推动当地

① 蒋三庚：《北京商务中心区（CBD）发展指数研究》，载《北京市哲学社会科学 CBD 发展研究基地 2015 年度报告》，首都经济贸易大学出版社，2016。

② 徐莹：《政府职能转变视角下的商事制度改革》，首都经济贸易大学硕士学位论文，2018。

城市的经济发展、反映我国营商环境水平等方面都发挥着重要作用。自进行商事制度改革以来，先后采取了多项改革措施，成效明显，为 CBD 的发展注入了新动能，激发了新活力。

1. 战略部署与高效便民并重，促进了市场准入的便利化

CBD 是城市经济发展的前沿阵地和驱动引擎，灵活便利的市场准入制度对 CBD 的经济发展至关重要。在中央的战略部署下，以商事制度改革为契机，以高效便民为原则，针对市场准入难题采取了多项措施，使得企业市场准入便利度大幅度提升。一是登记制度改革成效明显。在登记制度上，注册资本实缴登记制改为认缴登记制，取消公司最低注册资本限制，“先证后照”改为“先照后证”。二是放宽住所（经营场所）登记条件，推动住所登记改革，释放住所资源，允许“一照多址”和“一址多照”。三是名称预先核准改为自主申报，电子营业执照与纸质营业执照通用。市场准入门槛大幅降低、登记注册便利化不断提高，有效降低企业准入的制度性交易成本，优化了营商环境，使新增市场主体数量不断增多。以北京为例，通过商事制度改革的纵深推进，北京营商环境不断优化，根据中央广播电视总台编撰发布的《中国城市营商环境报告（2018）》，北京营商环境综合排名第一（如图 1），截至 2018 年底，

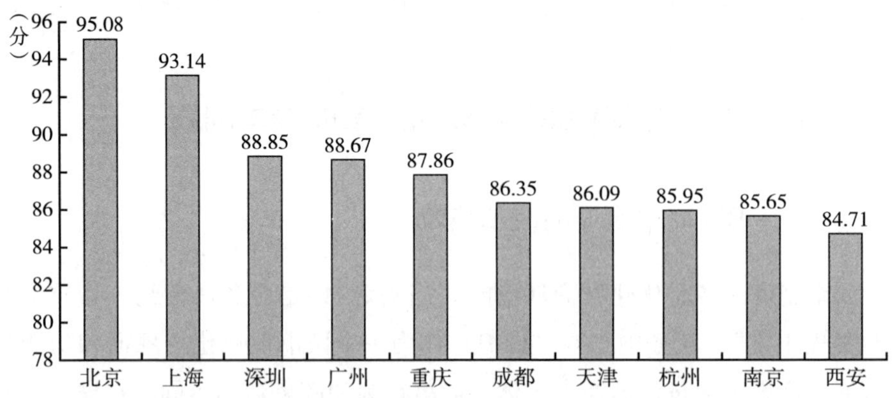

图 1　2018 年中国城市营商环境排名前十综合评价得分

资料来源：根据中央广播电视总台编撰发布的《中国城市营商环境报告（2018）》数据制作。

北京 CBD 功能区企业数量达到 20 万家，同比增长 6.38%。[①]

市场营商环境优化也催生了一些高端商务服务业、金融业、文化创意产业、科技信息服务业等高层次产业快速发展，这些高层次产业不仅提升了整个 CBD 的生产效率，同时也为区域的经济增长做出了积极贡献。

2. 简政放权与流程再造耦合，增强了办事流程的高效化

商事制度改革是政府简政放权的“先棋手”和“当头炮”，流程再造是提升政府效能的重要手段。在 CBD 商事制度改革过程中，以简政放权为核心，以流程再造为目标和手段，有效推动了改革进程，提升了政府办事效率。一是下放行政审批事项。积极推进简政放权工作，合理分配审批事权，下放审批管理权限，促进了审批行为的规范化。以西安碑林长安路 CBD 为例，2017～2018 年西安市开展“行政效能革命”，下放 452 项行政事权，向社会公布落实“最多跑一次”事项 13675 个，有效提升了办事效率，促进了西安碑林长安路 CBD 企业的发展，受到群众和企业的广泛好评。二是推动流程再造。一方面，推进证照改革，从“三证合一、一照一码”、“五证合一、一照一码”向“多证合一”、“证照分离”发展；另一方面，简化办事程序，例如在行政审批事项上实行“5 个理”，即“一口受理”、“限时办理”、“规范办理”、“透明办理”和“网上办理”，编制服务指南，明确基本流程，减少中间环节。同时，大力压缩企业开办时间。例如 2018 年，全国 CBD 地区企业开办时间压缩到 22.9 天，预计五年后可压缩到 5 个工作日，推动商标注册、专利申请、跨境贸易、用电等领域办事流程的简化和办理时长的压缩。

3. 协同监管与信用监管互促，推进了市场监管的精准化

转变监管方式是商事制度改革的重要内容，CBD 积极转变监管理念，加强事中事后监管，纠正监管错位，改进监管方式，取得了良好的成效。一是构建跨部门协同监管机制。针对传统监管模式多头监管、重复检查等问

① 《北京 CBD 去年新增企业超 4 万家》，北京市朝阳区人民政府网站，http：//www.bjchy.gov.cn/business/tzdt/8a24fe836926ac3f0169277bedbd0060.html5。

题，在“放管服”背景下，地方政府积极转变监管方式，整合监管职能和执法力量，由单一“纵向监管”向“横向监管”转变，推进“两随机、一公开”监管方式，构建跨部门协同监管机制，实现了监管行为的协同，促进了市场监管的精准化发展。如重庆解放碑 CBD 为推动城市管理高品质，以重点区域和时段为监管重点，加强多部门联合执法，强化日常巡查、广告店招管理和违章建筑整治，有效维护了 CBD 区域经营秩序。二是推进以信用为核心的监管方式。商事制度改革逐步推进设立企业信息公示制度、经营异常名录、严重违法失信企业名单制度、企业信息归集共享制度、联合惩戒制度等多项制度，建设企业信息共享平台，加快信用体系建设，进一步强化企业信用监管，推进社会共治。以银川阅海湾 CBD 为例，银川阅海湾加强对企业违约失信问题的处理，加大对违约失信行为惩戒力度，构建“一处失信、处处受限”的失信惩戒长效机制，进一步促进了营商环境的规范化、便利化发展。

4. 互联共享与技术创新叠加，提升了服务方式的智能化

提供公共服务是现代政府的重要职能，在商事制度改革过程中，通过大数据、移动互联网等现代化信息技术对政务服务方式进行创新，构建全新的政务服务方式，有效提高了公共服务的智能化。一是实现政务信息互联共享。长期以来，“信息孤岛”问题都是政府改革中的梗阻，政府各部门之间的信息壁垒使得政务服务的制度性成本提高、效率低下。在商事制度改革过程中，政府各层级各部门不断加强信息平台建设，建设网上政务服务平台，推进政务信息系统整合共享，提升了服务方式的便利化。以大连人民路 CBD 为例，加快推进“互联网 + 政务服务”，全力打造“一张网、一个窗口、一个平台”，所有行政审批事项网上全覆盖，实现大厅之外无审批和“一个窗口受理、一站式审批、一条龙服务”。二是利用信息技术创新服务方式。“互联网 +”时代下，人工智能、大数据等技术不断为传统产业带来机遇的同时，也促进了政府服务方式的变革。在商事制度改革过程中，各地 CBD 积极运用现代信息技术创新服务方式，实现了政务服务的智能化。如广州天河区推出“人工智能 + 机器人”全程电子化商事登记系统。宁波南部 CBD 探索利用网络技术、云计算、大数据以及手机 APP、微信公众号等

服务功能，实现服务职能前置，延伸服务深度，优化办事流程，提高了政府办事效率。

5. 内部挖掘和外部交流结合，促进了营商环境的国际化

CBD 是国家和地区对外开放程度和经济发展水平的象征，是城市国际化的重要标志。CBD 推进商事制度改革，以国际化为服务评价标准，以打造国际一流的营商环境为目标，在挖掘自身潜力的同时，加强对外交流，促进了营商环境国际化、便利化。一是深入挖掘平台价值和人才价值。构建创新创业平台，完善企业服务，增强平台的影响力和吸引力，充分发挥平台的创新集聚功能，为 CBD 企业的发展提供新动能。同时，通过制定人才发展政策，完善配套服务吸引高层次人才，挖掘人才价值，增强了 CBD 的发展潜力。以武汉 CBD 为例，江汉区建设高端创新创业孵化平台，建立招才引智工作站，促进了武汉 CBD 的创新发展。二是加强对外交流与合作。对照国际化营商环境标准，开展投资贸易便利化改革，改善了服务质量和水平。实行商标品牌国际化战略，加强国际交流与合作，提升了 CBD 国际竞争力。随着改革的纵深推进，我国营商环境国际竞争力逐渐提高，对近十几年来中国营商环境便利度全球排名进行统计，发现近年来中国营商环境便利度全球排名逐步上升（见图 2）。2018 年 10 月底世界银行发布的《2019 年营商环

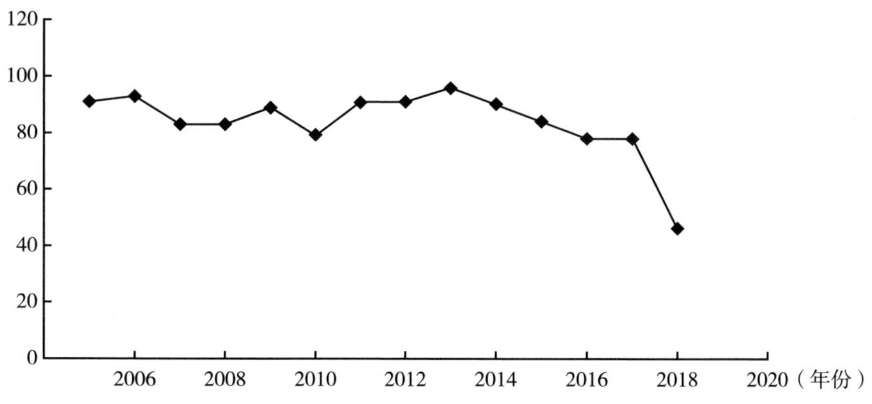

图 2　2005～2018 年世界银行营商环境报告中国排名变化情况

资料来源：根据世界银行发布的《营商环境报告》（2006～2019）中“营商便利度排名”制作，数据截止日期为 2018 年 5 月 1 日。

境报告》显示，我国全球营商环境便利度排名已上升至46。基于世界银行对全球经济体营商环境的测评（见图3），我国与发达国家营商环境便利度分数的差距也明显缩小，营商环境明显改善。

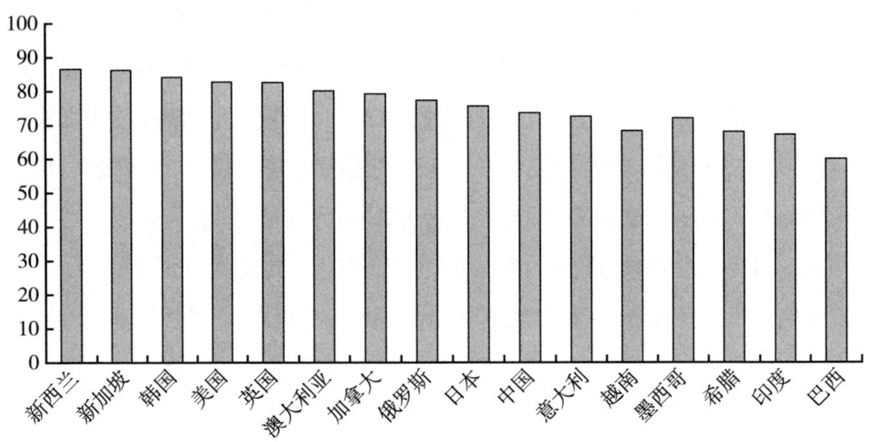

图3　2018年部分国家营商环境便利度分数比较

资料来源：根据世界银行发布的《2019年营商环境报告》中“营商便利度分数”制作，数据截止日期为2018年5月1日，内容有删减。

6. 减税减负与制度建设相交融，市场主体作用得到有效发挥

十九大报告明确提出，发挥市场在资源配置中的决定性作用。为了促进市场经济的发展，国务院掀起了减税减负的新一轮改革浪潮，同时加强制度建设，有效发挥市场主体作用，保障了市场主体的权利，促进了CBD商事制度改革的顺利进行。一是推进减税减负改革。一方面，减轻企业费用负担。从国家层面来看，国务院多次强调要清理和规范涉企收费，取消不合理收费，同时，实施更大规模的减税政策，确保所有行业税负只减不增。另一方面，推进收费清理改革，早在2013年国务院就提出了带有收费性项目的“四个一律”，逐步克服混乱收费的弊端。二是推进“四个清单”制度建设。推进市场准入负面清单制度建设，逐步做到清单之外的事项，均由市场主体依法自行决定，市场准入方面实行“非禁即入”；推进权力清单制度建设，加强简政放权，把权力关进制度的笼子里，建设一个

强有力的有限政府；推进责任清单制度建设，明确政府、市场及社会的管理边界，为建设有限政府、激发市场活力提供有力保障。推进目录清单制度建设，一些 CBD 在收费方面，明确要求建立收费目录清单制度，并公布收费目录清单，切实减少涉企收费自由裁量权。各地 CBD 积极进行减税减负改革和清单制度建设，为企业和市场松绑，使市场能够有效地在资源配置中发挥决定性作用，激发了 CBD 经济发展的活力。2018 年上海虹桥 CBD 总部注册在地企业数量达到 274 家，暂居各 CBD 之首。广州市天河 CBD 总部企业数量（注册在地）109 家，同时该区域聚集了 201 家世界 500 强企业。

（二）CBD 商事制度改革中存在的问题

近年来商事制度改革实践，取得了一系列成效，并积累了一系列经验，如坚持以人民为中心、坚持改革与防控风险并重、坚持项层设计与试点先行、坚持市场能动性与法治性结合、坚持市场化改革方向等。但是 CBD 商事制度改革也存在一些问题和困难。

1. 法律滞后问题

自实行商事制度改革以来，市场准入障碍减少，CBD 市场主体显著增多。为规范市场秩序，激发市场活力，各种与商事制度改革相关的政策也逐渐增加，从降低市场准入门槛、加强事中事后监管等多方面出台了数十项文件，各种条例、实施细则也越来越多。为了贯彻落实中央改革战略，各地方也因地制宜出台了大量地方性规定，但法律法规修改仍具有滞后性。如 2017 年初，广西南宁市以推进“放管服”改革为契机，对南宁市政府自 1978 年以来印发的规章和“红头文件”进行清理，最终废止 4 件政府规章，决定修改和拟修改的政府规章共 3 件。同时宣布 3706 件规范性文件失效，仅 310 件规范性文件继续有效。[①] 由此可见，部分地方政府改革政策分散，

① 《南宁市政府加快放管服改革》，广西南宁市人民政府门户网站，http：//www. nanning. gov. cn/ywzx/nnyw/2018nzwdt/t7662. html。

体系庞杂，与改革相关的法律法规修订滞后，与经济社会发展实践存在矛盾，阻碍了 CBD 商事制度改革的进一步发展。

2. 信息壁垒问题

为了实现政务信息的互联互通，CBD 积极建造统一的政务服务平台，缩短行政审批办事流程，实现政务信息的互联互通。但是由于部门利益、技术条件等限制，政务信息尚未实现全面互联互通，政府各部门信息交换和共享存在障碍，尚未实现真正意义上的信息互通、资源共享。以大连人民路 CBD 为例，为方便群众办事，提高工作效率，政府各部门进驻行政服务中心，期望能缩减办事流程。但部分审批事项仍然存在条块交错、共享互通不畅的现象，如办理的各类证照无法共享，办理过程不能实时共享。政务信息系统建设不完善，网络信息数据仍需人工转换，导致人力、物力的浪费。此外，我国尚未制定统一的信用信息采集、整理、保存、加工和提供标准，缺乏通盘统筹与互联互通①。

3. 监管滞后问题

随着简政放权力度加大，商事制度改革向纵深推进，以“双随机、一公开”为基本手段，以信用监管为基础的新型监管机制有效地规范了市场秩序，为 CBD 市场主体的发展营造了良好的营商环境。但是，目前市场监管工作还存在许多薄弱环节。其一，监管机制建设滞后。部分 CBD 地区市场监管的刚性制约机制不完善，监管制度供给不足，信用监管机制、预警机制不完善，容易造成监管的盲区。其二，监管能力滞后。随着改革的持续推进，监管面临严峻的挑战，但部分 CBD 政府工作人员对商事登记制度改革缺乏充分的准备和理解，专业知识、管理能力仍缺乏实质性的突破，缺乏创新的意识和新型的管理观念，对新型监管手段和方式运用不足，监管工作并未取得预期效果。如部分 CBD 采用多项举措防范和打击非法金融活动，如线下宣传、走访入户等，对区域内重点企业进行排查，费时费力，若能采用

---

① 王湘军：《商事登记制度改革背景下我国市场监管根本转型探论》，《政法论坛》2018 年第 2 期。

大数据和“互联网＋技术”相融合的智慧监管手段，或能取得更好的监管效果。

三　CBD 商事制度进一步改革的对策建议

（一）加强商事制度改革的法律保障

一是加强法律法规的“立改废”工作，确保法律法规与改革相协调。我国商事制度分散于多项法律法规中，法律位阶各不相同，实践中又在不断探索，导致法律法规与改革脱节问题，一些改革成果不能及时体现在法规文本中。[①] 随着商事制度改革推进，集中统一的立法成为当务之急。政府应加强基础性立法，如制定《商事登记法》，将商事登记行为的具体内容、实施流程、办理手续、所需材料等方面都做出详细、统一的规定。CBD 应加快推进与改革实践脱节的政策法规文件的清理、修订和废止，为商事制度后期改革提供坚实的法律支撑，也有助于进一步优化营商环境，维持和谐的市场氛围。二是提高立法质量。政府在立法过程中应深入基层了解商事制度改革的实践经验，将改革中成功的实践经验以立法的形式予以固化，推动多元力量参与立法，充分展开调研和论证，确保立法决策程序的科学化和民主化。三是加强法律法规的宣传。各地 CBD 应加强商事制度改革相关法律法规的宣传，充分采用线上线下相结合的方式，加强内部工作人员、企业、公众对相关法律法规的理解。四是强化执法改革。坚持“执法必严，违法必究”，整合执法资源，联合区域内相关部门进行联合执法，优化执法程序，文明执法，加大对市场主体违法经营行为的惩处力度，加强对失信行为的惩罚警戒。

（二）持续推动服务流程再造

一是持续推进“证照改革”。各地 CBD 应该在传统整合工商、质监、

① 陈晖：《商事制度改革成效与完善对策——以珠海横琴新区为例》，《经济纵横》2017 年第 2 期。

税务“三证合一”的基础上，再整合社会保险和统计登记证，实现“五证合一、一照一码”，降低创业准入的制度性成本，最后全面推行“多证合一”，为市场主体创造良好的环境。二是完善市场退出机制。完善市场退出机制对清退不合格企业、营造良好的营商环境、鼓励和保护大众创业热情具有重要的作用。尽快完善企业简易注销登记制度，简化办理注销登记，压缩审理环节，运用互联网技术进行电子化改革，提高工作效率。当商事主体退出商业经营活动时，应及时注销其主体资格，审核其商事经营活动的后期处理情况，避免商事主体在损害和骗取他人经济利益后恶意退出商事经营，逃避自己应承担的责任。三是加强信息共享与业务协同。实现相同信息“一次采集、一档管理”，避免让企业重复登记、重复提交材料，提高市场主体的运营效率。四是要运用现代化信息科技努力推进“一网通办”。要加快实现一网通办、就近能办、异地可办，使更多事项不见面办理，确需到现场办的要“一窗受理、限时办结”、“最多跑一次”，不能让繁杂证明来回折腾企业和群众。

（三）继续推进审批制度改革以激发市场主体活力

一是进一步精简行政审批事项。行政审批制度改革的重要内容是简政放权，把本级该放的权力切实放下去、放到位，各地 CBD 政府应按照中央行政审批制度改革的要求和法律法规的规定下放或取消行政审批事项，科学合理地设置行政审批事项。中央明令取消的，要不折不扣地放给市场、社会，不得截留，决不能打“小算盘”、“搞小九九”，防止“上动下不动、头转身不转”。同时做好上级部门下放行政审批事项的衔接工作。二是减少不合理收费项目。对不符合法律规定、利用“红头文件”设定的管理、收费、罚款项目应一律取消。规范清理中介服务，建立收费公示制度，将需要收费的项目和办理时限公开，并接受社会公众的监督。三是简化审批流程。继续推动“前置审批”转向“后置审批”，按照国务院要求清理和压缩现有前置审批事项，将其中的大多数改为后置审批，缩减审批层级，明确审批条件，并实行目录化管理制度，向社会公开。充分利用大数据、人工智能、高级机器人技术以及“互联网 + 政务”的优势，优化审批程序，推动“一站式审批”、“一个窗口审批”等，让企业和群众少跑腿。

（四）继续完善 CBD 监管体系改革

改革的目标是使市场在配置资源中发挥决定性作用，主要有：一是理清部门监管职责。根据商事制度改革的具体要求，各地 CBD 政府部门应进一步理清部门职责，确定各部门的权责清单，明确改革后各部门的监管职责，确保审批和监管业务的有效衔接。二是完善跨部门协同监管机制。“当前政府部门在监管执法过程中，由于缺乏跨部门协作联动机制，部门间各自为政、推诿扯皮的现象多有发生。协同联动才能形成合力。”[①] 各地 CBD 在开展市场监管工作中应组建跨部门协同监管和联合惩戒工作小组，形成协同监管的工作机制，及时沟通协调监管过程中出现的问题，避免出现“监管空白”或“多头执法”的现象，促进市场经济的健康发展。三是构建“包容审慎”的监管方式。对于适应经济发展趋势，满足市场和公众需求的新兴业态，应鼓励其创新发展，采取包容的态度。而对于扰乱市场秩序的不法市场行为，要依法监管，营造市场公平竞争环境，促进新业态新模式健康发展。四是加强监管人才的培训。对市场监管工作人员进行全面的培训，补充相关的市场监管知识，逐步转变传统监管理念，加强新型监管手段和技术的学习，通过理论和实践的学习，提升监管水平，有效推动商事制度改革的纵深发展。

（五）积极发挥社会组织的作用助力改革

一是培育和支持社会组织承接政府转移职能。增强社会组织承接政府转移职能的能力，对于推进商事制度改革的进程大有裨益。政府必须转变传统的“管”、“控”思维定势，认识到“当家庭、居民点、学校、志愿组织和

---

① 方俊：《商事制度改革背景下的政府监管——以广州市 P 区为例》，《理论探索》2018 年第 1 期。

企业公司健全时，整个社区也会健康发展，而政府最基本的作用就是引导这些社会机构和组织健康发展”①。加快推进行业协会商会与行政机关脱钩改革，释放行业协会商会发展的内在动力。对于四类直接登记之外且对有利于CBD区域发展的社会组织，适度放宽前置审批条件，加强监管，通过政府服务外包、公益创投等多种形式承接转移政府职能，构建良好的合作共治关系。二是发挥社会组织的监督自律作用。商事制度改革的持续推进，CBD区域市场主体增多，监管任务更加繁重。因此，必须进一步发挥社会组织的行业自律作用，如积极推动CBD区域各行业商会、协会制定行业自律公约，建立CBD行业自律联盟等，通过明确行为规则来约束成员的行为，引导企业加强自我约束，提高诚信意识。三是利用社会组织牵头打造区域品牌。CBD汇聚了各类资源、技术和人才，在打造服务品牌方面具有自身独有的优势。围绕打造“高、精、尖”的产业群，CBD可以发挥行业商会、协会、校友会等社会组织优势加强国家交流和招商引资，整合创新创业资源，运用自己的特色和优势打造属于自己的核心服务品牌，以服务品牌带动整个CBD产业群的升级换代和周围经济生态的良性循环，形成独具特色的“品牌商务圈”。

（六）充分利用大数据技术实现营商环境优化

营商环境改革的主要目的是要让市场主体在资源配置中起决定性作用，破除CBD区域阻碍企业经营的“堵点”、“痛点”和“盲点”，充分释放市场活力。在大数据时代，各地CBD可以充分发挥大数据技术的作用，推动商事制度改革，改善营商环境。一是优化政府改革决策。大数据能通过对数据信息的挖掘，分析事物的发展规律。各地CBD政府在进行与商事制度改革相关的决策时，可利用大数据技术对营商环境改革相关信息进行分析，发现改革中的各种问题。以重点难点问题为改革决策的切入点，整合行政资源，提高决策效率。同时可以利用大数据技术对改革政策效果进行预测，为决策提供参考。二是促进信息资源的整合协同。建立区域内统一的平台，建

① 戴维·奥斯本、特德·盖布勒：《改革政府》，周墩仁等译，上海译文出版社，2006。

立大数据采集和发放制度，加强各政府部门之间的协调，加强 CBD 区域内所有市场主体的信息，如企业信用评价、行政处罚等信息的共享整合。三是加强对市场违法行为的智慧监测和预警。通过大数据技术对区域内市场主体的经营行为进行实时监测，将市场准入、市场主体竞争、消费环境等纳入监管范围，对于高风险市场主体，利用“双随机、一公开”监管方式，加强抽查力度，维护市场经营秩序。四是构建创新创业大数据平台。搭建区域人才基础数据库，积极引进海内外优秀人才，整合区域内创新创业资源，为优秀人才创新创业铺路。同时，完善企业配套服务，为企业创新创业提供发展机会，充分挖掘实体经济潜力。

投资贸易篇

Investment and Trade Chapters

B.6

服务业扩大开放战略背景下CBD的机遇与挑战*

谭洪波　夏杰长**

摘　要： CBD是一个国家和地区高端服务业和众多企业总部的重要承载区，引领着一个地区、国家乃至世界产业发展的方向，因此一个国家和地区CBD的发展状况可以反映这个国家和地区产业特别是高端服务业的竞争力。市场经济是推动CBD形成和发展的根本动力，开放则是CBD产业发展和优化调整不可或缺的重要条件。目前我国正在大力推进扩大服务业对外开放，事实表明，现已施行的放宽市场准入和一系列行政审批

* 本文受国家社会科学基金项目“要素市场扭曲影响我国服务业扩大对外开放的机制与对策研究”(项目编号:16BJY129)资助。

** 谭洪波，扬州大学商学院经济系主任，副教授，经济学博士，研究方向为服务经济；夏杰长，中国社会科学院财经战略研究院副院长，研究员，博士生导师，研究方向为服务经济。

制度改革等重要举措显著提升了我国服务业的对外开放度和营商环境的便利度。本报告主要论述服务业对外开放战略给我国 CBD 发展带来的机遇、挑战及其内在影响机制。扩大服务业对外开放战略有助于 CBD 获得持续发展动力、加速 CBD 产业结构优化调整、倒逼服务业对内开放、促进 CBD 营商环境进一步优化等。同时，CBD 也面临开放战略下产业结构趋同、国际环境不确定性上升、开放程度不足、各类国际组织和高端人才缺乏等挑战。针对这些挑战，本报告提出几点政策建议：瞄准短板继续全面优化营商环境；加强不同 CBD 之间的协调，充分发挥市场调节作用；继续扩大服务业对外和对内开放，同时协调好对外与对内开放之间的关系；积极吸引、培育各类国际组织和国际高端人才等。

关键词： 对外开放　高端服务业　营商环境　CBD

中央商务区（Central Business District，CBD）一般位于大城市中，是一个城市的“名片”，通常是城市中经济密度最高、就业人口密度最高、高端产业和企业总部最密集的区域。在创新与融合的推动下，高端产业不断在 CBD 内集聚、演化和升级，因此土地面积狭小的 CBD 却引领着一个国家乃至世界产业发展的方向，并强有力地带动、辐射相关国家和地区形成广泛的产业分工。纵观各大世界级 CBD，无疑都是在开放的环境中发展起来的，因此开放对 CBD 的发展与成长十分重要。长期以来，我国服务业对外开放滞后于制造业对外开放，而全球价值链的高端大部分属于服务业，因此服务业对外开放程度不足长期影响着我国 CBD 高端服务业的发展。在此背景下，党的十九大报告对我国对外开放提出了新的要求——“发展更高层次的开放型经济”、“推动形成全面开放新格局”，并明确提出“大幅度放宽市场准人，扩大服务业对外开放”，所以我国 CBD 发展已经迎来新的机遇，同时也面临着新的挑战。本报告具体分析服务业扩大对外开放为什么会给 CBD 发展带来机遇和挑战，进一步会带来哪些新的机遇和挑战，面对这些挑战我们应该采取怎样的应对措施。

一　高端服务业为何偏爱 CBD

世界各国 CBD 的发展经验表明，相对于制造业，服务业特别是其中的高端服务业更加追求空间集聚，而且不断向大城市的 CBD 集聚，在 CBD 内发展壮大并衍生出各种新的服务行业、服务业态和服务模式。为何大量高端服务业更加偏好于大城市的 CBD 并在其中创新发展呢？本报告从以下三个方面给出解释。

（一）追求规模经济

规模报酬递增是大部分高端服务业所具有的一个特征，因为高端服务业往往是技术和知识密集型行业，这些行业有一个共同的特点——初始投入较大，而边际成本较低甚至接近于零。比如研发服务，某一项技术服务在研发阶段往往会投入大量的研发人员和研发设备等，同时还面临失败的风险和沉没成本，一旦研制成功又可以低成本复制和供更多客户使用；再比如文化创意服务，这类服务同样在创作和制作阶段投入较大，一旦获得成功又可以低成本复制甚至无成本为更多客户提供服务；还有许多人力资本密集型行业，如会计、审计与咨询行业，这些行业最大的投入是专业人才，不管是对于提供服务的企业还是对于提供服务的专业人才来说，只有服务更多的客户才能弥补人力资本积累所付出的高额成本，而服务不同的对象所引起的边际成本远小于之前人力资本积累时所投入的成本。所以高端服务业属于典型的规模报酬递增行业，其规模报酬递增特性决定了客户越多利润率越高，因此这类服务企业不断扩张占领更多市场，最终形成垄断竞争或者寡头垄断的市场结构。而大城市特别是其中的 CBD 则正好可以满足高端服务业的这种追求：

一方面大城市及其 CBD 市场容量巨大，许多大型企业总部一般设立在大城市 CBD 内，而企业总部又是高端服务的需求大户；另一方面大城市 CBD 凭借其强大的经济辐射能力和各类基础设施良好的通达性可以在更大范围内形成服务供给，主动和被动地捕获更多高端服务需求。

（二）追求集聚效应

相对于制造业，高端服务业会在更大程度上通过集聚来追求外部性。第一，由于高端服务业大部分属于知识和人力资本密集型行业，其包含的知识既有大量的显性知识，同时比制造业含有更多的隐性知识，要想获得这些行业内的隐性知识，服务提供者必须“置身于事内”，同行之间需要更多地交流，相同或相关行业在空间上紧密集聚可以促使集聚企业及其员工获得更多交流和隐性知识的机会。第二，大量的高层次专业人才往往是高端服务业的关键投入要素，而高层次专业人才为了获得更多学习与进步的机会，一般会聚集在大城市及其 CBD 内，如此一来大城市及其 CBD 中便会形成大量的高层次人才供给，同时高端服务企业集聚于 CBD 也会形成对高层次专业人才的大量需求，因此人才供需双方在 CBD 内比较容易形成人才市场的均衡，这种均衡一方面可形成高端服务企业和高端人才双方都可以接受的人才价格，同时可以降低服务企业的生产成本和搜寻成本，另一方面也可以满足人才作为消费者在大城市消费的多样性和工作生活的便利性。第三，服务业具有无形性、消费使用即时性、标准化程度低、定制性强等特点，这些特点决定了服务供需双方需要更多的面对面交流，虽然在信息通信技术的迅速发展和广泛应用下有些服务环节可以实现远距离传输，但许多高端服务行业仍需要上下游客户之间较为频繁地面对面交流与沟通，比如法律、审计、商务咨询、研发、金融等，因此这就要求这些服务企业与其上下游客户近距离分布和集聚。这些上下游客户既有高端服务业企业又有制造业企业，但为什么在集聚的过程中，CBD 中的服务业密度越来越高，而同样作为上下游的制造业企业却不断搬离 CBD 并向其周边或者更远的地区集聚呢？原因主要有以下三个：①知识密集型服务业在价值链中一般占据着较高的两端，而制造环节相对于高端服务一般处于价值链低端；②高端服务业和制造业不断向同一地区集聚会促使该地区土地价格不断攀升；③知识和技能密集型服务业一般分布在写字楼中，土地集约使用率高，相对于服务业，制造业对土地有更多的需求，同时制造业生产过程对环境的污染程度比知识密集型的服务业严重，因此为维持 CBD 内高标准的优良环境，也要支付更多的环境治理成本。上述三个原因促使制造业在大城市及其 CBD 内集聚的成本越来越高，逐渐抵消并超过了因集聚在高端服务业附近所节省的成本，因此制造业不断搬离大城市，而高端服务业留在了大城市中逐渐形成了 CBD，并吸引着越来越多的高端服务业和企业总部向 CBD 集聚，形成了制造业与高端服务业之间的分离均衡。

（三）追求优良的营商环境

相对于制造业，高端服务业的发展和集聚对营商环境更加敏感。第一，服务作为一种无形性、消费即时性、定制化程度高和标准化程度低的特殊商品，其质量优劣程度往往在被需求者使用之后才能确定，而很难像制造业产品一样可以通过提前设定生产设备的各项参数实现对产品质量和规格的控制，并通过提前抽样检验确定其合格率。正是由于服务业的这些特点，服务相对于有形的制造业产品可能会隐藏更多的信息，具有更高程度的信息不对称性，因此服务供需双方在达成交易之前往往需要频繁地搜寻、交流和谈判，制定条款更为详尽的合同，同时在服务提供过程中也需要保持沟通，这就决定了服务业是一种合同密集型行业，而合同的制定、执行、违约后处理等都离不开当地的法律环境、政府效率、产权保护制度等“软”的营商环境。第二，正是由于服务是一种信息不对称性较强的商品，因此为了降低服务信息不对称性引起的逆向选择，服务提供方往往会发送关于自身服务质量、企业信誉等方面的“信号”，服务企业所在地基础设施的便利性、环境的优美度等“硬”的营商环境则在一定程度上可以“扮演”这些“信号”。高级别的 CBD 不管是在“硬”环境还是“软”环境方面一般都具有较高的品质，可以降低服务业的交易成本，因此往往是高端服务业集聚的首选之地。

二　服务业对外开放对服务业集聚和营商环境的影响

服务业对外开放通过影响 CBD 的营商环境进而影响服务业在 CBD 内的集聚程度和集聚效应，最终反过来影响 CBD 的发展。本部分主要分析服务业扩大对外开放如何影响服务业的集聚效应以及如何影响 CBD 内的营商环境。

（一）服务业扩大对外开放对服务业集聚的影响

开放分为对外开放和对内开放，服务业对外开放包括服务领域对外国股权的限制、歧视性筛选或批准机制、外国人被聘为关键岗位的限制，以及对分支机构的限制、调回资金的限制、自然人流动的限制和外国企业土地使用权的限制等。对内开放包括对民间资本的限制、地方市场分割、户籍的限制和制度的透明性等方面。服务的无形性、消费即时性、供需双方面对面、含有更多的隐性知识等特性决定了服务业国际贸易和国际投资会受到不同国家和地区更多主观和客观、显性和隐性的限制，因此服务业对外开放一直滞后于制造业对外开放。通过上述分析我们可以推断，服务业扩大对外开放将会从以下几个方面促进高端服务业的集聚发展。首先，服务业扩大对外开放将会有利于国际服务贸易，为高端服务业提供更为广阔的市场空间，因此可以充分发挥高端服务业规模报酬递增的优势。第二，服务业扩大对外开放，有利于服务企业和跨国企业在全球范围内优化配置资源，促进不同城市在空间和行业上形成更为合理的分工和市场结构，有利于相互开放的国家和地区形成具有国际竞争力的服务业集聚区。第三，服务业扩大对外开放有利于充分发挥高端服务业的集聚效应，空间集聚是高端服务业发展和追求的目标，知识密集型服务业集聚程度越高，其所获得的各种外部性和溢出效应就会越强，也越有利于该区域创新氛围的形成。

（二）服务业对外开放对营商环境的影响

世界银行关于营商环境的评价指标有 11 个，分别是开办企业、劳动力

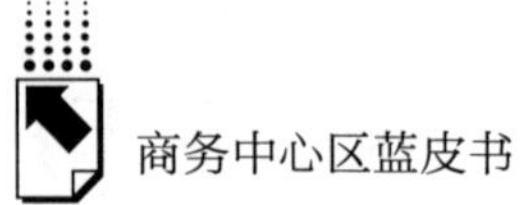

市场管制、办理施工许可、获得电力、登记财产、获得信贷、保护少数投资者、纳税、跨境贸易、执行合同和办理破产。① 根据这些指标我们可以发现对外开放与营商环境之间的联系与区别。

第一，一国服务业对外开放为服务业向该国集聚打开了大门，营商环境的优劣则会影响外资进入东道国后能否高效地开展业务。如果一个国家和地区有较好的营商环境，但是服务业对外开放的大门没有敞开，那么这仅仅是做到服务业对内开放，仍然不能形成国际高端服务业的有效集聚。对外国投资者而言，开放本身也是一个国家和地区营商环境优劣的重要体现，所以从这个意义上来说对外开放本身是优良营商环境的组成部分。第二，对外开放政策是一个国家的宏观政策组成部分，一般是国家层面以各类法律法规的形式体现并适用于整个国家，有些在国家内部某些特定区域所实施的政策也是在国家层面制定和批准的，承担国家政策试验的功能，如自贸区的设立。一个地区营商环境的优劣程度除了受国家宏观层面政策的影响之外，还会受到许多中观和微观因素的影响，一个国家不同的省份、同一省份不同的城市在政府效率、基础设施、合同执行、地方政策等方面的差异都会导致其营商环境的差别。第三，对外开放政策主要影响国门打开的程度，政策本身对本土企业的直接影响相对较小，而营商环境不但直接影响外资企业，同时还会直接影响本土企业。因此对外开放是“是否允许进入以及允许进入的程度”，而营商环境则是在企业进入之后日常经营所处的“软”、“硬”环境的总和。第四，服务业对外开放有利于促进 CBD 营商环境优化。服务业对外开放的过程中，大量国内外跨国公司总部和高端服务企业向 CBD 集聚也会反过来对 CBD 的功能和营商环境提出更高的要求并带来新的发展理念，促使 CBD 管理模式、公共服务提供模式的改进和营商环境的进一步优化，提高 CBD 的国际化水平，迅速缩减本国 CBD 与世界顶级 CBD 的差距，CBD 营商环境的优化又会进一步促进高端服务业和企业总部向 CBD 内集聚，形成良性循环的发展态势。

---

① The World Bank, “Doing Business”, 2019.

三　我国服务业对外开放和营商环境优化举措及其成效

（一）十八大以来我国服务业对外开放和营商环境优化的重要举措

1. 服务业进一步放宽市场准入的重要举措

党的十八大以来，我国逐渐加大了服务业对外开放的力度，制定和调整了许多扩大服务业对外开放的法规和政策。从 2015 年开始推出市场准入负面清单，其中服务业市场准入负面清单逐年缩减，表 1 列举了部分十八大以来我国放宽服务业市场准入的一些重要举措。从表 1 可以看出，十八大以来，通过取消和放宽行业限制、外籍技术人员比例限制，承诺提前取消股比限定，放宽投资者资质要求、经营范围限制等，我国在金融业、交通运输业、水利、环境和公共设施管理业、文化、体育和娱乐业、租赁和商务服务业、卫生和社会工作等领域明显放宽了外资市场准入和经营限制。

表 1　十八大以来我国服务业放宽市场准入的重要举措

时间	法规或文件名称	主要举措内容	主要通过/发布部门
2019. 7	11 条金融业对外开放措施	允许外资机构在华开展信用评级业务时，可以对银行间债券市场和交易所债券市场的所有种类债券评级；鼓励境外金融机构参与设立、投资入股商业银行理财子公司；允许境外资产管理机构与中资银行或保险公司的子公司合资设立由外方控股的理财公司等	国务院金融稳定发展委员会办公室
2019. 6	《外商投资准入特别管理措施（负面清单）（2019 年版）》	取消了“国内船舶代理公司须由中方控股”、“禁止投资国家保护的原产于中国的野生动植物资源开发”、“电影院建设、经营须由中方控股”、“演出经纪机构须由中方控股”的限制	国家发改委、商务部

续表

时间	法规或文件名称	主要举措内容	主要通过/发布部门
2018.10	《中国(海南)自由贸易试验区总体方案》	将增值电信业务外资准入审批权下放给海南省,取消国内多方通信服务业务、上网用户互联网接入服务业务、存储转发类业务外资股比限制,允许外商投资国内互联网虚拟专用网业务(外资股比不超过50%);允许设立外商投资文艺表演团体(中方控股);允许取得我国一级注册建筑师或一级注册结构工程师资格的境外专业人士作为合伙人,按相应资质标准要求设立建筑工程设计事务所等	国务院
2018.6	《外商投资准入特别管理措施(负面清单)(2018 年版)》	放宽资本市场限制:比如取消了证券公司、证券投资基金管理公司、寿险公司、期货公司中方控股的限制,并承诺2021年取消外资股比限制	国家发改委、商务部
2017.6	《北京市服务业扩大开放综合试点新一轮开放措施》	允许外商投资航空运输销售代理企业;取消外商投资建设工程设计企业外籍技术人员的比例要求;取消中外投资者应当是成立3年以上的人才中介服务机构的要求等	国务院
2015.10	《国务院关于在北京市暂时调整有关行政审批和准入特别管理措施的决定》	选择文化娱乐业聚集的特定区域,允许设立外商独资演出经纪机构,在北京市市域范围内提供服务;取消《外商投资民用航空业规定》中外商投资飞机维修项目中方控股的限制	国务院
2015.8	《住房城乡建设部等部门关于调整房地产市场外资准入和管理有关政策的通知》	取消外商投资房地产企业办理境内贷款、境外贷款、外汇借款结汇必须全部缴付注册资本金的要求	住建部、商务部
2015.5	《国务院关于北京市服务业扩大开放综合试点总体方案的批复》	北京市在科学研究与技术服务业、文化、体育和娱乐业、金融业、租赁和商务服务业、卫生和社会工作等领域放宽了对外资、专业从业人员进入的限制	国务院

续表

时间	法规或文件名称	主要举措内容	主要通过/发布部门
2014.6	《中国(上海)自由贸易试验区进一步扩大开放的措施》	在2013年9月《中国(上海)自由贸易试验区总体方案》的基础上新增14条扩大服务业对外开放的措施	国务院
2013.9	《中国(上海)自由贸易试验区总体方案》	在商贸服务、社会服务、文化服务、金融服务、航运服务、专业服务领域推出了23条扩大对外开放的措施,包括暂停或取消投资者资质要求、股比限制、经营范围限制等准入限制措施(信息通信服务、银行业机构除外)等	国务院

资料来源:根据商务部网站、中华人民共和国中央人民政府网站整理。

2. 优化营商环境的重要举措——以行政审批制度改革为例

伴随着服务业扩大对外开放,我国各级政府部门也出台了一系列改善营商环境的举措,比如引进和改善网上办理程序、缩短处理许可证的申请时间、改进或引进一站式服务、提高透明度、简化审批程序、缩短财产登记时间等。如上文所述,虽然营商环境的改善有利于各行业企业的设立与经营,但是服务业企业和服务本身的特性决定了服务企业的设立和经营对营商环境的优劣更加敏感,而且有研究表明,我国商事制度改革以来,77%的新增市场主体进入了服务业。[①] 因此营商环境的优化与服务业对外开放共同促进了国际服务业生产要素向我国集聚。这里我们以行政审批制度改革为例来说明我国在优化营商环境方面的重要举措(见表2)。通过表2可以看出,我国除了在国家层面上推出了一些简化行政审批程序、优化行政审批流程的改革举措之外,在一些服务细分行业、地方政府及各部门层面上也出台了一些行政审批改革方案,特别是在我国自贸试验区、服务业综合改革试点城市、大城市特别是其中的CBD内,许多行政审批流程不断得到优化和简化,并且一些成功的改革经验及时被推广至全国各地。

① 徐现祥:《全面深化商事制度改革》,中国社会科学网,2018年12月26日。

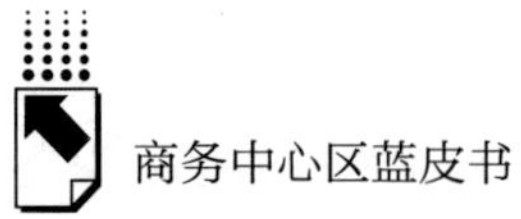

表2　十八大以来我国深化行政审批制度改革的部分举措

时间	法规或文件名称	主要举措内容或目标	主要通过/发布部门
2018.10	《中国(海南)自由贸易试验区总体方案》	全面推进行政审批和行政服务标准化；调整完善省级管理权限下放，推动关联、相近类别审批事项全链条取消、下放或委托；精简投资项目准入手续，探索实施先建后验管理新模式；实行建设项目联合验收，实现"一口受理"、"两验终验"，推行"函证结合"、"容缺后补"改革；清理规范基层证明，对暂不宜取消的实行清单管理等	国务院
2017.6	《深化改革推进北京市服务业扩大开放综合试点工作方案》	优化外籍人员在京创办科技型企业的审批流程；探索服务贸易行政审批及服务事项集中办理，实现一口受理、多证联办；将服务业工商登记申请人自主申报的名称登记制度改革、经营范围登记制度改革等政策扩大至服务业重点领域；逐步下放外商投资审批权限，探索对外商投资旅游类项目试行分级下放核准事权等	国务院
2017.3	《中国(辽宁、浙江、河南、湖北、重庆、四川、陕西)自由贸易试验区总体方案》	主要在加快政府职能转变、积极探索管理模式创新、促进贸易投资便利化、深化金融开放创新等方面探索新途径、积累新经验	国务院
2017.1	《关于加快推进养老服务业放管服改革的通知》	整合审批流程；实行并联审批；简化设立养老机构的申请材料；简化环境影响评价；取消部分机构的消防审验手续；提升行政监管能力；规范行政执法行为；建立社会评估机制；畅通投诉渠道；加强许可信息公开；实现登记信息共享等	民政部、国家发改委等
2016.11	《国务院关于做好自由贸易试验区新一批改革试点经验复制推广工作的通知》	自由贸易试验区新一批改革试点经验复制推广，包括负面清单以外领域外商投资企业设立及变更审批改革；税控发票领用网上申请；企业简易注销；入境维修产品监管新模式等	国务院

续表

时间	法规或文件名称	主要举措内容或目标	主要通过/发布部门
2016. 10	《外商投资企业设立及变更备案管理暂行办法》	决定将不涉及国家规定实施准入特别管理措施的外商投资企业设立及变更由审批改为备案管理	商务部
2015. 11	《商务部、外汇局关于改进外商投资房地产备案工作的通知》	进一步简化外商投资房地产企业管理工作;取消商务部网站备案公示程序,外商投资房地产企业在完成前述工作流程后,可按相关外汇管理规定到银行办理外商直接投资项下外汇登记等手续;加强事后监管等	商务部、外汇局
2015. 3	《关于推行地方各级政府工作部门权力清单制度的指导意见》	大力清理调整行政职权;优化权力运行流程;公布权力清单;建立健全权力清单动态管理机制等	中共中央办公厅、国务院办公厅
2013. 9	《中国(上海)自由贸易试验区总体方案》	探索面向国际的外汇管理改革试点,建立与自由贸易试验区相适应的外汇管理体制,全面实现贸易投资便利化;深化外债管理方式改革,促进跨境融资便利化;深化跨国公司总部外汇资金集中运营管理试点,营造与服务业扩大对外开放相应的监管和税收制度环境等	国务院

资料来源：根据商务部网站、中华人民共和国中央人民政府网站整理。

（二）服务业对外开放和营商环境优化成效

在各项扩大服务业对外开放和改善营商环境的政策法规的推动下，我国服务业对外开放程度和营商环境便利程度都显著得到提升。

1. 我国服务业整体及其细分行业 FDI（外商直接投资）限制指数显著下降

图 1 是 1997 ~2018 年我国服务业整体及其细分行业的 FDI 限制指数变迁图，通过图 1 可以看出，整体上我国服务业 FDI 限制指数明显下降，从 1997 年的 0. 716 下降至 2018 年的 0. 316。从细分行业来看，根据 FDI 限制指数的变化显著程度可以将服务业各细分行业分为三组，第一组是没有明显变化的，包括电视广播业、其他媒体业、空运业、移动通信业；第二组是显著上升的，只有法律服务业的 FDI 限制指数显著上升；第三组是显著下降

的，这些行业包括固定通信业、保险业、海运业、其他金融业、不动产投资业、批发业、零售业、地面运输业、住宿餐饮业、银行业、会计审计业、建筑设计业、工程业，其中这段时期内 FDI 限制指数下降最快的行业从大到小依次是地面运输业、银行业、工程业、零售业、批发业、会计审计业、建筑设计业。从历史阶段来看，我国 FDI 限制指数有两个时期下降较快，一个是时期 1997 ~2006 年，另一个时期是 2014 ~2018 年，而 2006 ~2013 年这段时期服务业整体限制指数和各细分行业限制指数基本上都没有变化。2014 ~2018 年 FDI 限制指数下降最快的行业从大到小依次是银行业、地面运输业、会计审计业、零售业、住宿餐饮业、批发业、工程业。

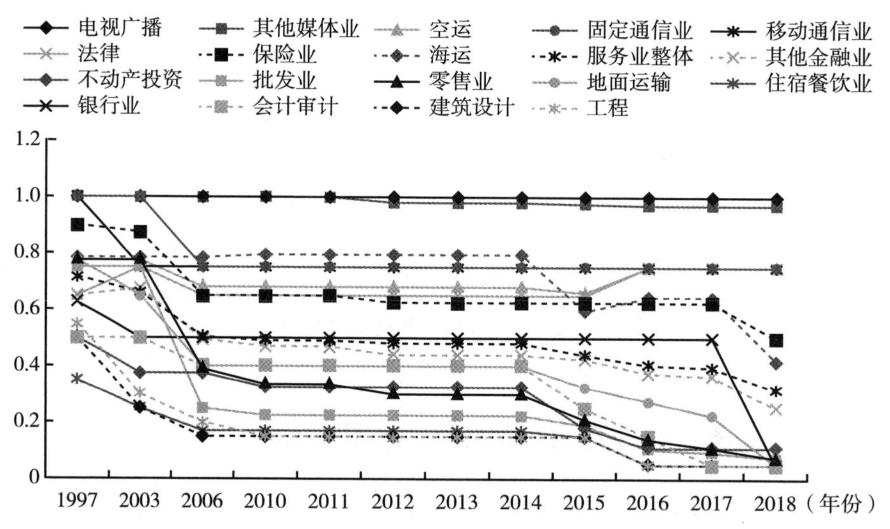

图 1　1997 ~2018 年我国服务业及其细分行业 FDI 限制指数变化

资料来源：OECD 数据库。

2. 我国服务业利用外资在三次产业中的比例显著提高，并且其增长速度明显快于世界平均增速

图 2 和图 3 分别是 2008 ~2017 年我国三次产业利用外资的比例变化情况和世界 FDI 在三次产业间的分布情况。通过图 2 可以看出，2008 ~2017 年间，我国服务业实际利用外资占比显著提高，从 2008 年的 41.07% 跃升

至 2017 年的 67.93%，与此同时我国实际利用外资额从 923.95 亿美元增长至 1310.35 亿美元，因此近年来我国实际利用外资的增长额主要流向了服务业。图 3 则表明，相同时期内，世界 FDI 流向服务业的比例基本维持在 40% ~55%之间，而且这段时期内不存在增长趋势。通过两个事实可以发现，流向我国服务业 FDI 的增速显著快于世界 FDI 投向服务业的增速，这在相当程度上得益于近年来我国服务业扩大对外开放的各类重要举措。

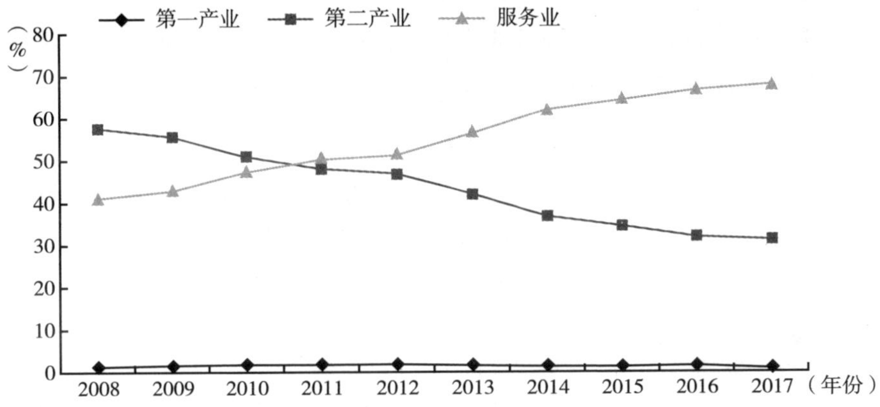

图 2　我国实际利用外资的三次产业结构变迁（2008 ~2017 年）

资料来源：根据《中国统计年鉴》相应各年整理。

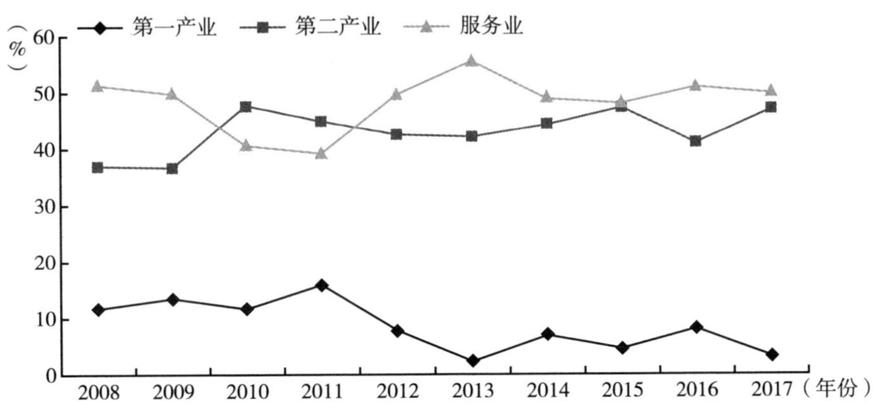

图 3　世界 FDI 的三次产业结构变迁（2008 ~2017 年）

资料来源：根据“World Investment Report”相应各年整理。

3. 我国服务业进口额在世界服务业进口额中的占比持续提高

图 4 是以 2018 年服务业进口规模排名前二十位国家（地区）2010 ~ 2018 年服务业进口额在世界服务业进口额中的比重变化。从图 4 可以看出，2018 年服务业进口额占世界服务业进口额比重最高的前五位国家依次是美国、中国、德国、法国和英国，2018 年这五个国家服务业进口额占世界服务业进口额的比重分别为 9.95%、9.34%、6.50%、4.54% 和 4.16%。值得注意的是：从 2010 年至今，其他国家服务业进口额在世界服务业进口额中的比重相对稳定，而我国服务业进口额在世界服务业进口额中比重迅速增长，正因为如此，虽然美国在服务业进口额规模方面仍然占据世界首位，但是作为服务业进口额规模第二位的中国与美国的差距很小，而且差距越来越小，可以预判，以此趋势发展下去，我国很快会超过美国成为世界上进口额服务业最多的国家。这除了与我国企业和居民对服务需求的增长有关之外，更离不开我国近年来服务业扩大对外开放的促进作用。

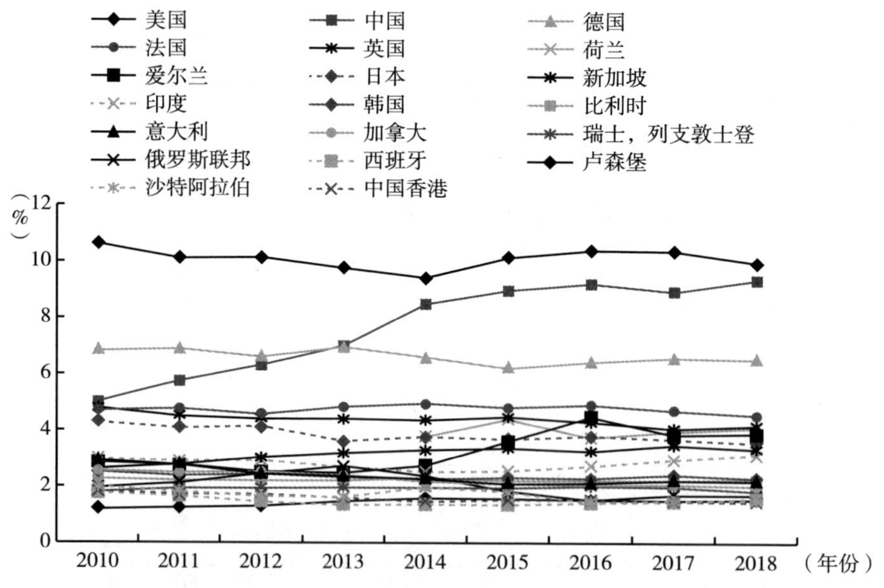

图 4　主要国家（地区）服务业进口额在世界服务业进口额中的比重（2010 ~ 2018 年，以 2018 年占比大小排序）

资料来源：根据联合国贸发数据库（UNCTAD）整理。

4. 营商环境优化成效

服务业 FDI 快速流向我国并在我国大城市特别是其中的 CBD 集聚，这些 FDI 形成的各类服务业企业为所在地区营商环境的改善提供了动力和要求。图 5 是世界银行关于我国营商环境在世界 190 个国家和地区中的整体排名和各项指标排名的变化情况①。从图 5 可以看出，我国营商环境的整体国际排名从 2012 年的第 91 位上升至 2019 年的第 46 位。2014 年以来，我国营商环境排名每年都有提升，与我国 FDI 限制指数的下降过程基本同步，特别是 2018～2019 年，除获得信贷、办理破产和执行合同这三项指标排名分别下降 5、5、1 位之外，我国营商环境整体排名和其余各项指标排名显著上升，综合排名上升 32 位，获得电力、开办企业、保护少数投资者、办理施工许可证、跨境贸易、纳税、登记财产这七项指标排名分别上升 84、65、55、51、32、16、14 位，这说明我国近年来在扩大服务业对外开放的同时营商环境也得到显著优化。

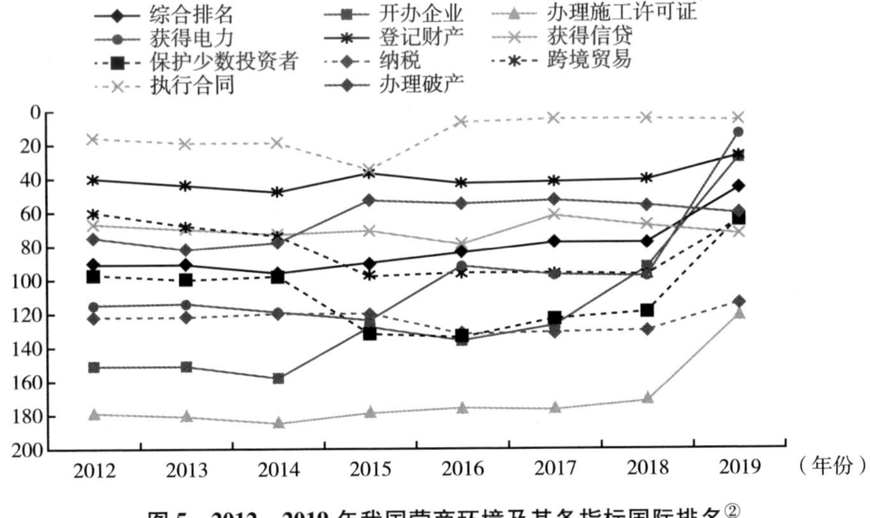

图 5　2012～2019 年我国营商环境及其各指标国际排名②

资料来源：世界银行历年“Doing Business”。

① 2012 年共有 183 个国家（地区），2013 共有 185 个国家（地区），2014～2016 共有 189 个国家（地区），2017～2019 共有 190 个国家（地区）。

② 世界银行关于营商环境的评价指标有 11 个，但其中的劳动力市场管制这一指标在每年的“Doing Business”中都没有报告。

四　服务业对外开放给 CBD 发展带来的机遇和挑战

服务业扩大对外开放给 CBD 的高质量发展带来了重要的发展机遇，同时机遇中也蕴藏着挑战，只有充分认识到这些机遇和挑战及其之间的关系，才能在扩大服务业对外开放中发展好 CBD，并进一步促进服务业对外和对内开放。

（一）服务业对外开放为 CBD 发展带来的机遇

正是由于服务业集聚与 CBD 之间关系紧密，我国目前正在大力推进的服务业对外开放为我国各级 CBD 快速发展和高质量发展提供了良好的机遇。

1. 相对于其他地区，CBD 在扩大服务业对外开放和改善营商环境的过程中更容易获得发展的持续动力

首先，不管是制造业还是服务业，我国都拥有巨大的市场，扩大服务业对外开放并改善营商环境，有助于服务业 FDI 流向我国，在此过程中，高端服务业和跨国公司总部对 CBD 的偏好促使高端服务业 FDI 自然流向营商环境相对优良的大城市特别是其中的 CBD。其次，CBD 内的服务企业不但为所在都市圈提供服务，还通过国际贸易为全球市场提供服务，因此服务贸易成本会影响其业务范围和业务规模。作为无形商品的服务的贸易成本高低主要取决于两个因素，一是技术因素，它决定了服务的物理贸易成本；二是制度因素，包括不同国家和地区之间的各种制度安排、贸易管制、开放程度、文化差异、政府效率等引起的贸易成本，随着 ICT（信息通信技术）的快速发展和广泛应用，许多知识密集型服务业的物理贸易成本已经显著下降，有些服务行业的边际物理贸易成本几乎接近于零，而且我国各大 CBD 都具有通达的信息通信网络，因此影响服务贸易成本的主要因素是制度因素。服务业扩大对外开放无疑会使服务贸易更加便利，降低由制度引起的贸易成本，从而使集聚在 CBD 内的服务企业能在更大空间范围内提供服务，形成更大范围的规模经济，推动 CBD 经济高质量快速发展。

2. 扩大服务业对外开放有利于加速我国 CBD 产业结构优化调整并引领产业发展方向

目前我国大部分 CBD 内服务业增加值占比已经超过 90%，单从三次产业结构来看，我国许多 CBD 已经与世界顶级 CBD 相似，但是从 CBD 的单位面积 GDP、单位面积就业数量来看，我国 CBD 与世界顶级 CBD 还有一些差距，缩小这种差距需要 CBD 内部服务行业不断动态调整。由于科学技术、体制机制、生产方式、服务业态等都在不断创新发展而且将会以更快的速度迭代创新，因此行业结构优化本身是一个长期动态调整的过程。虽然相对封闭的经济也会存在这个优化升级过程，但优化过程相对较慢、优化空间相对较小，而开放的环境将会加速 CBD 内服务业优化升级过程、提升 CBD 内服务业优化升级空间。一是因为开放的环境有利于 CBD 内企业更容易获得行业前沿信息从而推动创新发展和自身升级；二是我国目前正在推进的服务业对外开放和营商环境的改善将会吸引更多的高端服务业（如创新创意服务）向 CBD 集聚，CBD 内的 GDP 密度、就业密度随之上升，进一步抬高 CBD 的土地、高端人才等要素价格，促使一些不能承受 CBD 高企的要素价格的服务行业逐渐搬离 CBD，在此过程中 CBD 内服务行业结构自然得到优化升级。

3. 扩大服务业对外开放可以倒逼服务业对内开放，从而进一步为 CBD 发展拓宽空间

长期以来我国服务业对内开放不足，虽然近年来出台了一些关于服务业发展的指导意见，明确表示服务业市场向社会资本开放，向全社会释放出积极的信号，但从现实情况看，金融、电信、邮政、铁路、民航、港口、能源、教育、医疗、健康、文化等众多服务业领域仍存在市场准入门槛过高等问题，行政垄断色彩明显，同时区域间仍存在市场壁垒，这些都不利于形成有效竞争，不利于培育具有国际竞争力的市场主体——服务企业。而服务业对外开放的提速将会倒逼对内开放，破除国内服务行业的进入壁垒和地区市场壁垒，从而形成全国统一、开放、公平的服务业市场。统一的全国市场和高端服务业规模报酬递增特性将有助于 CBD 服务企业在国内通过竞争占领

更大市场，从而最终形成行业内的最佳市场结构，并促使我国不同 CBD 之间形成合理的分工和各自的产业优势。

（二）服务业对外开放战略背景下我国 CBD 面临的挑战

1. 产业同构趋势加剧

我国不同 CBD 之间存在产业同构现象，如不能改变产业同构产生和发展的机制，服务业扩大对外开放将会进一步加剧 CBD 之间的产业同构趋势。长期以来，关于产业同构现象的研究主要集中在制造业领域，但是目前我国不同 CBD 之间同样存在产业同构现象。长期以来，各种原因导致我国服务业发展还未能满足生产和生活需求，所以服务业产业同构现象还未被重视。比如金融业，目前我国所有的 CBD 都把金融业作为招商引资的重点产业，许多 CBD 所在区政府或管委会也都出台了金融业招商引资优惠政策，包括现金奖励、土地与税收优惠等。首先，金融业是典型的知识和技术密集型行业，具有典型的规模报酬递增特性，特别是在信息技术的推动下，其服务范围可达世界各地，所以目前我国各地 CBD 对金融业的竞相招商不利于金融业在重点 CBD 内的高度集聚，会降低该行业的集聚效应并限制规模经济发挥应有的作用。放眼世界级 CBD，如纽约曼哈顿 CBD、伦敦金融城 CBD、东京丸之内 CBD、香港中环 CBD，它们都是世界级金融中心，其业务范围遍布世界各地。因此，培育世界级 CBD 应克服我国各个 CBD 之间的产业同构问题。其次，也正因为金融业是知识密集型行业，CBD 要想发展成为具有国际或洲际影响力的金融中心，必须集聚大量金融领域的高端专业人才，如纽约华尔街、伦敦金融城都集聚了大量的金融高端专业人才，在目前我国金融高端专业人才仍相对缺乏的情况下，各地 CBD 纷纷以金融业作为重点发展产业也会分散相关专业人才在 CBD 内的集聚程度，从而影响每个 CBD 内金融业的规模效应和创新度。

导致 CBD 内产业同构的原因与各地制造业产业同构的原因基本相同，主要是由于地方政府间竞争、产业选择过程中信息不对称而引起的“羊群效应”等。在服务业扩大对外开放的过程中，如果不能从根本上消除上述引起 CBD 产业同构的原因，将会促使各个 CBD 服务业招商引资的优惠政策与国外服务业资本全球逐利的本质相互作用和相互促进，导致我国不同 CBD 之间服务业产业同构进一步加剧。

2. 缺乏具有国际影响力的各类国际组织

一个城市所拥有的国际组织数量可以作为其国际影响力和国际化程度的一个重要指标，各类国际组织对于 CBD 的意义在于以下三个方面：第一，各类国际组织本身属于高端服务业，并且可以带动 CBD 及其所在地区其他服务行业的发展，比如会展业、旅游业、商务服务业、科技服务业、文化传媒业等。第二，各类国际组织由于其在政治、经济、社会、科技、行业标准等方面有广泛而深远的影响力，可以影响许多服务业的行业标准、科技前沿，从而影响高端服务业的发展方向。第三，国际组织总部驻地及其定期组织的各类国际活动可以增强所在 CBD 的国际知名度、影响力和文化多样性，从而有助于打造所在 CBD 及其城市的品牌形象。世界著名 CBD 及其所在城市都有大量的国际组织总部入驻，比如全球最具影响力的联合国以及众多联合国主要机关和组织总部大部分设在纽约曼哈顿 CBD，巴黎拥有联合国教科文组织、经济合作与发展组织、国际展览局、国际能源机构、国际交流发展计划、国际音乐理事会、国际大学协会等众多国际组织总部，伦敦拥有欧洲复兴开发银行、世界能源理事会、国际海事组织等机构和组织总部。2019 年《国际组织年鉴》数据显示，入驻巴黎、纽约、伦敦、东京、北京、上海、广州和深圳的国际组织数量分别是 121、76、71、39、24、12、2 和 1，可见我国主要 CBD 所在城市的国际组织数量明显少于世界顶级 CBD 及其所在城市的国际组织数量。

3. 服务业开放程度仍然不足

图 6 是选取的 39 个国家 1997 ~2018 年服务业 FDI 限制指数变迁图，并以 2018 年各国服务业限制指数大小排序。通过图 6 可以看出，虽然这段时期内我国服务业 FDI 限制指数显著下降，但是与其他国家相比仍然很高，2018 年我国服务业 FDI 限制指数为 0.316，远高于 39 个国家的平均值 0.125，2018 年我国 FDI 限制指数高度在这 39 个国家中排第五位。较高的

服务业限制指数会阻碍国际服务业投资流向中国，从而影响国际高端服务业向我国 CBD 内集聚。

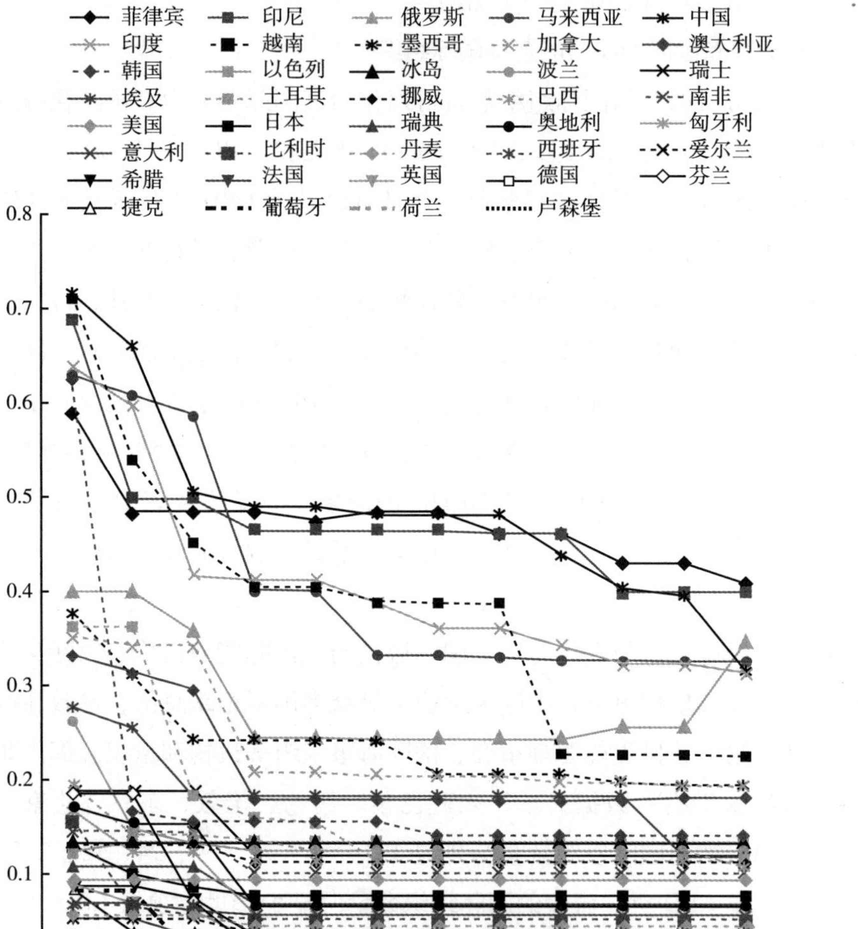

图 6　部分国家 1997 ~ 2018 年服务业 FDI 限制指数

（按照 2018 年指数大小排序）

资料来源：OECD 数据库。

4. 国际环境不确定性加大，逆全球化思潮抬头

比如英国脱欧，美国先后退出跨太平洋伙伴关系协定、巴黎气候变化协

定、联合国教科文组织，以及 2015 年以来频繁对包括我国在内的一些国家挑起贸易争端，并延伸至科技合作、人员往来、移民等领域。由于欧美特别是美国的服务业具有国际竞争优势，我国在某些服务行业关键领域正在追赶，这个过程必然会引发与欧美发达国家的一系列激烈竞争和摩擦，发达国家可能会借助国家安全或其他理由阻挠某些高端服务业的生产要素流向我国，因此会对高端服务业向我国 CBD 集聚造成不利影响。

五　对策建议

（一）瞄准短板，继续全面优化营商环境

虽然近年来我国营商环境进步显著，但是在某些具体指标方面仍有较大进步空间，比如我国在办理施工许可证、纳税方面，2018 年这两个指标在 190 个国家和地区中分别排第 121 位和 114 位。世界银行《营商环境报告》关于营商环境的排名是在检测各个国家（地区）代表城市的基础上打分排序的，其中我国大陆只有北京和上海两个样本城市，而北京是国务院批准设立的服务业扩大开放综合试点城市，上海又是我国首个自由贸易试验区，因此这两个样本城市可以代表我国营商环境的最高层次。但是我国不同地区之间、不同城市之间在经济发展水平、区位因素、公共服务、行政效率和硬件环境等方面差别较大，所以应继续在全国范围内优化营商环境，积极对标国际标准，缩短施工许可证的处理时间，不断将各个自贸区和服务业综合改革试点的成功改革经验推向全国，最终形成全国统一的优良的营商环境。

（二）不同 CBD 之间加强协调，充分发挥市场调节作用，以自身优势产业为主导，形成以主导产业带动产业链发展的产业生态体系

CBD 服务业产业同构与我国长期存在的制造业产业同构的原因基本相似，不同之处是有些制造行业出现了产能过剩而服务业由于对外、对内开放程度不足导致大部分服务行业不能满足市场需求。产业同构的原因一方面是

地方政府之间的招商引资竞争，另一方面是地方政府对产业市场信息掌握不全面而导致的行业选择模仿行为。为克服我国不同 CBD 之间产业同构现象，应进一步厘清政府与市场之间的边界，地方政府除了围绕国家宏观战略并结合本地产业优势、区位优势制定引导本地 CBD 产业发展的政策之外，还应改变原有的 CBD 招商引资策略，将原有的引资奖励基金转化为改善营商环境和公共服务的支出，更加注重企业入驻 CBD 前后所提供的公共服务。

（三）继续扩大服务业对外开放和对内开放，并协调好对外开放与对内开放之间的关系

对外开放方面：进一步取消和放宽各类服务业外商投资限制，缩减负面清单内容，减少限制条件，同时强化事中事后监管，使外资进得来、留得下。对内开放方面：第一，实现两个“打破”，一是除了某些需要自然垄断的行业之外，打破和取消某些服务行业的行政垄断，为各类资本创造公平、透明的竞争环境，二是打破地方市场割据，在全国范围内形成统一的竞争市场。通过两个“打破”优化各个服务行业的市场结构，做到过程靠企业竞争、结果靠市场选择，以此培育具有国际竞争力的市场主体。第二，积极推进要素市场改革，形成不同行业统一的土地市场、资本市场、能源市场等，纠正“工业偏向型”的要素市场扭曲，形成平等竞争的大格局。处理好对内开放和对外开放之间的关系，扩大服务业对外开放意味着我国服务企业要全面参与国际竞争，为此需要增强我国服务企业的竞争力，这就要求必须首先培育一个公平的国内服务业市场，而只有完全实现服务业对内开放才有可能培育出更多具有竞争力的本土服务企业，所以服务业进一步扩大对外开放之前应该首先加速做好对内开放，从而有助于促使在国内激烈的市场竞争中成长起来的企业在更加开放的环境中参与国际竞争。

（四）积极谋求各类国际组织入驻我国一线城市及其 CBD 内，增强我国 CBD 在各领域的影响力

一是各类服务企业、行业协会、各级政府组织等积极参与国际交流与合

作，并在各类国际组织中积极承担各项事务，积极参与服务业国际标准的研讨和制定工作，并增强我国在高端服务业国际标准制定方面的话语权。二是立足长远，着力培养和吸引熟悉各类国际组织、国际投资与贸易规则、国际法律、服务标准制定与申请的复合型人才和专门人才，并分门别类地将这些人才输送到相关国际组织和部门工作，使其成为既有深厚理论功底又有国际组织工作经验的高级人才。

参考文献

Markusen J. R. , Strand B. , "Adapting the Knowledge Capital Model of The Multinational Enterprise to Trade and Investment in Business Services", *The World Economy*, 32（2009）.

江静：《制度、营商环境与服务业发展——来自世界银行〈全球营商环境报告〉的证据》，《学海》2017 年第 1 期。

蒋三庚、宋毅成：《我国特大城市中央商务区差异化发展研究》，《北京工商大学学报（社会科学版）》2014 年第 5 期。

谭洪波：《中国要素市场扭曲存在工业偏向吗？——基于中国省级面板数据的实证研究》，《管理世界》2015 年第 12 期。

谭洪波：《生产者服务业与制造业的空间集聚：基于贸易成本的研究》，《世界经济》2015 年第 3 期。

来有为、陈红娜：《以扩大开放提高我国服务业发展质量和国际竞争力》，《管理世界》2017 年第 5 期。

夏杰长、姚战琪：《中国服务业开放 40 年——渐进历程、开放度评估和经验总结》，《财经问题研究》2018 年第 4 期。

徐现祥：《全面深化商事制度改革》，《中国社会科学报》2018 年 12 月 26 日。

姚战琪：《服务业对外开放对我国产业结构升级的影响》，《改革》2019 年第 1 期。

武占云、王业强：《CBD 现代服务业集聚机制与发展对策》，《开发研究》2016 年第 4 期。

赵瑾：《全球服务贸易壁垒：主要手段、行业特点与国家分布——基于 OECD 服务贸易限制指数的分析》，《国际贸易》2017 年第 2 期。

B.7

我国贸易投资便利化的发展及对 CBD 的借鉴

于 鹏*

摘 要： 良好的营商环境是我国建设现代化经济体系、促进高质量发展的重要基础和保障，而贸易投资便利化则是打造优良营商环境的重要方面。近年来，我国在促进贸易投资便利化方面进展迅速，从加强海关管理、建设“单一窗口”、跨境电商便利化、实施负面清单管理制度等国内措施，到国际合作方面都取得了丰硕成果，在国际评价中的排名不断提升。然而，我国贸易投资便利化仍面临诸多障碍，需要采取科学的、创新性措施，加强研究，查找弱项，补齐短板。这些经验对促进 CBD 地区的贸易投资便利化和改善营商环境提供了有益的借鉴。

关键词： 贸易投资便利化　营商环境　单一窗口　跨境电商　CBD

关于贸易便利化这一概念的表述有多种方式，学术界尚未形成统一标准，但基本内涵一致，是指在国际出口贸易过程中简化程序，提高交易的灵活性和透明度，减少贸易成本，从而促进货物和服务的往来便利。而根据联合国贸发会议（UNCTAD）的定义，投资便利化是指一系列旨在使投资者更

* 于鹏，商务部国际贸易经济合作研究院，副研究员，研究方向：为世界经济与区域经济。

容易建立和扩大其投资以及在东道国开展日常业务的政策和行动，具体包括透明可预期的规则、预防争端、有效率的行政程序、利益相关者关系和投资者服务等。

近年来，在保护主义、单边主义的影响下，贸易投资自由化受阻，而贸易投资便利化作为“容易摘取的果实”，在实践中受到各国青睐，并加大合作力度。当前，我国正在坚定不移地加快改革开放，改善营商环境，采取切实措施促进贸易投资自由化和便利化，并将进一步提升跨境贸易和投资便利化水平，推进我国经济和全球经济共同发展进步。

一 我国贸易投资便利化进展

（一）贸易投资便利化国内改革实践

1. 完善国内立法

为扩大对外开放，2004 年我国对《对外贸易法》进行修改，同年出台《货物自动进口许可管理办法》，规定减少进口许可证件，进行网上申报等。近年来，我国出台了一系列部门管理规章，对贸易投资便利化提出管理办法和指导意见。例如，为加强商务领域的标准化建设，商务部出台《商务领域标准化管理办法（试行）》，并于 2012 年 7 月 1 日起正式施行。2012 年 8 月商务部通过了《关于涉及外商投资企业股权出资的暂行规定》，规范外商投资企业股权出资行为，提高投资便利化水平。2015 年 10 月 19 日，国务院出台《实行市场准入负面清单制度的意见》，开始在部分地区试行市场准入负面清单制度。2018 年，海关总署公布了《海关企业信用管理办法》，对企业信用管理措施进一步细化。

2. 进行海关管理改革

1999 年起，我国开始全面推进“大通关”和电子口岸建设，2000 年起开展通关作业制度改革。2006 年起，我国海关开始无纸化办公，2007 年在上海试点通关无纸化，2009 年提出构建海关大监管体系，正式启动现代海关管理系统工程。2014 年起，中国开始落实口岸各部门信息互换、监管互认、执法互助，为全国一体化通关做准备。2017 年 7 月 1 日，全国海关通关一体化正式在全国实施。2018 年政府工作报告指出，2012～2017 年货物通关时间平均缩短一半以上。2018 年 4 月 20 日，商检正式并入海关，信息系统更加融合，业务流程更加顺畅。2018 年 6 月，李克强总理提出五年内进出口通关时间再压减一半。2018 年 10 月，我国提出到 2020 年底，集装箱进出口环节合规成本相比 2017 年降低一半。

3. 建设国际贸易“单一窗口”

“单一窗口”是贸易便利化的重要组成部分，压缩跨境贸易通关时间，与无纸贸易、通关一体化等紧密相连，成为贸易便利化的标志性进展。2013 年 7 月，我国国务院最早提出建设“单一窗口”。上海国际贸易“单一窗口”从 2014 年初具雏形并不断改版，各地也陆续开展“单一窗口”建设工作。作为“单一窗口”的顶层设计，2016 年 9 月 26 日，国务院口岸工作部际联席会议审议通过并印发了《关于国际贸易“单一窗口”建设的框架意见》。2017 年，国际贸易“单一窗口”标准版已经实现了全国所有口岸全覆盖，建成上线了货物申报、舱单申报、运输工具申报、许可证件申领、原产地证书申领、企业资质办理、查询统计、出口退税和税费支付等九大基本功能。目前，“单一窗口”实现了 11 个部委信息化系统“总对总”对接和数据的互联互通。同时，各地根据自身特点和行业情况，进行“单一窗口”的特色贸易投资便利化创新。

4. 进行投资便利化改革

近年来，我国切实采取措施加强投资便利化，逐步形成和完善了自贸试验区的外商投资准入负面清单，并在 2017 年首次提出在全国范围内实施外商投资准入负面清单。外资限制措施已从 180 项左右减少至 60 余项，2018 年版负面清单又减至 48 项，进一步缩小了外商投资审批范围。简化投资者来华开办企业程序，实施外企备案管理新规。通过商事制度改革、注册资本制度改革和登记制度改革等，调整证照关系，多证合一、证照分离，大大简化了市场准入的环节。2018 年 6 月，李克强总理提出，五年内企业开办时间压缩到5个工作日内，工程建设项目全流程审批时间压减一半。2020年起，我国将实行统一的《外商投资法》，规定了对外商投资的促进、保护和管理制度，例如建立健全外商投资服务体系，保障外商投资企业公平参与政府采购活动，保障外商投资企业平等参与标准制定，建立外商投资企业投资工作机制等。该法将成为我国促进投资便利化的基础性法律和依据。

5. 跨境电子商务便利化

跨境电商是一种新型贸易方式和新兴业态，2014年，国家海关总署出台关于跨境电商的各类文件和公告，鼓励跨境电商发展，2014年也因此被称为跨境电商元年。2015年李克强总理在政府工作报告中首次提出“互联网+”行动计划，跨境电子商务是“互联网+外贸”的新业态。2015~2018年，我国共分三批在35个城市设立了跨境电商综合试验区，在跨境电商的具体环节如税收、支付、通关、海外仓等方面先行先试，进行“网购保税+新零售”、“网购保税+保税仓储”等试点。《电子商务法》自2019年开始实施，对电商涉及的市场主体、税务、合同、消费者保护、隐私、网络安全等多方面进行了规定。

6. 以自由贸易试验区为载体加快改革

我国已经设立“1+3+7+1”共12个自由贸易试验区，自贸试验区进行制度创新的一大任务就是促进贸易投资便利化，以形成更加开放的外商投资管理制度和更加便利的贸易监管制度。在试验过程中，各自贸试验区先行先试，注重总结经验，形成成果。实施措施包括外商投资企业设立及变更审批改革、“多证合一”、企业简易注销登记、允许符合条件的境外投资者自由转移其投资收益等投资便利化举措和简化“一线”进出口通关手续、简化通关作业随附单证、统一备案清单、内销选择性征税、集中汇总纳税、保税物流联网监管、智能化卡口验放管理等贸易便利化举措。在全部五批全国复制推广的自贸试验区改革试点经验中，大部分为投资管理领域和贸易便利化领域措施。以第四批和第五批为例，第四批共涉及30项改革措施，其中属于投资管理的有6项，包括国际船舶登记制度创新、低风险生物医药特殊物品行政许可审批改革等；涉及贸易便利化措施有9项，包括跨部门一次性联合检查、入境大宗工业品联动检验检疫新模式等。第五批共涉及18项改革措施，属于投资管理的有5项，包括优化涉税事项办理程序、企业名称自主申报制度等；涉及贸易便利化措施有6项，包括海关业务预约平台，中欧班列集拼集运模式等。

（二）参与贸易投资便利化国际合作

1. 参与区域组织贸易便利化合作进程

亚太经合组织（APEC）是亚太地区贸易便利化工作的基础和主导力量。我国积极参与APEC贸易投资便利化行动计划，成为亚太示范电子口岸网络（APMEN）试点项目的首批成员，运营中心设在上海。我国利用该项目与他国在电子口岸系统互联互通、数据交换、优惠关税、电子原产地证互联互通、跨境商品溯源和贸易便利化咨询服务等领域开展合作。天津设立APEC绿色供应链合作网络首个示范中心，以清洁生产和绿色发展作为供应链的标准，促进APEC绿色发展和商贸合作。2014年9月，我国与上海合作组织成员国签署《政府间国际道路运输便利化协定》，一批示范性基础设施领域项目顺利完成，海关通关、支付结算、检验检疫等方面的便利化取得较大进展。

2. 积极落实世贸组织《贸易便利化协定》，通过区域协定加强贸易投资便利化

世界贸易组织（WTO）《贸易便利化协定》（TFA）议定书于2014年11月通过，并于2017年5月生效。我国是第16个接受该协定的成员，在40项实质性措施承诺中，有36项属于立即生效的A类措施，有4项为需要一定过渡期的B类措施。我国在协定生效后全面实施协定内容，推动制度做法与TFA协定要求全面接轨，加快通关流程环节改造，增强风险管理体制建设，深化边境机构合作，加快推动“单一窗口”、确定和公布平均放行时间、出境加工货物免税复进口、海关合作等B类措施实施进度。在2018年7月WTO对我国的第七次贸易政策审议中，审议会议主席埃洛·劳德指出，中国推进“单一窗口”和履行《贸易便利化协定》的实践做法受到

很多成员赞赏。同时，我国自贸区网络逐步形成，大部分协议中都有贸易投资便利化的规定。早在 2009 年，中国 - 东盟海关通过了《贸易便利化南宁倡议》，确定建立中国 - 东盟各国海关及相关机构之间的合作。中韩自贸协定、中澳自贸协定等都包含有独立的“贸易便利化”章节，承诺对货物进行预裁定、单独处理快件、推行无纸贸易、加强海关合作和提升监管透明度等。

3. 以“一带一路”建设为契机，加强同沿线国家贸易投资便利化水平

作为“一带一路”倡议的“五通”之一，贸易畅通是推进“一带一路”建设的重点内容，而加快贸易投资便利化则是贸易畅通的重要基础和路径。我国在沿线国家建设了一大批经济合作区，如跨境经济合作区、国际边境合作中心、境外经贸合作区等，中国 - 东盟博览会、中国 - 南亚博览会、中国 - 亚欧博览会、中国 - 阿拉伯博览会、中国 - 非洲经贸博览会等展会成功开展，为便利化合作提供了平台和载体。我国在“一带一路”沿线推动建成了铁路、公路、港口等基础设施，推进能源、资源等合作项目建设，深化沿线大通关合作，形成与沿线国家的自贸区网络，切实提升了与沿线的贸易投资便利化水平。

4. 推动多边投资合作取得新进展

我国力主进行多边投资合作，推动 2016 年 G20 杭州峰会上通过包含投资便利化在内的投资指导原则，在金砖国家厦门会晤中提出并通过《投资便利化合作纲要》。2016 年 10 月，中国在 WTO 提出投资便利化议题，聚焦讨论增强投资政策透明度、提升行政审批效率和加强国际能力建设合作等，获得广泛支持。2017 年 4 月我国在 WTO 发起成立“投资便利化之友”，2017 年 12 月在 WTO 第 11 届部长级会议期间推动 70 个成员签署《关于投资便利化的部长联合声明》。

二　我国贸易投资便利化水平的国际衡量

国际上对贸易投资便利化的评价没有一个统一的衡量标准，存在多种评

价方法。在此选取国际较为权威的指标体系进行解读，借此可对我国在国际上的贸易投资便利化水平有个大致了解。

（一）世界银行全球营商环境报告

根据世界银行2019年全球营商环境报告，中国营商环境排名从上年的78位跃升至46位，而相比2005年，更是大幅度前移了62位。世界银行营商环境指标涵盖10个领域，其中的跨境贸易主要衡量贸易便利化程度。我国跨境贸易分项在190个国家和地区中排名第65位，较上年大幅上升32位；得分82.59分，较上年提升12.68分。从横向比较来看，我国跨境贸易得分低于经合组织高收入国家、欧洲和中亚地区，但高于全球其他地区，也略高于周边国家和地区的平均水平（见图1）。

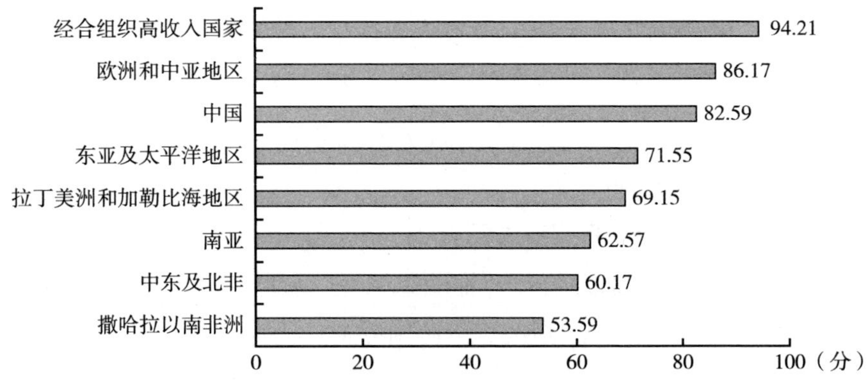

图1　我国跨境贸易得分与其他地区的比较

资料来源：《世界银行营商环境报告（2019）》。

（二）经合组织的贸易便利化评价

经济合作与发展组织（OECD）“贸易便利化指数”（TFI）体系包括口岸效率与海关环境、规制环境和国际合作共三个方面的11个具体指标。TFI指数每两年公布一次，指标值从0到2，代表着贸易便利化水平从低到高。根据TFI指标，2017年中国得分1.36分。中国在信息的可获得性、预裁定、规费和费用、治理和公正性等方面达到或接近 OECD 最佳实践，但在上诉程序、单证类手续、自动化手续和与外部边境机构合作等方面仍有一定差距（见图 2）。

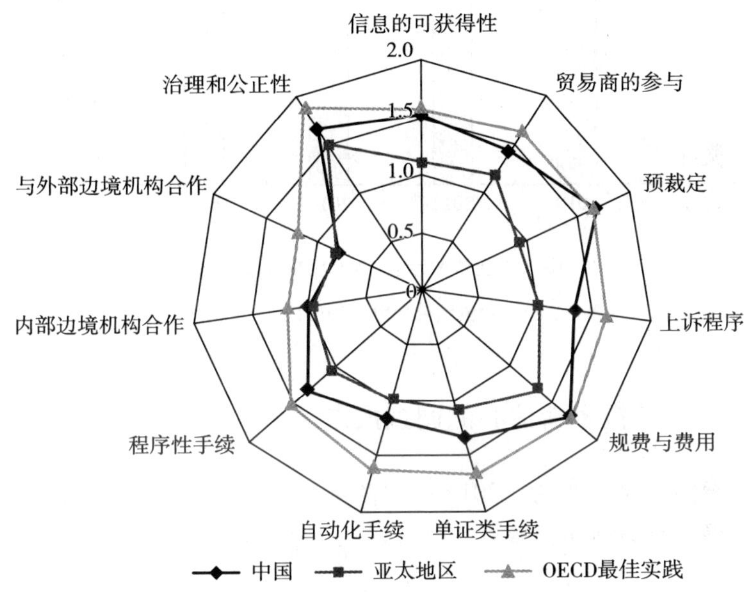

图 2　2017 年中国贸易便利化指数水平

资料来源：OECD。

（三）世界银行全球物流绩效指数

世界银行发布的全球物流绩效指数（LPI）由海关、基础设施、国际货运、物流竞争力、货物追踪和物流及时性等六个关键指数组成，最高分为 5 分，主要衡量各国在贸易物流的效率和质量。近年来，我国的 LPI 指数不断提升，2018 年指数综合得分 3. 61 分，在全球 160 个国家和地区中排名第 26 位，其中物流及时性、贸易和运输基础设施得分较高，但海关和边境管理清关效率得分较低（见图 3）。与周边地区以及同水平国家相比，我国处于相对领先地位。

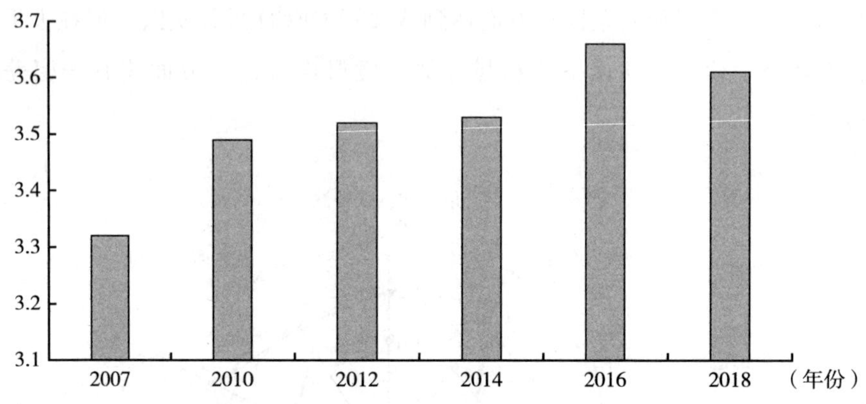

图3 近年来我国物流绩效指数变化

资料来源：《世界银行全球物流绩效指数（2018）》。

（四）反映投资者信心的调查报告

中国美国商会发布的《2019 中国商务环境调查报告》显示，2015 年以来企业收入增长趋势仍在继续，62%的会员企业视中国为其近期全球投资计划的重中之重。中国欧盟商会发布的《商业信心调查 2019》报告显示，63%的受访企业将中国视作当前和未来排名前三的投资目的地，56%的受访企业考虑 2019 年扩大在华投资。

三 我国贸易投资便利化存在的问题

（一）存在短板和弱项，与国际领先水平尚存在一定差距

总体来看，我国贸易投资便利化水平在全球属于中上水平，尤其近年来有较大进步，与周边水平比较具有一定优势。以世界银行《营商环境报告》中的“跨境贸易指标”为例，我国与东亚和太平洋地区相比，从效率方面看，我国跨境贸易进出口耗时均低于东亚和太平洋地区平均水平，说明我国在压缩通关时间方面做得较好；从成本方面看，我国跨境贸易的出口费用较

东亚和太平洋地区平均水平略低，但单证合规的进口费用高出平均水平，说明我国在压缩进口通关成本方面仍需进一步努力（见表1）。进口是短板，费用过高是主要问题。而与经合组织高收入国家比较发现，我国不论在进出口耗时，还是进出口费用方面，均明显较高，显示我国距离国际先进水平仍有较大差距。从国内调研和贸易商的实际感受看，我国推进通关一体化、取消及降低行政性收费、单一窗口、通关无纸化、边境机构合作、经认证的经营者制度（AEO）、发布放行时间、放行和征税分离等领域的贸易便利化措施取得了不俗的进展，但是在国内法规的完善、预裁定、海关行政处罚的公平公正、规范服务水平、商界参与等方面仍需继续努力。

表1　我国跨境贸易耗时、费用情况及与国际比较

指标	中国上海	东亚及太平洋地区	经合组织高收入国家	最佳监管绩效
出口耗时:边界合规(小时)	23	54.7	12.5	1
出口费用:边界合规(美元)	305	382.2	139.1	0
出口耗时:单证合规(小时)	8	57.6	2.4	1
出口费用:单证合规(美元)	70	109.4	35.2	0
进口耗时:边界合规(小时)	48	69.2	8.5	0
进口费用:边界合规(美元)	335	415.8	100.2	0
进口耗时:单证合规(小时)	24	57.0	3.4	1
进口费用:单证合规(美元)	120	109.5	24.9	0

资料来源：《世界银行营商环境报告2019》。

（二）进一步深入推进存在一些障碍

目前我国改革已经进入深水区，贸易投资便利化改革同样如此，比较简单的、流程再造类的贸易投资便利化措施大部分已经或正在实施，而创新性、突破性政策措施难度较高。以自贸试验区“对高附加值符合国家环保要求允许进口的数控机床、工程设备、电子设备、通信设备等旧机电设备的进口、加工后再出口，海关给予通关便利”政策为例，该政策含金量较高，但实施难度较高，需要部门配合和权力下放。同时，贸易模式的不断创新和贸易方式的日益多样化对新型贸易投资便利化提出了更高的要求，电子商务和数字贸易兴起，服务贸易不断发展，需要相关部门与时俱进，更新监管方式，提升监管效率，研究加强事中事后监管。

（三）贸易投资便利化国际合作遇到问题

从贸易便利化看，以“一带一路”建设为例，沿线国家和地区存在一些现实障碍，例如地缘政治局势动荡，港口物流等基础设施较为落后，法律法规不健全且透明度低，对贸易投资便利化的认知和接受度低，阻碍了我国同这些地区贸易便利化的进一步发展。从投资便利化看，我国的投资便利化不仅是外商投资便利化，还包括对外投资便利化。但当今国际投资体制处于零散状态，全球存在约3300个双边投资条约，因此投资便利化的国际合作相较贸易便利化更加滞后。我国已有的双边投资保护协定层次较低，而目前多边层面的投资便利化谈判基本停滞，中美、中欧BIT谈判也进展较慢，我国的对外投资便利化合作较为困难。

四　进一步推进我国贸易投资便利化的对策

（一）对标国际，抓住弱项进行改进

对标WTO《贸易便利化协定》、相关自贸协定贸易便利化条款，对标世界银行《营商环境报告》等国际先进标准和国际先进国家，各地应分析差距，加强跨部门沟通合作，进行各种专项行动，采取针对性政策措施。要优化海关和边境管理程序、提高政策管理和手续办理的透明度、加强标准化建设；要继续加强物流基础设施建设，注重综合运输体系的提升；要利用《外商投资法》实施的契机，加强一站式投资服务，简化行政手续，减少繁文缛节，消除对投资的监管和管理瓶颈等。对于贸易投资便利化水平较低的西部地区，应给予更多政策倾斜和指导，弥补西部地区和中东部的差距，助力其经济发展。

（二）深入实施科学创新性改革措施

首先，加强顶层设计，加强制度性、结构性安排。法律法规的透明和协调统一是我国贸易投资便利化实施的基础，应与时俱进制定和修改法律法规，做到贸易投资便利措施“有法可依”。应破除体制机制障碍和政策瓶颈，建立便捷的信息共享机制，建立可预见、透明的政策标准，提高相关政策的稳定性、连续性和可预测性，建立公众参与机制，进一步完善电子商务、知识产权等法律法规。其次，抓住重点，更加科学实施改革。将降成本提高到更加紧迫和重要的位置，下大力气减轻企业的进出口环节费用负担，降低企业通关成本，加强降成本和提效率的协同效应，可以取得更好的政策效果。

（三）深入加强贸易投资便利化的国际合作

从双边、区域和多边多个维度入手，提出更多关于贸易投资合作的中国方案和中国倡议。加强跨国机制性合作，进行更为便利的国际通关、设施联通以及标准互认等制度安排，引领周边国家共同发展。在 2019 年 4 月召开的第二届“一带一路”国际合作高峰论坛开幕式上，习近平主席表示，将同更多国家商签高标准自由贸易协定，加强海关、税收、审计监管等领域合作，共建“一带一路”税收征管合作机制，加快推广“经认证的经营者”国际互认合作，指明了未来“一带一路”贸易投资便利化的方向。

五　我国贸易投资便利化对 CBD 发展的启示

CBD 是一个地区的现代化高端商务中心，是服务贸易、电子商务等新型业态的聚集地，是跨国公司在华设立总部的理想之地，具有生产要素更加密集、国际交往更加频繁、影响力更大的显著特点，应更加注重综合管理和服务体系的高效、精准，因此加强贸易投资便利化水平对 CBD 地区尤其重要。

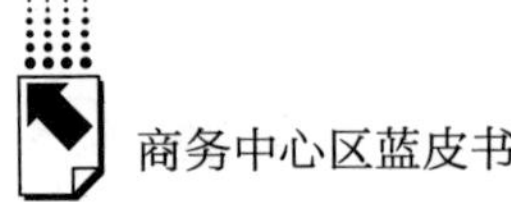

通过对我国贸易投资便利化的分析，本文认为，为打造法治化、国际化、便利化的营商环境，CBD 地区应结合自身特点和发展需要，对标国际，切实制定具体措施，不断提升贸易投资自由化、便利化水平。一是深入推进商事制度改革，理顺政务服务结节，提升公共信息服务水平，开拓平台服务手段。二是借鉴国际经验，对照《外商投资法》制定落实对外开放、积极利用外资措施的实施细则，吸引外商投资落户 CBD。三是利用现有平台加快创新，促进服务贸易等的便利化，创新监管模式。四是从税务方面入手，提升纳税便利化，优化税收服务，持续增强入驻企业的获得感。

参考文献

吕大良：《营商环境视角下，我国跨境贸易便利化政策思考》，《国际贸易》2018 年第 7 期。

李轩：《中国贸易投资便利化的进展、存在问题及对策研究》，《兰州学刊》2016 年第 3 期。

孙泽华：《加快我国贸易投资便利化持续发展的路径选择》，《对外经贸实务》2017 年第 1 期。

谭华：《中国“单一窗口”助推国际贸易便利化》，《中国外资》2018 年第 10 期。

贺伟：《中国贸易便利化水平评价及分析》，《商业经济研究》2018 年第 9 期。

田丰：《投资便利化：发展趋势与中国角色》，《中国外资》2018 年第 8 期。

创新环境篇

Innovation Environment Chapters

B.8

北京市金融业空间集聚及 CBD 金融业发展路径

赵　璐*

摘　要： 金融业是国家重要的核心竞争力，其集聚发展能够促进经济增长。CBD 作为国际金融中心城市的载体和全球资源配置的控制中心，是衡量一个国家和地区对外开放程度与经济竞争力的重要标志。本研究立足于北京市金融业空间集聚发展及演化，全面了解当前 CBD 在北京市金融业空间集聚格局中的地位和作用，探讨新时代下北京 CBD 金融业发展路径。通过空间统计分析研究发现，目前北京市金融业呈现金融街、CBD、中关村西区“三核集聚”的发展格局，同时，围绕核

* 赵璐，中国科学院科技战略咨询研究院，副研究员，博士，研究方向：区域创新发展、空间经济分析、产业集群布局。本研究为国家社科基金重大项目（17ZDA055）的阶段性成果。

心聚集区向外空间扩散发展，以“西略偏北－东略偏南”为其主趋势发展方向。作为产业高端化与服务化的引领区，北京CBD金融集聚区具有国际金融发展迅速、金融业态多元化、科技创新主导综合发展等优势特征，在北京市经济高质量发展与转型中发挥关键作用。面向新时代深化金融体制改革的战略需求以及北京建设国际金融中心城市的目标，建议编制北京CBD金融业发展专项规划，以“金融＋”模式推进产融结合；对标国际一流金融服务业集群，建立网络化集群组织促进金融服务业集群化高质量发展；以“点－线－面－体”联动推进构建多维CBD金融网络体系，全面整合区域资源，有效连接全国资源，开放融入全球经济；借鉴国外金融城管理经验，持续优化营商环境，降低制度性交易成本；以区域型中央活动区为空间发展模式，以人为本提升功能的复合多样化。

关键词： 金融业空间集聚　“金融＋”模式集群化发展　北京　CBD

习近平总书记强调，金融业是国家重要的核心竞争力。金融业的高度集聚无论在发达国家还是在发展中国家都普遍存在。CBD作为国际金融中心城市的载体和全球资源配置的控制中心，是衡量一个国家和地区对外开放程度与经济竞争力的重要标志①②③。纽约、伦敦、东京是目前全球的三大国际

① Edgington David W., Organizational and Technological Change and the Future Role of the Central Business District: an Australian Example, *Urban Studies*, 19 (1982): 281－292.

② Bowden M. J., Downtown through Time: Delimitation, Expansion and Internal Growth, *Economic Geography*, 47 (1971): 121－135.

③ 王力、王秀云：《发挥首都优势，加快北京CBD金融产业发展——关于首都发展金融业的思考》，《中国城市经济》2004年第4期。

金融业集聚区。其中，纽约曼哈顿 CBD 是历史最悠久的 CBD，特别是华尔街集中了几十家大银行、保险公司、交易所以及上百家大公司总部和几十万就业人口，是全球金融中心[①]；伦敦金融城在“一平方英里”的面积上聚集着大量银行、证券交易所、黄金市场等金融机构，被看作华尔街在伦敦的翻版[②③]。

北京集聚了“一行三会”等中国最高金融决策和监管机构以及亚投行、丝路基金等国际金融业务，是全球重要的金融中心。2019 年 3 月北京的“全球金融中心指数”居全球第 9 位[④]。近年来金融业对北京经济增长的贡献不断增大，“十五”、“十一五”、“十二五”时期其贡献率分别达到 12.7%、11.3%、23.7%。2017 年北京市金融业产值为 4655.4 亿元，占地区生产总值的 16.6%，居各行业之首[⑤]。北京 CBD 是北京市金融业集聚的重要区域，也是我国金融业集聚发展的典型区域。2017 年 11 月世界商务区联盟发布了《全球商务区吸引力报告》，对 17 个全球商务区进行了综合排名，北京 CBD 以市场化程度、优质办公环境等五个因素领先，居世界第 9 位、中国第 1 位[⑥]。

金融业集聚发展能够带动经济快速增长，提升经济发展内生动力[⑦]。近年来，随着北京市科技创新产业以及服务科技创新的科技金融、互联网金融

---

① 李蕊、张弘、伍旭川：《美国曼哈顿金融业的发展及其对北京 CBD 的借鉴》，《河南金融管理干部学院学报》2006 年第 5 期。

② 李亚敏、王浩：《伦敦金融城的金融集聚与战略发展研究——兼议对上海国际金融中心建设的启示》，《上海金融》2010 年第 11 期。

③ 孟静：《伦敦金融城变迁对中国建设金融功能区的启示》，《商业时代》2011 年第 1 期。

④ 最新全球金融中心指数报告发布：《纽约伦敦香港进前三》，http://finance.sina.com.cn/hy/hyjz/2019-03-11/doc-ihsxncvh1715385.shtml，2019 年 3 月 11 日。

⑤ 《北京市统计年鉴 2018》，http://tjj.beijing.gov.cn/nj/main/2018-tjnj/zk/indexch.htm，2019 年 4 月 26 日。

⑥ 《世界商务区联盟发布商务区吸引力报告，北京 CBD 排名全球第九、中国第一》，https://www.sohu.com/a/207452121_100015392，2017 年 11 月 30 日。

⑦ 李林、丁艺、刘志华：《金融集聚对区域经济增长溢出作用的空间计量分析》，《金融研究》2011 年第 5 期。

等新兴金融业态快速发展，北京市金融业空间集聚格局正在演化及重塑[①]。作为产业高端化与服务化的引领区，CBD 金融集聚区在北京市经济高质量发展与产业转型升级中将发挥关键作用。因而，立足于北京市金融业空间集聚发展及演化，全面了解当前 CBD 在北京市金融业空间集聚格局中的地位和作用，对于探讨新时代下北京 CBD 金融业发展路径具有重要的决策参考作用。

本研究从 2004 ~2013 年北京市金融业整体空间发展及空间集聚格局演化的视角出发，探析北京 CBD 在今后推动北京市金融业高质量发展中的作用及其优化发展路径。主要包括两大部分内容：第一部分是基于空间统计方法和 GIS 空间可视化的北京市金融业空间集聚分析，以及对北京市金融业空间集聚格局特征的总结；第二部分立足于北京市金融业空间集聚发展特征，重点分析 CBD 地区金融业集聚发展的优势，面向新时代金融业持续健康安全发展、经济高质量发展等战略需求探讨北京 CBD 金融业集聚发展的路径。

一　北京市金融业空间集聚分析

以 2004、2008、2013 年北京市经济普查数据为依据，以 ArcGIS 10.2 为空间计算操作平台，通过以区县为研究单元的北京金融业空间集聚格局分析和以街道为研究单元的北京金融业空间集聚热点分析，全面探析北京市金融业空间集聚发展特征。

（一）空间集聚整体格局

以区县为研究单元、以 2004、2008、2013 年北京市经济普查数据为依据，通过法人单位从业人员数关注北京市金融业发展，具体采用空间统计标

① 李俊峰、张晓涛：《北京市金融业集群空间分布及演变：2003 ~2012——兼论北京科技金融产业集聚新生态的崛起》，《城市发展研究》2017 年第 10 期。

准差椭圆方法①②③④⑤⑥全面探析北京市金融业总行业的空间集聚格局及演化特征。考虑到研究期内北京市行政区划的调整，本研究把 2004 年和 2008 年的原崇文区、原宣武区分别归并到东城区和西城区，统一以 16 个区县单元进行计算。

空间统计标准差椭圆以金融业空间分布的平均中心为中心，以其在 X 轴和 Y 轴方向上的标准差作为椭圆的长、短半轴，并通过方位角表征金融业空间集聚分布的主趋势方向，在空间定量刻画金融业空间集聚发展的核心 - 边缘结构，其基本参数包括中心、方位角、长半轴、短半轴。各参数计算公式如下⑦⑧⑨：

$$中心:\bar{X}_w = \frac{\sum_{i=1}^{n} w_i x_i}{\sum_{i=1}^{n} w_i};\bar{Y}_w = \frac{\sum_{i=1}^{n} w_i y_i}{\sum_{i=1}^{n} w_i}$$

$$方位角:\tan\theta = \frac{(\sum_{i=1}^{n} w_i^2 \tilde{x}_i^2 - \sum_{i=1}^{n} w_i^2 \tilde{y}_i^2) + \sqrt{(\sum_{i=1}^{n} w_i^2 \tilde{x}_i^2 - \sum_{i=1}^{n} w_i^2 \tilde{y}_i^2)^2 + 4\sum_{i=1}^{n} w_i^2 \tilde{x}_i^2 \tilde{y}_i^2}}{2\sum_{i=1}^{n} w_i^2 \tilde{x}_i \tilde{y}_i}$$

$$x\ 轴标准差:\sigma_x = \sqrt{\frac{\sum_{i=1}^{n} (w_i \tilde{x}_i\cos\theta - w_i \tilde{y}_i\sin\theta)^2}{\sum_{i=1}^{n} w_i^2}}$$

---

① Lefever D. W. " Measuring Geographic Concentration by Means of the Standard Deviational Ellipse". *The American Journal of Sociology*, 1 (1926): 88 - 94.

② Robert S. Y. "The Standard Deviational Ellipse: an Updated Tool for Spatial Description" . Geografiska Annaler. Series B. , *Human Geography*, 1 (1971): 28 - 39.

③ Furfey P. H. A Note on Lefever's "Standard Deviational Ellipse" . *American Journal of Sociology*, 33 (1927): 94 - 98.

④ Warntz W. , D. Neft. "Contributions to a Statistical Methodology for Areal Distribution" . *Journal of Geographical Systems*, 13 (2011): 127 - 145.

⑤ 赵璐、赵作权:《基于特征椭圆的中国经济空间分异研究》,《地理科学》2014 年第 8 期。

⑥ 李德仁、余涵若、李熙:《基于夜光遥感影像的"一带一路"沿线国家城市发展时空格局分析》,《武汉大学学报》(信息科学版) 2017 年第 6 期。

⑦ Wong D. W. S. "Several Fundamentals in Implementing Spatial Statistics in GIS: Using Centrographic Measures as Examples" . *Geographic Information Sciences*, 2 (1999): 163 - 173.

⑧ Gong J. Clarifying the standard deviational ellipse. *Geographical Analysis*, 34 (2002): 155 - 167.

⑨ 赵璐:《中国经济格局时空演化趋势》,《城市发展研究》2013 年第 7 期。

$$y\text{ 轴标准差}:\sigma_y = \sqrt{\frac{\sum_{i=1}^{n}(w_i\tilde{x}_i\sin\theta - w_i\tilde{y}_i\cos\theta)^2}{\sum_{i=1}^{n}w_i^2}}$$

其中，$(x_i, y_i)(i = 1,2,\cdots,n)$ 表示区县单元 i 的区位；w_i 表示权重，用区县单元 i 的金融业从业人数表示；$(\bar{X}_w, \bar{Y}_w)$ 表示加权平均中心；θ 为椭圆方位角，是正北方向顺时针旋转到椭圆长轴的夹角；$\tilde{x}_i$、$\tilde{y}_i$ 分别表示研究对象 i 的区位到平均中心的坐标偏差；σ_x、σ_y 分别表示沿 x 轴和 y 轴的标准差。

根据北京市金融业空间位椭圆计算结果来看，北京市金融业空间发展整体呈现围绕西城区、东城区以及海淀区、朝阳区部分区域向外扩散的集聚发展趋势，目前以“西略偏北－东略偏南”为空间集聚发展的主趋势方向。

从空间集聚格局特征来看，2004 年北京市金融业空间集聚中心为（116.37 °E，39.92 °N），空间椭圆长半轴为 14.29km，短半轴为 9.69km，方位角为 47.67 °，单位椭圆面积上承载的就业人数为 345 人；2008 年北京市金融业空间集聚中心为（116.38 °E，39.92 °N），空间椭圆长半轴为 9.88km，短半轴为 6.14km，方位角为 73.46 °，单位椭圆面积上承载的就业人数为 1318 人；2013 年北京市金融业空间集聚中心为（116.38 °E，39.93 °N），空间椭圆长半轴为 11.34km，短半轴为 8.44km，方位角为 94.61 °，单位椭圆面积上承载的就业人数为 1258 人。

从空间集聚格局演化来看，2004～2013 年北京市金融业空间集聚椭圆方位角由 47.67 °演化为 94.61 °，即椭圆长轴方向由 2004 年“东北－西南”方向演化为 2013 年“西略偏北－东略偏南”方向。同时，2004～2013 年北京市金融业空间集聚中心主要向东北方向移动，整体位移 1.8514km（向东移动 0.8677km、向北移动 1.6355km）。其中，2004～2008 年北京市金融业空间集聚中心主要向东移动，整体位移 0.6230km（向东移动 0.6226km）；2008～2013 年北京市金融业空间集聚中心主要向北移动，整体位移 1.6296km（向北移动 1.6110km）。此外，2004～2013 年北京市金融业空间集聚椭圆面积减小（由 435km^{2}减小到 301km^2），其中，2004～2008 年空间集聚椭圆面积大幅减小（由 435km^{2}减小到 191km^2），2008～2013 年空间集聚椭圆面积有所增大（由 191km²增加到 301km²）。

从各区县金融业法人单位从业人数变化来看，2004～2013 年东城区、西城区、朝阳区、石景山区、海淀区、顺义区、昌平区、大兴区的金融业法人单位从业人数均有所增加，特别是东城区、西城区、朝阳区和海淀区从业人数显著增加。2004～2013 年北京各区县金融业法人单位从业人数统计信息见图 1。

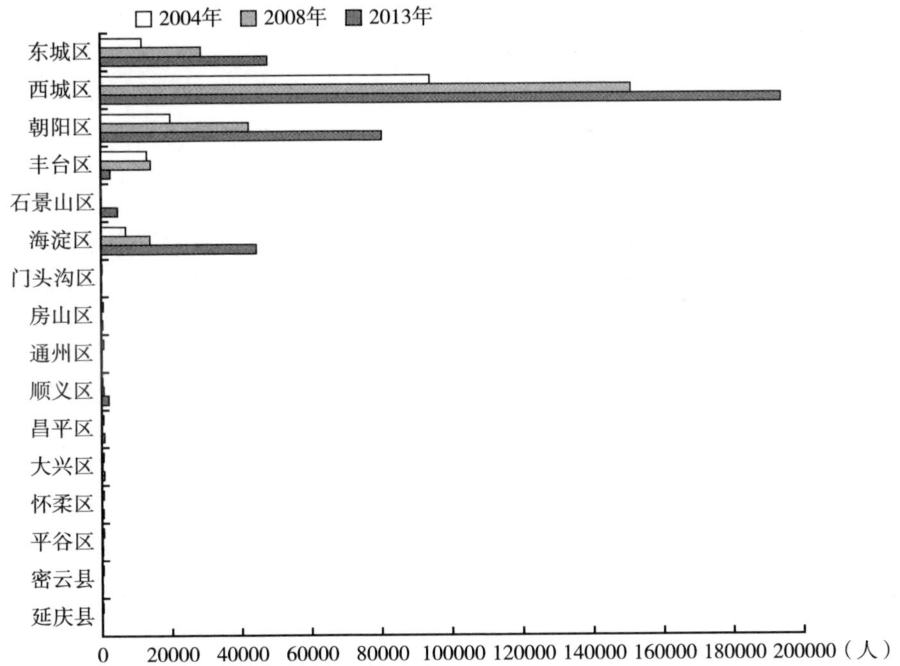

图 1　北京各区县金融业法人单位从业人数

资料来源：北京市经济普查数据。

由于空间统计椭圆是基于研究对象的空间区位和空间结构而计算的，因而在各区县空间区位稳定的情况下，各区县金融业法人单位从业人数占全市的比重变化是影响北京市金融业空间集聚椭圆变化的主要原因。通过计算发现，朝阳区、海淀区、东城区、石景山区金融业法人单位从业人数占全市的比重增长显著，分别增长 8.04%、7.06%、4.75%、1.15%；同时，西城区、丰台区金融业法人单位从业人数占全市的比重显著降低，分别减少11.37%、8.05%。各区县的上述金融业法人单位从业人数占比变化共同促进北京市金融业空间集聚椭圆向海淀区和朝阳区方向空间扩散发展同时在靠近丰台区的方向空间收缩发展，继而整体上北京市金融业空间集聚椭圆长轴方向由2004年“东北－西南”方向演化为2013年“西略偏北－东略偏南”方向。

（二）空间集聚行业差异

以街道为研究单元、以2013年北京市经济普查数据为依据，通过金融业总体以及其四个行业大类识别北京市金融业空间集聚的热点街区和重要街道，分析金融业空间集聚发展的行业差异。

金融街街道金融业从业人数最多，其次是建外街道、朝阳门街道、朝外街道、羊坊店街道、呼家楼街道、北太平庄街道、建国门街道、海淀街道、月坛街道。整体来看，金融街区域、CBD区域以及中关村西区目前是北京市金融业集聚发展的核心区域，并且金融街和CBD的金融业从业规模更大、集聚程度更高。

同时，2013年北京市街道单元金融业的货币金融服务、资本市场服务、保险业、其他金融业这四大行业大类[①]的法人单位从业人数空间集聚分布存在明显差异。其中，其他金融业空间分布最为集中，主要集中在金融街、CBD、中关村西区；资本市场服务业空间分布相对最为分散，金融街、CBD、中关村西区等均是其集聚发展的主要区域。

货币金融服务业（主要包括中央银行服务、货币银行服务、非货币银行服务、银行理财服务、银行监管服务）——法人单位从业人数占全市比重最大的前十位街道单元依次为金融街街道、朝阳门街道、羊坊店街道、建国门街道、建外街道、鲁谷街道、月坛街道、呼家楼街道、东直门街道、麦子店街道。可看出，2013年北京市货币金融服务业主要分布在西城区的金

① GB/T 4754—2017，国民经济行业分类［S］。

融街、朝阳区的CBD。

资本市场服务业（主要包括证券市场服务、公开募集证券投资基金、非公开募集证券投资基金、期货市场服务、证券期货监管服务、资本投资服务、其他资本市场服务）——法人单位从业人数占全市比重最大的前十位街道单元依次为金融街街道、朝阳门街道、建外街道、亚运村街道、海淀街道、朝外街道、呼家楼街道、北新桥街道、月坛街道、空港街道。可看出，2013年北京市资本市场服务业主要分布在西城区的金融街、朝阳区的CBD和海淀区的中关村西区，同时各区新城也是北京市资本市场服务业发展的重要节点。

保险业（主要包括人身保险、财产保险、再保险、商业养老金、保险中介服务、保险资产管理、保险监管服务、其他保险活动）——法人单位从业人数占全市比重最大的前十位街道单元依次为金融街街道、建外街道、朝外街道、北太平庄街道、呼家楼街道、东华门街道、甘家口街道、建国门街道、展览路街道、双井街道。可看出，2013年北京市保险业主要分布在西城区的金融街、朝阳区的CBD、海淀区的中关村西区。

对于其他金融业（主要包括金融信托与管理服务、控股公司服务、非金融机构支付服务、金融信息服务、金融资产管理公司、其他未列明金融业）——法人单位从业人数占全市比重最大的前十位街道单元依次为金融街街道、朝外街道、海淀街道、东直门街道、月坛街道、甘家口街道、建外街道、苹果园街道、和平里街道。可看出，2013年北京市其他金融业主要分布在西城区的金融街、海淀区的中关村西区、朝阳区的CBD。

（三）空间集聚特征总结

结合前述空间定量分析结果，北京市金融业已呈现“三核集聚”的多区发展态势——西城区的金融街、朝阳区的CBD、海淀区的中关村西区是目前北京市金融业空间集聚发展的核心区域。三个核心区域共集聚了北京市金融业法人单位总数的20.38%及其59.35%的从业人员，其中，金融街集聚了8.72%的法人单位及47.51%的从业人员，CBD集聚了6.03%的法人单位及9.56%的从业人员，中关村西区集聚了5.63%的法人单位及2.28%

的从业人员。[①]

同时，三个金融业空间集聚核心区域具有不同的行业发展特征——金融街以传统的货币金融服务业集聚发展为主，CBD 以保险业等金融服务业为主，中关村西区以包含金融信息服务等新兴金融业态的其他金融业为主（见表 1）。其中，金融街以货币金融服务业为金融业集聚发展的首要行业大类，其次是保险业、资本市场服务业、其他金融业；CBD 以保险业为金融业集聚发展的首要行业大类，其次是其他金融业、资本市场服务业、货币金融服务业；中关村西区以其他金融业为金融业集聚发展的首要行业大类，其次是资本市场服务业、保险业、货币金融服务业。

表 1　2013 年北京主要区域金融业统计信息

单位：个、人

区域	货币金融服务业		资本市场服务业		保险业		其他金融业		金融业总计	
	法人单位数	从业人员数	法人单位数	从业人员数	法人单位数	从业人员数	法人单位数	从业人员数	法人单位数	从业人员数
金融街	53	106099	132	26636	45	39341	52	7707	282	179783
CBD	22	2698	115	4393	35	22449	23	6634	195	36174
中关村西区	21	421	127	2667	10	1179	24	4372	182	8639
北京市	485	169781	1765	61881	492	110861	491	35886	3233	378409

资料来源：北京市经济普查数据。

从空间格局动态演化来看——2004 ~ 2008 年北京市金融业空间集聚效应增强，主要集中在金融街和 CBD 这两个核心区域；2008 ~ 2013 年北京市金融业空间呈现围绕金融街和 CBD 这两个核心区域向外扩散的集聚发展特征，同时随着科技金融、互联网金融等新兴金融业的快速发展，中关村西区金融业发展显著加快，逐渐拉动北京市金融业整体以“西略偏北 - 东略偏南”为主趋势方向空间集聚发展。

---

① 金融街以金融街街道进行统计，CBD 以建外街道和呼家楼街道进行统计，中关村西区以海淀街道进行统计。下同。

二 北京 CBD 金融业发展路径

北京 CBD 是国际金融功能和现代服务业集聚地，是北京市产业高端化与服务化的引领区，在北京经济高质量发展与产业转型升级中发挥关键作用。根据前述北京市金融业空间集聚格局特征，本部分结合北京 CBD 金融业集聚发展优势特征，面向新时代全方位开放经济、经济高质量发展、区域一体化发展等战略需求提出北京 CBD 金融业发展路径。

（一）北京 CBD 金融业发展优势特征

1. 国际金融发展迅速，金融业集聚态势增强

自 2001 年中央和北京市政府启动北京 CBD 建设后，特别是 2004 年 12 月 1 日北京正式向外资银行开放人民币业务以来，CBD 及周边地区已日渐成为各大国际金融机构的聚集区域①②。目前，北京 CBD 以国际金融为龙头、总部经济为主要特征的产业格局明显，拥有国贸中心、华贸中心、环球金融中心三大国际金融聚集区，是北京国际金融的主要承载区。截至 2018 年 6 月，CBD 金融机构总量达 1100 余家，其中外资金融机构 239 家，分别占全市 20% 和 50% 以上③。同时，CBD 高端生产性服务业聚集，拥有普华永道、麦肯锡等世界级高端服务业企业，聚集了全市 90% 以上的国际传媒机构，包含华尔街日报社、路透社、美联社等近 200 家国际新闻机构和 CNN、BBC 等全球知名传媒机构及最具权威性的报纸、电视台、互联网门户网站[24]。此外，CBD 目前聚集了北京 80% 的国际组织和国际商会，60% 的跨国公司地区总部，90% 的国际商务展览，45% 的世界 500 强企业投资项

① 郑雅洁、刘泽坤：《北京市生产性服务业集聚态势研究》，《商》2013 年第 2 期。

② “改革开放四十年的北京 CBD 发展之路”研究项目组：《北京 CBD 发展之路回顾与解析》，《中国发展观察》2019 年第 3 期。

③ 王燕青、杜倩倩、赵福军、杜悦英：《北京 CBD 发展之路回顾与解析》，《中国发展观察》2019 年第 5 期。

目，40%左右的实际利用外资和进出口总额[24]。

CBD金融业的快速增长推动着朝阳区金融业集聚态势增强。根据经济普查数据，2004年朝阳区金融业法人单位数为161家（从业人数为19757人），2008年为270家（从业人数为42285人），2013年为980家（从业人数为80268人）；2004～2013年朝阳区金融业法人单位从业人数占全市的比重增长8.04个百分点，增速在16个区县中居首位。截至2017年底，朝阳区金融机构达1565家，外资金融机构达323家，并且主要集中在CBD①。

2. 高精尖产业体系形成，金融业态呈现多元化

北京CBD已经形成了跨国企业总部与商务服务业、国际金融业联动发展，文化创意产业快速聚集，房地产业等配套服务业高端化发展的现代产业体系（见表2）。CBD第三产业税收贡献在98%以上，其中商务服务、金融和科技信息服务三个产业税收占比提升至70%以上②。

表2　北京CBD主要产业发展情况

单位：个、亿美元

产业名称		2012年	2013年	2014年	2015年	2016年
现代服务业	单位个数	1601	1671	1436	1288	1279
	资产总计	19530	23654.5	28545.7	34893.6	40925.4
	收入合计	2897.8	4027.7	3154.1	3489.6	3810.2
金融业	单位个数	180	196	226	206	205
	资产总计	11632.3	15153.9	20093.8	25124	31278.6
	收入合计	731.3	973	1384	1591.1	1806.3
文化创意产业	单位个数	633	66	571	495	488
	资产总计	669.1	764.4	1017.7	1352.9	1576.9
	收入合计	763.5	813.6	881.5	929	902.1

资料来源：《北京市朝阳区统计年鉴》2013～2017年。

① 王志：《北京CBD金融集聚发展路径研究》，《时代金融》2018年第23期。

② 王彩娜：《北京CBD转型路径初探》，http：//www.sohu.com/a/254649358_115495，2018年9月19日。

与金融街以货币金融服务业等传统金融业态为主、中关村西区以新兴金融业态为主的金融业发展特征相比，CBD 金融业态多元化发展特征更加明显（见表 1）。同时，小额贷款、股权投资基金、第三方支付、大数据金融等融合金融业态迅猛发展，以 CBD 为核心的朝阳区聚集着 45 家国际著名股权投资基金公司、北京 1/4 的担保公司与 1/7 的小额贷款公司①。

3. 科技创新促综合发展，激发经济发展新动能

根据《中央商务区蓝皮书》，北京 CBD 综合发展指数居全国首位，并且科技创新是推动其综合发展的主要因素②。北京 CBD 业态模式不断创新，正在形成商务、金融、文化与科技融合发展的产业生态、经济生态，文化金融、科技金融、互联网金融、移动传媒等成为北京 CBD 的主要新兴业态③。

以文化金融为例。2014 年 7 月 31 日文化部批复设立国家文化产业创新实验区，以 CBD－定福庄国际传媒产业走廊为核心承载空间，以文化产业改革探索区、文化经济政策先行区和产业融合发展示范区为建设目标，其中，以 CBD 区域为空间承载打造“国际文化商务核”④。2018 年北京首个文化金融服务中心在国家文化产业创新实验区正式投入使用，为文创企业进行金融赋能，拓展金融服务文创行业的产业链和资本链条。这将进一步推进 CBD 文化创意产业的快速发展以及文化金融新业态的快速崛起。

（二）北京 CBD 金融业发展路径

党的十九大报告强调要增强金融服务实体经济能力。习近平总书记在第

---

① 昝杨杨：《京津冀一体化下北京 CBD 产业融合路径研究》，《北京经济管理职业学院学报》2018 年第 3 期。

② 蒋三庚、张杰、王晓红：《中央商务区蓝皮书：中央商务区产业发展报告（2018）》，社会科学文献出版社，2018。

③ 单菁菁、武占云、邬晓霞：《新时期 CBD 引领区域协同发展研究》，《区域经济评论》2019 年第 2 期。

④《朝阳区“十三五”时期建设国家文化产业创新实验区发展规划》，http：//www. beijing. gov. cn/zfxxgk/cyq11E002/gh32/2018 － 05/28/content _ 4ba0376ede5541db922c8a51ea42ccf2. shtml。

五次全国金融工作会议上强调“金融是实体经济的血脉”，要“规范金融综合经营和产融结合”。结合新时代深化金融体制改革的战略需求以及北京建设国际金融中心城市的目标，提出北京 CBD 金融业发展路径建议如下。

1. “金融 +”模式加快多元产融结合

基于融入全球经济发展的视角，编制北京 CBD 金融业发展专项规划，充分发挥北京 CBD 国际金融集聚的优势，打造金融业服务体系，提升金融服务能力，引导金融业创新发展，以“金融 +”模式推进产融结合，激发产业与金融的协同效应，拓展产融结合的深度和广度，打通产业发展、科技创新、金融服务生态链，从过去封闭的产业价值链过渡到开放协作的产业生态圈，加大对 CBD 金融产业发展的政策支持力度，推动 CBD 产业升级优化和“四新经济”发展。

2. 集群化推进金融服务业高质量发展

建议北京 CBD 对标国际一流金融服务业集群，如伦敦金融城、纽约曼哈顿 CBD、东京新宿 CBD 等世界著名高端服务业集群，立足自身的特色优势及首都城市功能定位，做强北京 CBD 金融服务业集群的区域品牌，充分发挥规模经济效应和溢出效应，推进 CBD 金融服务业集群化高质量发展。

当前世界科技和产业变革下，全球产业组织呈现强劲的网络化趋势，以集群组织为代表的网络组织能够通过战略融合、网络化、研发合作等方式整合金融机构、企业、政府部门、研究机构等多元主体，打造产业技术创新的命运共同体，是政府、市场都不能代替的驱动创新的重要力量①②。因而，北京 CBD 金融服务业高端集群可通过建立集群枢纽组织，构筑“政府 - 市场 - 集群组织”三位一体的治理体系，打破产业边界、超越区域边界，推进多元产融结合，推进 CBD 金融服务新业态发展，提升北京 CBD 金融服务业集群的发展水平和全球竞争力。

---

① 赵璐、赵作权：《培育世界级先进制造业集群要以组织变革为核心》，《国家治理》2018 年第 25 期。

② 赵璐：《网络组织模式下中国产业集群发展路径研究——发达国家产业集群发展的经验启示》，《科技进步与对策》2019 年第 7 期。

3. 以“点 - 线 - 面 - 体”构建多维金融网络体系

发挥首都 CBD 的引领作用，通过“点 - 线 - 面 - 体”联动推进构建多维金融网络体系，采用多层次的网络化发展模式，全面整合区域资源，有效连接全国资源，开放融入全球网络。其中，“点”主要为各层级的 CBD 及金融集聚区；产业分化及产业融合是有效连接各层级 CBD 及金融集聚区的“线”；合作平台和载体为 CBD 及金融集聚区之间的合作协作提供“承载面”，多维支撑它们之间的联系。点、线、面共同构成 CBD 及金融集聚区协作共同体，通过区域合作等构成串联与并联交织的开放协作的金融网络体系。

从区域维度来看，CBD 与金融街、中关村西区共同构成北京金融网络体系的核心节点，CBD 发挥国际金融和现代服务业集聚中心的功能，金融街发挥国家金融管理中心的功能，中关村西区发挥科技金融机构集聚中心的功能。

4. 开展体制创新以降低制度性交易成本

持续优化营商环境、降低制度性交易成本是 CBD 提升全球竞争力的关键所在。可借鉴国外成熟的金融城管理经验，探索建立适用于北京 CBD 金融业发展的“业界自治”的管理模式，让金融机构、从业人员等动态参与政府管理和区域治理过程，优化 CBD 金融业发展规划，创新管理体制和治理机制，促使政府和市场发挥合力作用。

例如，伦敦金融城政府是世界上最古老的市政地方自治主体之一以及世界上唯一的专门的金融区域地方政府，其组织架构包括伦敦金融城市长、参事议政厅、政务议事厅、政策与资源委员会、城市管家、各部门主管等，直接为金融城发展提供基础设施维护、战略性经济规划等相关服务。纽约城委员会是由纽约市市长任命的民间商业合作组织，由纽约金融界、商界领袖者代表组成，定期研究重要金融问题、经济问题，制定相关政策，服务区域内金融产业发展。

5. 以人为本，促进功能复合化多样化

建议在北京 CBD 核心区及扩展区的空间发展中，以区域型中央活动区为空间发展模式，突出以人为本的功能复合化多样化，既强调区域性的金融集聚中心功能，也关注商业、旅游、休闲、文化等功能，促进形成多元经济结构，提升 CBD 的整体吸引力。

集中了金融、商务办公、文化、创意产业、旅游等多种主体功能的中央活动区是现代 CBD 发展的高级形态，是全球城市核心功能的重要承载区，已成为伦敦、纽约、芝加哥等国际现代城市战略计划的重要议题①②③。例如，芝加哥卢普区 CBD 周边是由河城、总统塔楼、迪尔伯恩三个部分构成的中央活动区，中央活动区既巩固了 CBD 的核心地位，也为其相关产业发展提供消费市场。

① 陈楠、陈可石、崔莹莹：《城市中心区的小单元功能混合发展模式——伦敦中央活动区模式的启示》，《国际城市规划》2016 年第 3 期。

② 刘涛：《国外 CBD 演化及开发对我国 CBD 建设的启示》，《上海城市管理职业技术学院学报》2007 年第 2 期。

③ 钱智、李英杰、王伟：《中央活动区：现代 CBD 的新形态》，《科学发展》2011 年第 4 期。

B.9
CBD创新型人才发展的对策研究

郇晓霞　黄 艳*

摘　要： 创新是引领发展的第一动力，CBD作为城市发展的中枢，对于引领区域创新发展、促进技术变革意义重大，创新型人才集聚发展是提升CBD创新能力的关键。本文基于创新型人才发展的特征和需求，归纳总结国内不同等级CBD创新型人才的发展现状和存在问题，同时借鉴国内外CBD发展经验，从完善创新型人才信息库、引进高层次创新型人才、健全创新型人才培养体系、提供高质量的公共服务、营造适宜创新的CBD环境等方面构建CBD创新型人才的发展对策。

关键词： 中央商务区　创新型人才　人才发展对策

一　CBD创新型人才的内涵与特征

（一）内涵

1. 创新型人才

国内外学者尚未对创新型人才的内涵达成共识。国外文献多是基于心理

* 郇晓霞，首都经济贸易大学城市经济与公共管理学院副教授，硕士生导师，经济学博士，研究方向为区域政策、城市与区域发展；黄艳，首都经济贸易大学硕士研究生，研究方向为区域政策、城市与区域发展。

学角度定义具有创新特质的人才，国内学者关于创新型人才的定义更加突出人才的价值。刘宝存（2006）认为，创新型人才是具有创新意识、创新精神、创新思维、创新能力和创新人格，能够取得创新成果的人才。郝克明（2005）指出，创新人才指在各个领域，特别是科学技术和管理领域，有着强烈的事业心、社会责任感和鲜明荣辱观，具有创新精神和能力，为国家和社会发展做出重大贡献的带头人和杰出人才。张凤华（2012）将创新型人才界定为具备专业知识，并做出突出贡献，从事知识创新、技术创新、知识传播以及技术应用的人才。2010 年中共中央、国务院印发的《国家中长期人才发展规划纲要（2010～2020 年）》基于创新视角给出人才的定义，即人才是具有一定的专业知识或专门技能，进行创新性劳动并对社会做出贡献的人，是人力资源中能力和素质较高的劳动者。创新型人才已经成为我国发展与转型的第一资源。

有鉴于此，本文认为，创新型人才是具有一定专业知识与技能，可以运用自身知识和技能创造新价值，从而为社会做出突出贡献，具有创新能力和创新精神的人才。

2. CBD 中的创新型人才

CBD 是具有高度集聚性、复合性、国际化、高端化的商务中心区，是以商务服务、金融服务、信息服务等为主导的生产性服务业集聚区。其形成和演变过程融合了全球经济发展的技术变迁与制度革新（武占云、单菁菁，2018）。CBD 以多样化产业形态、复合型商业结构为城市化经济提供了良好的发展环境，因而成为经济发展和区域创新的发源地。

按照 CBD 的发展需求，将 CBD 中的创新型人才分为技术型创新人才和管理型创新人才，两类创新型人才共同构成 CBD 创新能力的人力资源基础。其中，技术型创新人才是为 CBD 中主要集聚产业提供服务，具备专业能力，可以运用专业知识创造性地进行科研创新、商务服务、创意生产的人才，包括聚集于 CBD 中各类企业研发总部的科技人才、知识密集型行业的商务服务人才以及运用自己的创作技能和手段生产文化创意产品的人才。管理创新型人才，指通过创造性地运用新的管理方法、新的管理手段、新的管理模式高效实现组织目标的创新型人才，通常是指企业总部的决策层和高层管理人员，是 CBD 制度创新的重要来源。

（二）CBD 创新型人才的特征及其需求

1. CBD 创新型人才的特征

CBD 中的创新型人才具有复合化、高端化、国际化的特点。第一，CBD 中的创新型人才具有复合化特征。CBD 中的创新型人才是全方位发展的人才，不仅在专业技术方面有突出经验，而且在开发、运作、管理等多学科交叉融合中有突出表现。第二，CBD 中的创新型人才高端化特征明显。CBD 中的人才学历水平较高，收入水平高，生活水准高，具备高层次的知识技能，掌握核心信息，参与公司决策制定，在某一领域具有重要贡献。相关研究表明，朝阳区商务人才中大学本科学历人群占比已接近一半，研究生及以上学历占到 9.2%，高于北京市平均水平 5.6 个百分点。其中，现代服务业各行业从业人员的平均工资均显著高于北京市平均水平（杨丽杰、宗刚，2013）。第三，CBD 中的创新型人才国际化倾向较为明显。CBD 及其所在区域的外籍人才和海外归国人才比重较高。统计资料显示，2013 年朝阳区常住外籍人口 6 万余人，占北京市的 20% 以上。大专及以上学历人群中，8.6% 的人有海外学习或工作经历（杨丽杰、宗刚，2013）。

2. CBD 创新型人才的需求

基于 CBD 中创新型人才复合化、高端化、国际化发展的特点，创新型人才在物质条件和精神条件上均具有较高需求，主要归纳为以下五点。

第一，重视知识溢出。知识溢出对创新产出具有较强的影响力。一是知识溢出为创新型人才提供更多的创新机会。CBD 需要汇集大量的学术机构和研究部门，提供面对面交流的机会，使得隐性知识以知识溢出的方式在有限范围内传播。创新型人才可以通过多种正式或非正式的联系，获取关于创新的信息和经验，从而得到更多的创新机会，为区域创新发展提供可能。二是知识溢出提高了创新型人才的创新能力。创新主体的创新能力与其拥有的

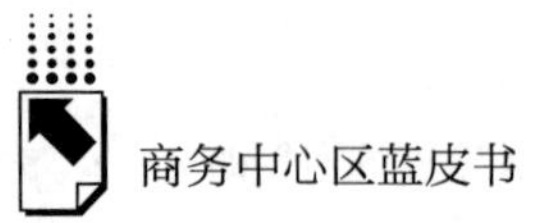

知识存量存在正相关关系（牛冲槐等，2010）。知识溢出使多领域的创新型人才产生知识融合，形成“知识蓄水池”，从而更新个体的知识体系，对提高创新主体的知识存量具有积极作用。

第二，重视公平包容的创新环境。CBD 中的创新人才更加重视公正平等的制度环境和多元包容的文化环境。首先，公正平等的制度环境有助于 CBD 创新产出。对于技术型创新人才，知识产出的性质决定了 CBD 需要提供健全的知识产权保护体系，使其合法权益不受侵犯。其次，多元包容的文化环境有助于 CBD 吸引创新型人才。创新优势的发挥需要宽松自由的文化环境，充分尊重个性、鼓励探索、包容失败。

第三，重视适度规模的人才聚集。创新的规模效应是创新型人才发展的内在需要。人才集聚能够激发群体效应和联动效应，具有两方面优势：一是可以实现知识和技能的互补与替代；二是可通过竞争促进创新型人才的知识更新。此外，当创新型人才集聚到一定规模时，制度创新才能形成，创新型人才发展的各项保障措施才能形成（李鑫，2015）。

第四，重视高质量的公共服务供给。CBD 创新型人才需要地方政府提供较高水平的公共服务。CBD 中的创新型人才是具有高知识、高收入、高时间成本的人才，需要实时获取最新的政策法规和行业信息，参与培训获得及时的知识更新，因此需要 CBD 搭建完善的信息平台，并提供全面的人才培训，以降低创新型人才的信息获取成本，完成知识更新。同时 CBD 中的创新型人才对交通、通信等便利设施以及医疗、教育、社会保障服务等均有较高需求。

第五，重视个人价值实现。根据马斯洛需求层次理论，自然人的需求可以分为生理需求、安全需求、社交需求、尊重需求和自我实现需求，在低层次需求被满足后，更高层次的需求才会出现，并成为驱使行为的动力。CBD 中的创新型人才通常具有较高的社会地位，基本需求已得到满足，要求获得更多的社会认可和价值激励，履行更加有意义的社会责任以实现个人价值。

二　CBD 创新型人才发展现状与存在的问题

CBD 可分为世界级、洲际级、国家级、大区级、地区级和项目级共六类。国家级 CBD 经济辐射覆盖全国，目前仅有北京 CBD、上海陆家嘴 CBD 和广州天河 CBD。大区级 CBD 指能够辐射本省及周边省份，以发达城市为依托，为较大区域范围提供商务服务和金融服务的 CBD，如天津河西 CBD、武汉 CBD。地区级 CBD 指主要覆盖所在城市及周边地区，仅在一定地区范围内具有较强的经济带动作用的 CBD，如上海虹桥 CBD、郑东新区 CBD 等（单菁菁、李国庆等，2015）。目前，不同级别 CBD 创新型人才的发展现状具有较大差异，存在的问题各不相同。

（一）CBD 创新型人才的发展现状

1. 国家级和大区级 CBD 创新型人才的发展现状

国家级和部分大区级 CBD 的创新型人才建设已进入调整提升阶段，在顶层设计、人才规模、服务体系、人才结构等方面呈现良好发展态势，创新型人才支撑体系已基本构建。

第一，政策体系基本完善。上海陆家嘴 CBD、北京 CBD 和广州天河 CBD 已基本建成较为全面的人才吸引、培养、流动政策体系。现阶段政策主要集中于财政支持创新人才发展、改善公共服务和对接国际化方面。2017 年，天河 CBD 先后出台《天河区产业发展专项资金支持高层次人才创新创业实施办法》和《1 +1 +8 产业扶持和科技创新系列政策》，旨在促进科技创新体系发展，支持创新创业领军人才和优秀杰出人才发展。2019 年，北京朝阳区常委审议通过《建设 CBD 国际高端商务人才发展区的意见》，北京 CBD 将提供居留与落户、医疗保障、配偶安置、子女教育等多项优惠政策，打造“国际人才宜居区”（见表 1）。

第二，创新型人才集聚初具规模。经过多年发展，CBD 人才总量持续快速增长。根据朝阳区第三次全国经济普查结果，截至 2015 年，北京 CBD

已拥有从业人员 116.0 万人，第三产业从业人员占比达到 95.2%，其中信息传输、软件和信息技术服务业，金融业，科学研究和技术服务业，教育、文化和体育娱乐业从业人员总数为 27.3 万人，占 CBD 从业人员的 23.5%。国际性商务人才集聚明显，2015 年外商投资法人单位从业人员达到 17.0 万人，港澳台商投资企业从业人员 10.3 万人，分别占总就业人员的 14.7% 和 8.9%。朝阳区调研数据显示，CBD 区域产业经济政策对于人才的吸引度已达 75%。

第三，多元化的服务体系基本构建。广州天河 CBD 对辖区内的高层次人才提供涉及子女入学教育、医疗、落户等多方面的保障措施，同时注重搭建人才发展平台，以广州多家高等教育机构作为支撑，通过南方人才交流中心、前程无忧、智联招聘等专业人才服务机构为人企合作提供便利条件。北京 CBD 以打造“国际人才宜居区”为目标，通过建设北京 CBD 国际商学院、出台高端商务人才发展和服务 10 项政策，支持猎头服务、人才测评、薪酬设计、管理咨询等人力资源中介发展，助推国际高端商务人才发展区建设。

第四，部分 CBD 已进入人才结构调整阶段。随着 CBD 配置资源的范围扩大，内部功能调整升级，需要大量高素质劳动力作为支撑，CBD 人才结构升级日益迫切。“十三五”以来，随着城市战略定位调整、京津冀协同发展等重大战略出台，CBD 进入功能疏解、产业深度融合的创新发展时期，CBD 中的人才结构也呈现明显的高端化发展倾向，人才结构不断更新。

2. 地区级及以下 CBD 创新型人才的发展现状

地区级及以下 CBD 的创新型人才建设尚处于规划阶段，具有创新型人才数量快速增加、政策和规划体系日益健全以及基础设施日益完善等特征。

第一，创新型人才数量快速增加。上海虹桥 CBD、宁波南部 CBD 已基本具备中央商务区功能，规模不断扩大，创新型人才数量不断增加。

第二，政策和规划体系日益健全。地区级及以下 CBD 的人才扶持政策日益健全，现有政策多数聚焦在财政补助和优惠方面，未来需要加强对于人才发展环境的构建（见表 1）。此外，现有 CBD 的规划建设已基本完备，还需动态调整城市规划体系，促使 CBD 空间分布形态更加合理。

第三，基础设施日益完善。地区级及以下 CBD 在道路交通、住房、供水供电、商业服务等基础设施方面日益完善，未来需要持续完善公共服务设施。

表 1 部分 CBD 相关人才政策及具体措施

<table>
<tr><th colspan="2">类型</th><th>相关文件与政策</th><th>具体措施</th><th>目标</th></tr>
<tr><td rowspan="2">国家级 CBD</td><td>北京 CBD</td><td>《建设 CBD 国际高端商务人才发展区的意见》、《朝阳区鼓励海外高层次人才创业和工作暂行办法》、《朝阳区优秀海外人才引进资助暂行办法》</td><td>①对国际高端商务人才和国际商务人才培训机构提供财政奖励；
②提供居留与落户、医疗保障、配偶安置、子女教育等服务；
③打造“国际人才宜居区”；
④建立区级领导联系海外高层次人才机制；
⑤组织座谈会、宏观政策研讨会等，为海外高层次人才参政议政、建言献策畅通渠道；
⑥依托“朝阳国际人才港”网络平台，建立海外高层次人才信息库。</td><td>建立国际高端商务人才发展区</td></tr>
<tr><td>上海陆家嘴 CBD</td><td>《浦东新区加快推进国际金融中心核心功能区建设“十二五”规划》、《“十二五”时期上海国际金融中心建设规划》</td><td>①金融人才优质护理服务平台，提供特需医疗服务；
②成立浦东国际金融交流研究中心，引入国际金融教育资源；建立人才公共教育平台；
③对接国家、上海“千人计划”以及浦东新区“百人计划”，建设海外高层次金融人才基地；
④优化人才发展环境，落实财税、户籍、居住、教育等激励扶持政策；
⑤加快推进人才公寓建设；
⑥完善金融人才激励约束机制。</td><td>打造上海国际金融人才高地</td></tr>
</table>

续表

类型		相关文件与政策	具体措施	目标
国家级CBD	广州天河CBD	《天河区产业发展专项资金支持高层次人才创新创业实施办法》、1+1+8产业扶持和科技创新系列政策	①对创新创业领军人才、产业高端人才及管理团队、金融高级人才、文化创意人才、海外人才等实施资金扶持、年薪奖励、子女优先入学、健康和医疗服务、办公用房和住房补贴等保障; ②青年后备人才培育; ③调动人力资源等中介服务企业的积极性; ④完善重大发展平台交通、市政、生态、社区服务等配套设施	集聚高层次人才,推动产业转型升级
大区级CBD	天津河西CBD	《关于建设具有全球影响力创新名城的若干政策措施》	①实行人才资助"一事一议"、"特事特办",资助额度上不封顶; ②实施"345"海外高层次人才引进计划; ③设立市级企业青年工程师科研基金; ④补贴研发机构人才引进,提供落户、奖补、租房补贴、人才公寓等一条龙服务。	打造国际化创新创业人才高地
地区级CBD	广州琶洲CBD	《琶洲互联网创新集聚区产业发展规划》	①形成全面高效的产业与人才引培服务机制; ②设立"一站式"人才服务平台,提供住房、子女就学、配偶就业、居留落户、人事代理、医疗保健、资金支持等其他服务; ③打造互联网技术网络教育平台; ④对符合集聚区需求的公共服务平台给予奖补; ⑤优先推进连接集聚区与大学城及市区内各大高校的公共交通系统建设; ⑥建立人才交流互动平台; ⑦建立高校柔性人才聘用与创新创业机制。	广州创新核心区

续表

类型		相关文件与政策	具体措施	目标
地区级CBD	郑东新区CBD	《郑东新区管委会关于印发郑东新区加快金融业发展与扶持办法的通知》、《郑东新区管委会关于印发郑东新区推进自主创新奖励办法（暂行）的通知》、《郑东新区管委会关于促进大数据产业发展的若干意见（暂行）》	①对“国家千人计划”人才给予安家补助和资金奖励； ②鼓励设立博士后工作站，并给予补助； ③对金融人才给予表彰，在医疗、子女入学等方面提供便利； ④以资金奖励科技创新； ⑤引进和培育大数据技术创新领军人才，给予科研支持； ⑥加强人才公寓建设。	
	上海虹桥CBD	《上海市虹桥商务区专项发展资金管理办法》、《虹桥商务区人才安居房源配租管理规定》、《上海虹桥商务区管委会关于优化商务环境建设的政策意见》	①完善道路交通网络； ②促进绿色低碳发展； ③推进上海会展之都建设； ④通过筹集公共租赁房、回购公租住房、全租赁住宅等多方式多渠道筹措房源，解决虹桥商务区各类人才阶段性、过渡性居住需求； ⑤支持社会力量在虹桥商务区新建文教卫体等非营利性、公益性的社会公共配套项目以及停车设施管理项目。	
	宁波南部CBD	《关于实施“泛创业鄞州·精英引领计划”引进支持急需紧缺高层次人才的意见（试行）》	①实施“人才强区”战略，重点引进九大领域人才； ②为海外高层次人才创业提供项目资助、场地补贴、技术入股、融资支持、创业辅导、奖励扶持； ③对企业、科研院所创新的海外高层次人才进行评审。提供住房保障、子女就学、工作津贴、培养、编制挂靠等配套资助； ④积极吸引大院、大所、研发园、风投公司、人才服务机构落户鄞州； ⑤成立海外高层次人才服务中心。	加快经济转型升级，建设人才强区

资料来源：作者归纳整理。

（二）CBD创新型人才发展存在的问题

1. 共性问题

第一，缺乏高层次的创新型人才。在CBD人才规模不断扩大的同时，高端创新型人才仍然缺乏。我国创新能力在全球范围内表现较弱，2016年，在最高被引科学家3265人中，中国（含港澳台地区）175人，仅占5.4%，其中北京地区仅39人。我国CBD正向价值链上游演进，需要吸引更多跨国公司地区总部，发展文化创意、战略咨询、时尚设计等高端产业，亟须引进高端创新型领军人才和创新团队，形成CBD内生发展优势。

第二，创新型人才的发展环境有待改善。目前，各地CBD更多着眼于吸引创新型人才，对本土人才的创新培养重视不够，部分CBD并未制定人才培养方面的政策措施，缺乏系统的人才培养体系，与国外CBD存在较大差距。此外，CBD人才评价标准缺乏统一性和科学性，激励人才创新发展的制度环境尚未构建，造成人才创新动力不足。

第三，缺乏高质量的公共服务。一方面，CBD公共服务国际化水平有待提高。与国外CBD相比，北京CBD、陆家嘴CBD在教育医疗机构配套及服务、公共场所多语指示设置、公共培训服务、人文环境与社区服务等方面稍显不足，对CBD中跨国企业和高端人群需求考虑不足（孙其军、郭焕龙，2011）。另一方面，公共服务评估力度和透明度还需提升。纽约、伦敦、东京等CBD在关注公共服务供给的同时，重视公共服务的评估和相关信息的公开。与之相比，我国CBD在公共服务的评估和信息公开方面仍有许多不足。

2. 差异化问题

国家级及大区级CBD发展较早，基础良好，但仍存在创新环境营造滞后、国际化接轨困难以及高层次创新型人才缺乏等问题。同时，各地争相提高对创新型人才和创新活动的财政性补贴，长期来看可能会产生挤压效应。因此，各地CBD应将重点放在改善公共服务和对接国际化环境方面，以此吸引创新型人才。

地区级及以下 CBD 面临的主要问题有两点，一是创新型人才总量不足，缺乏完善的人才市场服务体系和人才培养机制，对外吸引力不强，对内缺乏提升途径。二是创新环境有待提升，交通网络体系、文体设施等基础设施有待完善，高等教育与职业教育发展有待改进。

三 CBD 创新型人才发展的国内外经验借鉴

创新型 CBD 的形成与创新型人才体系构建关系密切，通过梳理曼哈顿 CBD、东京 CBD、香港 CBD、北京 CBD、浦东 CBD 和广州 CBD 的发展经验，可以得到以下四点启示。

（一）构筑人才高地

上海陆家嘴 CBD 聚焦引进高层次人才。一是制定人才引进计划。2011 年，依托上海“人才高峰工程”，浦东新区制定出台《浦东新区引进海外高层次人才意见》。提出要力争用 5～10 年时间，重点引进 100 名金融、航运、技术产业等领域有较高知名度、具有独立自主知识产权及海外自主创业经验的高端创新人才。“百人计划”自实施以来，取得了良好的引才效果。截至 2017 年 8 月，浦东新区已引进六批共 70 位“百人计划”专家，主要分布在金融、航运、生物医药、集成电路、人工智能、信息通信、医疗器械、汽车制造等重点产业领域。二是注重提供相关服务配套。包括为人才创业提供一次性资助、团队建设经费、住房补贴等，并在人才资源对接、平台搭建上提供帮助，为陆家嘴 CBD 实现“创新驱动、转型发展”提供强有力的人才支撑和智力支持。

（二）注重人才培育

1. 搭建完善的人才培养体系

香港完善的人才培养体系为 CBD 提供充足的技术型创新人才。一方面，注重搭建终身学习平台。香港地区大学相对较少，大学升学率仅为 20%～

30%，为解决地区教育资源不足的问题，香港以政府立法和资金支持作为保障，为辖区人才提供多种类型的进阶途径。1992 年，香港成立雇员再培训局，由政府统筹管理，委托 90 余家培训机构提供以市场为导向的专业化课程，满足技能提升需求。2008 年，香港推行“资历架构”政策，将其定义为促进终身学习和人力发展的平台，将职业教育和学历教育双轨结合，人才素质和工作效率均得到提高。另一方面，注重基于产学研结合培养人才。香港 CBD 重视充分发挥产、学、研相结合的优势，将职业教育与企业密接联结，搭建“校企合作”平台，为香港各行各业提供充足的技能型人才。

2. 注重本土人才的国际化培养

北京 CBD 注重培育国际化人才。一是打造国际性交流平台。为更好地培育国际高端商务人才，满足跨国企业和人才对知识更新的需要，朝阳区整合高校、社会机构、第三方平台等资源开设 CBD 大讲堂，邀请国内外权威专家、学者及知名企业家与国际高端商务人才进行交流分享。二是构建较全面的国际化人才培养体系。吸引大批国际培训中心如沃尔玛、特斯拉、利洁时入驻，并与耶鲁中国商学院、沃顿商学院等世界著名大学合作建立培训中心，为区域创新发展持续注入动能。

（三）提升公共服务水平

1. 公共服务便利化

日本东京 CBD 致力于打造“人性化 CBD”。一方面，在规划中充分考虑人才生活的便利程度。通过网格化的公共交通系统和人性化的设计细节，日本 CBD 成为全世界交通最有效率和秩序的地区。在东京 23 区范围内，寻找轨道交通车站的时间均控制在 20 分钟内，公交车辆以“特急、急行、准急、普通”分类，满足多种类型的乘客需求。高效密集的公共交通系统解决了 CBD 内有限的土地资源与人口膨胀的矛盾，对于促进人才资源的高效流动具有关键作用。另一方面，交通与商业紧密结合。将商业区与铁路站点相配套，居住区围绕铁路站点呈放射状分布，通过站点即可满足居民多元化的生活需求。

2. 打造 CBD 公共服务圈

北京 CBD 以子女就学、医疗服务和文化建设为重点打造 CBD 公共服务圈。北京 CBD 通过整合核心区及其周边各类资源，为辖区人才提供子女入学、医疗服务、文化娱乐等多种公共服务需求。子女就学方面，截至 2017 年，朝阳区国际学校数量占全市的 31.18%，14 所公办学校具备接收外国学生资质，满足了高端人才的子女入学需求。在医疗卫生方面，朝阳区拥有中日友好医院、中国医学科学院肿瘤医院、北京朝阳医院等 12 家三级甲等医院，具备较高的国际化医疗水平，为各类高端人士提供较高水平的医疗服务。在文化建设方面，CBD 功能区内 17 个街道均已建成不低于 100 平方米的万册图书馆并向居民开放，社区文化活动室已实现 100% 覆盖（孙其军、郭焕龙，2011）。

（四）营造一流环境

1. 营造绿色生态环境

广州天河 CBD 规划建设“生态绿廊”，以空间资源的绿色高效利用打造可持续发展的中央商务区，吸引大量创新型人才集聚。1992 年，天河 CBD 在规划建设时提出以 128 米宽林荫大道作为城市中轴线的设计方案。经过多年发展，天河 CBD 已拥有公园绿地近 200 万平方米，拥有花城广场、天河体育中心、海心沙公园、城市生态公园等，汇集广东省博物馆、广州大剧院、广州图书馆、广州市少年宫等地标性文化设施。秉持绿色与经济协同发展的理念，广州天河 CBD 为辖区内人才提供绿色、舒适、安全的生活环境，满足创新型人才对公共服务和文化环境的需求，在人才集聚中发挥不可替代的作用。2018 年，天河中央商务区获评“全国最具活力 CBD”。

2. 营造多样化的人文环境

多样化的人文环境促进曼哈顿 CBD 的发展。一方面，多样的文化形态吸引文化创意人才集聚，促进文化创意产业发展。纽约逐渐将其自身重塑为以金融业等服务经济为主的创意城市（江文君，2014）。2002 年，纽约市从事创意产业的人达到 309142 人，占全部就业人数的 8.1%（张瑞山，

2006)。另一方面，创意文化服务的可得性促使创业者在曼哈顿集聚，促使其转型为世界著名数字创新中心。曼哈顿熨斗大楼街区和布鲁克林区已吸引大量技术公司和企业总部。2002 年，曼哈顿 28% 的就业人口分布在三种主要数字产业，28.5% 的就业人口分布于商业、科学和服务产业。2005～2010 年间，纽约高科技产业创造的工作岗位增长近 30%，逐步成为科技产业的前沿阵地（江文君，2014）。

3. 营造国际化环境

北京 CBD 致力于建设国际一流商务中心区，一方面，北京 CBD 提出打造商务人才“软口岸”。2019 年朝阳区常委审议《建设 CBD 国际高端商务人才发展区的意见》，将建立国际高端商务人才发展区作为人才体系构建的目标。通过健全人才服务体系，培养高新技术人才队伍，推动 CBD 向世界级商务中心区迈进。另一方面，北京 CBD “软环境”对接国际一流标准。依托驻华使馆、国际组织、商协会、国际传媒机构等资源，构建学术氛围、创新平台、文化生态等多方面开放格局。CBD 的国际化气息已成为吸引人才的重要影响因素。

四　CBD 创新型人才发展的对策

为更好地促进 CBD 中创新型人才的集聚和发展，从创新型人才发展的特征和需求入手，通过总结国内 CBD 发展的现状与问题，借鉴国内外 CBD 发展经验，提出要以创新型人才信息库为抓手，通过构建良好的创新氛围和提供高质量的公共服务，对外吸纳创新型人才，对内培养创新型人才，最终形成创新型人才集聚的创新型中央商务区（见图 1）。

（一）完善创新型人才信息库

创新型人才信息库是 CBD 全面掌握人才队伍发展现状，对外指导人才引进，对内指导人才培训的重要抓手。构建完善 CBD 创新型人才信息库，要立足 CBD 需求，充分收集国内外创新型人才信息，完善评价考核体系，

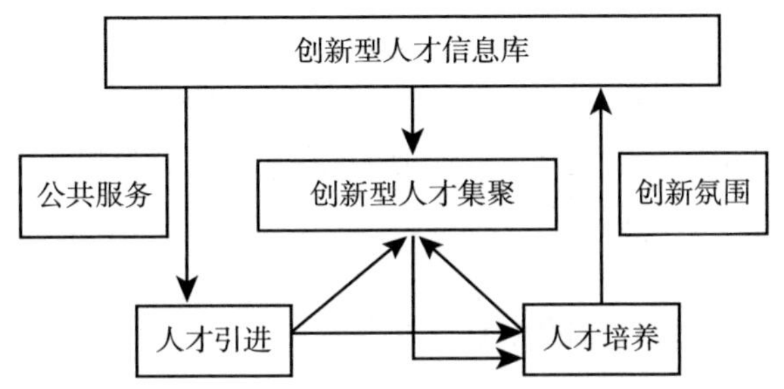

图 1　CBD 创新型人才发展的政策体系

为 CBD 的人才引进提供指导。也要实现创新型人才信息资源共享，使多种社会主体均可通过信息库获取人才信息，最大限度发挥信息资源的效益。

（二）引进高层次创新型人才

将“精准引进”与“广泛吸聚”相结合，加大对高端创新型人才的吸引力。第一，通过建设国外引才工作站，利用创新型人才信息库，对接区域重点需求，收集整理人才项目信息，精准识别创新型人才。第二，扩大引才范围，构筑多层次、宽领域的人才聚集平台，促进引才引智工作常态化。第三，对接国际化的生活环境，打造国际化社区，满足国际化人才生活的“硬件”与“软件”需求。

（三）健全创新型人才培养体系

一方面，搭建培养平台，提供多种类型的培训、讲座、展览和交流活动。引进国内外著名培训机构和名牌课程，建立 CBD 培训基地。另一方面，出台相关政策措施，鼓励企业加大对员工的培训投资，同时注重构建创新型人才的评价、激励和考核体系，为创新型人才提供更广阔的事业舞台。

（四）提供高质量的公共服务

相关研究表明，高密度的社会经济活动需要与之相对应的基础设施和公共服务，才能保证城市功能的正常发挥（蔡孝箴，1998）。因此，要坚持适度超前、质量第一的理念，持续优化公共服务。一方面要高规格推进地区基础设施建设，注重不同类型基础设施之间的协调性。尤其注重构建科学的内部交通体系和顺畅的外部交通网络。另一方面，要制定适合创新型人才需求的公共服务保障制度，在子女入学、医疗教育、社会保障上充分满足创新型人才的需求。

（五）营造适宜创新的 CBD 环境

将新发展理念贯穿于 CBD 规划发展的全过程。一是坚持创新驱动 CBD 发展。引导产业高端化，激发创新活力，促使战略新兴产业与创新型人才的发展相互促进。二是促进 CBD 内空间与功能相协调、生产与生活相协调。通过超前谋划，发挥“一张蓝图”的作用，在突出 CBD 发展特色的同时，注重 CBD 整体效能的最大化，实现内部资源高效流动，人与城市和谐发展。三是注重发展 CBD 绿色集约经济。扩大 CBD 绿化覆盖面积，注重建设绿色楼宇，改善人居环境，打造舒适、安全、绿色的生活环境，吸引人才，留住人才。四是进一步提升 CBD 对外开放水平。对接国际营商环境，引进国内外优质教育、医疗、文化等机构入驻。通过提升国际化生活水准，吸引高素质人才流入。五是实现各类人才共享发展机遇。营造公正平等的制度环境，在 CBD 人才发展、人才评价、创新激励、人才晋升中实现机会公平。

参考文献

刘宝存：《什么是创新人才，如何培养创新人才》，《中国教育报》2006 年 10 月 9 日。

郝克明：《拔尖创新人才的培养与高等教育改革》，《第四届中国科学家教育家企业家论坛和 2005 中国教育热点问题研讨会论文集》，2005 年 7 月 1 日。

张凤华、张体勤、姜道奎：《高层次创新人才的内涵与特征及需求分析》，《技术与创新管理》2012 年第 1 期。

武占云、单菁菁：《中央商务区的功能演进及中国发展实践》，《中州学刊》2018 年第 8 期。

杨丽杰、宗刚：《北京 CBD 商务人才引进与培养研究》，《新经济》2013 年第 23 期。

牛冲槐、王聪、郭丽芳等：《科技型人才聚集下的知识溢出效应研究》，《管理学报》2010 年第 1 期。

李鑫：《城市建设中的创新型人才聚集的作用及参与要素分析》，《市场论坛》2015 年第 4 期。

罗永泰：《建设中国特色的中央商务区问题研究》，《中国城市经济》2009 年第 2 期。

单菁菁、李国庆、武占云等：《中国商务中心区发展报告（2015）》，社会科学文献出版社，2015。

孙其军、郭焕龙：《北京 CBD 公共服务体系建设的思考——基于“新公共服务”的视角》，《中国特色社会主义研究》2011 年第 1 期。

北京市朝阳区委组织部：《影响北京 CBD 人才聚集的因素及对策研究》，2008。

江文君：《纽约城市发展转型及对上海的启示》，《文汇报》2014 年 2 月 17 日。

张瑞山：《纽约市的创意经济》，《全球科技经济瞭望》2006 年第 12 期。

蔡孝箴：《城市经济学》，南开大学出版社，1998。

罗涛：《美国高等教育培育创新型人才的经验和启示》，《中国经济时报》2019 年 4 月 10 日。

周扬：《论人才集聚》，《中外企业家》2011 年第 20 期。

高子平：《人才结构与产业结构协调性研究：以上海市信息产业为例》，《中国行政管理》2010 年第 7 期。

诚信法治篇

Credibility and Legality Chapters

B.10 CBD信用体系建设的进展、问题与提升路径

周　莉*

摘　要： 信用体系建设对于优化营商环境、提升区域竞争软实力具有重要的支撑作用。本文通过系统思考和认识我国当前的社会信用体系的内涵和概念，梳理和分析近年来我国社会信用体系建设在政策制度、标准体系、统一信用代码、联合奖惩机制、信用信息共享、重点领域发展、专项治理、城市信用体系、第三方协同治理、行业信用体系建设等方面取得的进展，同时，也客观剖析了发展中面临的信用立法、诚信文化、征信体系、政务诚信和司法信用、联合惩戒机制、信用产品应

* 周莉，博士，研究员，中国标准化研究院质量管理分院社会信用研究室主任，全国社会信用标准化技术委员会专家委员，全国社会信用标委会质量信用分委会秘书长，国家电子商务标准化总体组副秘书长，研究方向：社会信用标准化。

用、发展的平衡性、主体权益保护等方面的问题和挑战，围绕法规制度、标准规范、道德文化、信息平台、工作机制等方面提出提升路径。特别对于 CBD 区域信用体系建设提出了切实可行的措施建议，期待在 CBD 区域信用体系建设模式的带动下，为社会信用体系建设提供可供借鉴的实施范例。

关键词： 社会信用体系　区域信用体系　商务诚信　政务诚信

社会信用体系建设是社会主义市场经济体系的重要组成部分，是法治国家建设的重要内容，是提升区域竞争软实力的重要载体。2019 年 5 月发布的《中国知识产权保护与营商环境新进展报告（2018）》显示，我国通过加快转变政府职能，充分发挥市场配置资源的决定性作用，采取放宽市场准入、对标国际规则、加强权益保护等多种举措，大力提升了营商环境的法治化、国际化和便利化水平。世界银行 2018 年 10 月发布的《2019 年营商环境报告》显示，中国营商环境在 190 个经济体中名列第 46 位，较上年度大幅上升 32 位，在 G20 国家中提升位次最多，营商环境改善幅度位居全球第三，居东亚太平洋地区之首，是营商环境改善最为显著的经济体之一。世界银行发布的《营商环境报告》是依据一定的指标体系对目前监测的经济体的营商环境改革进行记录，并按年度公开发布的报告。营商环境评价指标中包括施工许可、开办企业、获得信贷（二级指标包括信用信息指数）等指标项，我国随着社会信用体系建设的不断深入，建立事前告知承诺制，企业开办及获得各项许可的时间大大压缩，同时在获得信贷方面，信用信息指数不断提升，目前已经从最初的 3 分连续三年达到满分 8 分，反映了我国征信体系不断健全、授信决策更为便利、市场竞争更加公平有序、信息更加公开透明，社会信用体系建设对于改善营商环境发挥了实实在在的作用。

商务中心区（CBD）内入驻企业众多，有规模大、影响范围广的典型特征。金融服务业是商务中心区内重点发展的行业板块。国家“十三五”

规划（2016～2020）在加快金融体制改革部分提出要构建金融业大数据征信体系。《社会信用体系建设规划纲要（2014～2020年）》（以下简称《纲要》）中对金融领域的信用建设提出了具体要求，要创新金融信用产品，加大对金融失信行为的惩戒力度，规范金融市场秩序。高端商务服务业、中介服务业和现代服务业也是商务中心区的主要业务板块。《纲要》明确提出提高商务诚信水平，促进各类商务服务主体可持续发展，建立中介服务机构及从业人员信用记录、信用评估体系和制度等。全面建设CBD信用体系，需要系统认识当前社会信用体系建设工作，了解其实施进展，发现存在的问题，从而精准提出适用于区域信用体系发展的路径。

一　社会信用体系的概念和内涵

我国的社会信用体系可以追溯到20世纪80年代末期，信用建设起源于金融领域，起步于信贷征信，伴随着商品交换和信用交易的发展而逐渐发展壮大。经过多年实践，随着国务院2014年6月出台的《纲要》，我国社会信用体系建设进入全面发展的阶段。由于我国社会信用体系建设是在结合我国国情基础上发展起来的，具有一定的中国特色，故而难以直接对标国外典型的信用体系，因此，在系统分析我国社会信用体系建设取得的进展、面临的问题和挑战之前，有必要对目前我国的社会信用体系建设工作进行分析。

从社会学的角度来看，信用是一种道德准则和履约行为，既包含了行为主体交往中的心理信任，也是授信人与受信人之间的一种交往关系，更是一种价值准则。从经济学角度来看，信用是市场交易的一种方式以及由这种方式所演变出来的信用工具、服务及经济关系，换言之，信用即货币，信用创造货币、形成资本。《牛津法律大辞典》解释为："信用（Credit），指在得到或提供货物或服务后并不立即付款，而是允诺在将来给付报酬的做法。"该定义与我国经济学层面理解的信用一致，都是从偿债关系的角度进行的。

《纲要》出台后，赋予了我国社会信用体系全新概念，其实质是以法律法规、标准和契约为依据，以信用活动的参与者为主体，以建立覆盖全社会的信用记录为基础，通过信用信息的采集、共享和应用，以信用联合奖惩制度为运行机制，促进诚信意识和信用水平的提高。这一概念将社会信用体系定位为社会主义市场经济体制和社会治理体制的重要组成部分，是一种有效的经济社会治理手段。

社会信用体系的作用机理体现在通过建立覆盖全社会的征信体系，采集市场主体的信用记录，信用信息是客观记录并保存的，信用记录反映了市场主体信用风险大小，依据信用记录反映的信用风险状况对市场主体进行有效奖惩，让失信者一处失信、处处受限，让守信者获得更多机会，因此，各类市场主体共同形成守信激励和失信惩戒的运行规则，推动社会信用体系持续良性运转。

二　我国社会信用体系建设进展及成效

党的十八大以来，我国加快推进社会信用体系建设，顶层设计由点及面不断完善。社会信用体系已成为实现国家治理能力和治理体系现代化的必要条件，积极构建以信用监管为基础的新型市场监管体系，要努力做到以“管”促“放”，为经济增长提质增效提供良好信用环境保障。当前，虽然在信用立法层面尚未取得突破性进展，但是社会信用体系建设的制度框架初具雏形，相关政策在各行业部门、各地区已经加速应用，政府与第三方信用机构之间形成了更为紧密的合作关系，以联合奖惩和行业专项治理为主的条线信用监管，和以信用示范城市、区域合作示范区等为主的应用创新的条块治理模式已经形成。总体来看，当前取得了以下几个方面的重要发展成果。

（一）政策制度框架体系逐步完善

2014 年 6 月 14 日，国务院正式发布了《社会信用体系建设规划纲要（2014 ~ 2020 年）》，这是我国首部国家级社会信用体系建设专项规划，为加快推进信用体系建设提供了实施指南。2015 年，针对“放、管、服”改革的要求，国务院明确提出建立以信用为核心的新型市场监管机制。“十三五”规划纲要中，明确提出完善社会信用体系建设。2016 年，习近平总书记主持召开的中央深改领导小组会议 4 次审议了信用体系建设议题，中央层面出台了 6 个涉及政务诚信、个人诚信、联合奖惩等方面的重要文件。2017 年，《国家发展改革委人民银行关于加强和规范守信联合激励和失信联合惩戒对象名单管理工作的指导意见》、《关于加强和规范守信联合激励和失信联合惩戒对象名单管理工作的指导意见》等文件陆续出台，联合奖惩机制建设全面深入。2018 年，《国务院办公厅关于加快推进社会信用体系建设构建以信用为基础的新型监管机制的指导意见》明确提出，必须创新监管的理念、制度及方式，建立健全包括各种环节的新型监管机制。此时，社会信用体系建设的政策制度框架体系已基本完善。

（二）标准体系及标准化工作纵深发展

为加快推进社会信用标准化工作，国家标准化管理委员会于 2016 年初正式批准成立全国社会信用标准化技术委员会（以下简称“标委会”），统筹负责政务诚信、商务诚信、社会诚信、司法公信等领域社会信用国家标准的制修订工作，自此，社会信用标准化建设有了组织保障。标委会成立后，开展了一系列社会信用标准化理论研究和实际应用工作，搭建了涵盖政务诚信、商务诚信、社会诚信、司法公信领域标准化需求的社会信用标准体系框架，形成了与“社会信用体系建设规划纲要”相呼应的社会信用标准体系并付诸实施。截至目前，标委会共先后发布社会信用国家标准 47 项，已立项在研的社会信用国家标准 17 项，涵盖了基础通用标准、质量信用标准、企业信用标准、电子商务信用标准、信用信息共享标准等领域。

全面支撑公共信用信息跨领域跨地区信息共享和业务协同，开发了跨行业、跨区域的公共信用信息共享通用技术，建立了统一的标准规范、安全保障体系和管理制度，推动了信息资源互联互通、共建共享、业务协同，对全国信用信息共享平台的建设形成了强有力的标准化支撑。重点研制并且发布强制性国家标准 GB 32100《法人和其他组织统一社会信用代码编制规则》等一系列统一社会信用代码相关国家标准，为统一信用代码制度改革的实施和落地提供了强有力的标准化技术支持。

实质参与国际标准起草，向国际标委会贡献中国方案。标委会作为国际标准起草组成员，实质参与国际标准化组织 ISO/TC290 在线信誉标委会国际标准的起草制定，全面反映中国意见和核心诉求，主导了国际规则的制定，并于 2018 年发布了 ISO 20488《在线消费者评论》首个国际标准，并基于中国国情和发展考虑，主导提出在线信誉评价国际标准提案一项。

（三）统一信用代码制度全面落实深化

2015 年，国务院发布了《关于转批发展改革委等部门法人和其他组织统一社会信用代码制度建设总体方案的通知》，正式明确了法人和其他组织统一社会信用代码的顶层制度设计。自此开始，企业工商营业执照、税务登记证、组织机构代码证实施“三证合一、一照一码”。2016 年 12 月 1 日，个体工商户启动实施“两证整合、一照一码”。截至 2018 年 6 月，全国企业、社会组织、机关事业单位存量代码转换率已达 100%，个体工商户存量代码转换率达 99.6%。统一社会信用代码制度作为建设覆盖全社会征信系统的重要基础性工程，在各部门、各地方、各单位办理业务时得到广泛应用，类似于个人身份证号，组织的各类信用记录都通过统一社会信用代码加以关联和归集，实现了让企业“一照一码走天下”，大大提高了办事效率。统一信用代码制度的全面落实深化，为完善社会信用体系的基础建设提供了保障，也为实施跨部门、跨地区、跨层级的信用联合奖惩机制提供了应用基础。

（四）联合奖惩制度不断延伸扩围

2016 年，国务院《关于建立完善守信联合激励和失信联合惩戒制度加快推进社会诚信建设的指导意见》正式出台，国家发改委、人民银行牵头，先后与 60 多个部门联合签署了 51 个针对重大税收违法案件当事人、违法失信上市公司、产品质量严重违法失信人、失信被执行人、食品药品生产经营严重失信者等对象的联合惩戒合作备忘录，包括 2019 年年初在家政服务、婚姻登记、公共资源交易、交通运输工程建设领域等签署的系列合作备忘录。根据各领域联合奖惩合作备忘录规定，相关部门将及时向全国信用信息平台推送红名单及黑名单信息，联合奖惩范围在不断拓展，联合奖惩成效也在不断凸显，初步建立起宽领域、各层级的“发起－响应－反馈”联合奖惩制度机制。

（五）信用信息共享机制全面扩展

推进“信用中国”网站建设，不断强化信用信息共享公开的能力。具体而言，包括“一库、一平台、两网站、四系统”在内的全国信用信息共享平台先导工程于2015年10月底启动搭建完成，同时，联通等多个部门、所有省区市和多家市场机构，以及“信用中国”网站等，均为行政许可和行政处罚的信息发布、构建以信用为核心的新型监管机制提供了有力的支撑。

在全国企业信用信息公示方面，2017年底“国家企业信用信息公示系统”全面建成，市场监管总局先后与56个政府部门共同签订涉企信息归集工作方案，与37个部门签订了联合惩戒合作备忘录。公示系统覆盖全国31个省区市，联通了各级政府部门和单位，发挥了“一网归集、服务各方”的重要作用。

（六）重点领域信用建设取得新进展

《纲要》的发布是我国社会信用体系建设历程中的一个重要里程碑，为加强和改进相关工作起到积极的推动作用，对做好当前和今后一个时期内信用体系的建设工作具有重要的指导意义。在《纲要》的指引下，政务诚信、商务诚信、社会诚信和司法公信建设取得纵深发展。

1. 政务诚信建设

2016年12月30日发布《加强政务诚信建设的指导意见》后，以“放管服”改革为核心的政务诚信建设向纵深推进，充分发挥政府在社会信用体系建设中的领头作用。首先，“放管服”改革推动政府职能发生巨大转变，市场活力、社会创造力显著提升。截至 2018 年 3 月，国务院部门行政审批事项削减 44%，非行政许可审批彻底终结，中央政府层面核准的企业投资项目减少 90%，行政审批中介服务事项压减 74% 等。其次，依宪施政、依法行政、廉洁行政全面推进，开启了全面的法治政府建设，目前已初步形成职责明确、依法行政的政府治理体系。

2. 商务诚信建设

商务诚信是社会信用体系建设的重点，是降低商务运行成本、优化营商环境、加深贸易合作的基础条件，是各类经济活动高效开展的基础保障。以重点领域为突破，商务诚信建设深入推进，食品药品安全、企业诚信管理、质量、工程建设、金融、税务、交通运输等领域的商务诚信建设工作成就凸显，其中金融、税收、交通信用建设正纵深推进，向信用大数据智能化应用方向发展。尤其在企业诚信管理制度建设方面，全国企业信用信息公示系统的建成使用，标志着以信息公示为基础、以信用监管为核心、以随机抽查和重点检查为主要手段的新型市场监管模式正在逐步构建完善。

3. 社会诚信建设

社会诚信是社会信用体系建设的基础，是建设和谐文明社会、强化社会诚信意识、营造诚信社会环境的根本。以重点工作为抓手，社会诚信建设重点领域信用工作全面实施，社会组织领域、环境保护领域、科研领域、医疗服务领域、劳动用工领域、旅游领域等信用工作取得较大进展。尤其在科研信用领域，2014 年以来，国家连续发布了关于科研管理制度改革的系列文件，逐步将信用制度融入科研管理制度改革的相关环节，2018 年 5 月中共中央办公厅、国务院办公厅印发了《关于进一步加强科研诚信建设的若干意见》，对进一步推进科研诚信建设做出了重要部署。

4. 司法公信建设

党的十八大以来，我国司法公信建设取得了显著成绩，在阳光法院、智慧法院、以信用联合惩戒解决执行难等方面工作突出，人民在司法公正中的获得感增强，为我国社会信用体系建设工作提供了法治保障。首先，智慧法院建设的深入推进，推动了开放、透明、便民的阳光司法机制的形成。伴随审判流程、庭审活动、裁判文书、执行信息四大公开平台的开通，司法信息的公开透明覆盖了法院工作的各个领域、各个环节。其次，通过信用监督和信用惩戒机制作用的发挥，失信被执行人执行难问题基本解决。2016 年以来，最高人民法院联合国家发改委等 60 多个部门签署联合惩戒备忘录，建立了失信被执行人黑名单制度，构建了信用联合惩戒网络，"一处失信、处处受限"的信用惩戒格局在多部门、多行业、多领域得以初步形成。

（七）重点领域专项治理成效显著

根据国家公共信用信息中心提供的数据，截至 2019 年 4 月底，相关部门向全国信用信息共享平台推送失信黑名单信息新增 432208 条，涉及失信主体 299998 个，其中法人及其他组织 69470 家，自然人 230528 人。涵盖社会组织、失信被执行人、慈善捐助领域、金融专项治理领域、违法失信上市公司等若干领域。

（八）城市信用建设聚焦应用效果

信用是城市经济发展的基石，能够激发城市发展活力。国家发改革、人民银行鼓励地方开展试点示范、积极探索实践，自 2015 年起分两批共同意 43 个城市（城区）创建社会信用体系建设示范城市。到 2018 年 1 月，国家发改委、人民银行公布首批 12 个城市为信用示范城市。同时，各个城市根据自身建设发展需求和城市特点，开发了"信易贷"、"信易租"、"信易行"、"信易游"等系列守信激励项目，充分提升了市场主体的守信获得感和优越性，使信用良好的市场主体有更多机会获得便利优惠条件，更好地参与社会资源的分配。

（九）初步形成第三方协同治理模式

第三方信用市场在社会信用体系建设中发挥越来越重要的作用。2016 年 4 月，国家发改委出台了《国家发展改革委与信用服务机构合作开展行业信用体系建设暂行办法》；2017 年10 月，国家发改委发布了《关于引入第三方信用服务机构协同参与34个行业的信用建设和信用监管工作的函》；2018年2月，《关于充分发挥信用服务机构作用加快推进社会信用体系建设的通知》发布，进一步明确第三方信用服务机构在社会信用体系建设中的重要作用。

（十）行业信用体系建设框架性推进

行业信用是基于行业自律原则和行业内经济活动主体履约能力和履约意愿的诚实信任关系，行业信用建设是社会信用体系建设的关键支撑。2006年至2016年的十年间，在全国整规办、国资委、商务部的共同组织下，开展了“行业组织＋第三方信用服务机构”的行业信用评价模式，在行业信用体系建设中进行了有益探索，但在社会认可度、激励机制建设层面等还需要完善。

2017年，以建立行业信用信息目录与平台、行业市场主体信用档案、行业信用网站为基础支撑，以着力签署行业信用承诺、发布行业信用红黑名单和重点关注名单、实施行业信用激励与惩戒措施为主要环节，以治理违法违规经营、治理违约拖欠逃债、治理各种商业欺诈、治理制售假冒伪劣为阶段性重点工作的行业信用体系框架正在逐步完善。

2018年，《国家发展改革委办公厅　人民银行办公厅关于对失信主体加强信用监管的通知》提出，行业信用监管制度必须进一步健全。行业监管部门在发挥自身作用的基础上，进一步推进行业信用体系建设，从行业维度布局社会信用体系建设，取得了框架性的进展。

三　我国社会信用体系建设面临的问题和挑战

当前，《纲要》的实施已经接近尾声，启动新一轮社会信用体系建设规划的窗口期已经到来，除了总结取得的各方面进展外，也需要系统梳理当前社会信用体系建设面临的各种问题和挑战。党的十八大报告指出，“一些领域存在道德失范、诚信缺失现象”。党的十九大报告要求全面实施市场准入负面清单制度，清理妨碍市场统一和公平竞争的各种障碍，健全优化社会信用体系。从目前来看，社会信用体系建设面临的问题和挑战主要在以下几个方面。

（一）信用立法进程尚需加快推进

法制的健全与否决定了一个社会的信任程度高低。建立完善的信用法律法规是势在必行的。美国有信用专门法律 16 部，而我国信用法律尚不健全，立法滞后的问题日益凸显。在国家层面，除 2013 年颁布的《征信业管理条例》和 2014 年颁布的《企业信息公示暂行条例》外，《信用法》、《公共信用信息管理条例》、《统一社会信用代码管理办法》虽已形成专家建议稿初稿，但信用立法仅列入十三届全国人大常委会立法规划第三类；在地方层面，仅陕西、湖北、上海、浙江、北京等省份出台了相关条例。另外，在现存的一些法律法规中，有关信用管理的内容还不够深入和全面，距现实发展需求还有差距。

（二）社会诚信意识和诚信文化建设有待加强

党的十八大以来，习近平总书记全面总结改革开放以来我国诚信文化建设的经验和教训，从当前面临的诚信问题着手，全面推进诚信文化建设，既解决了思想上诚信道德意识不强的问题，又解决了诚信制度不健全的问题。党的十九大报告从多维度、不同角度屡屡提及“公信力、诚信和信用”，要求“坚持正确舆论导向，高度重视传播手段建设和创新”，加快“推进诚信建设制度化”。从社会信用体系发展的整体来看，规则意识、契约精神和诚信修养欠缺，传统道德的支持力有弱化的现象，信用交易风险问题仍较突出，如考试作弊、学历造假、论文抄袭、偷税漏税、公共部门数据造假等问题仍十分严峻。这些失信现象已涉及社会生活的方方面面。

（三）覆盖全社会的征信体系还有待完善

目前运行的社会征信系统主要包括央行的征信体系、发改委主导的公共信用信息系统和市场监管总局的企业信用信息公示系统。从实现《纲要》提出的建立覆盖全社会的征信体系这一目标来说，还存在一定差距。尽管我们看到，全国信用信息共享平台归集了大量信息，但仍存在社会成员信用记录严重缺失、信息的时效性和完整性不足等各类问题，离覆盖全部市场主体，实现各部门、各地方信用信息互联共享还有一定差距；同时，在信用信息归集中，公共信用信息与市场信用信息界限不清，交换共享的规则不完善，部分领域和地方还存在信用信息孤岛，信用信息滥用等现象时有存在，暴露出信用信息共享平台的一些短板和问题。

（四）政务诚信和司法公信建设有待加强

政务诚信是社会信用体系建设的关键，政府无信，则权威不立。虽然机构改革、简政放权等各项措施的推进实施有效促进了政务诚信体系建设，提升了政府部门办事的公平和效率，但是政府失信、法治缺失、监管失位等现象仍不同程度存在，而且“言而无信、朝令夕改、新官不理旧账”等失信问题在局部领域、个别地方甚至还比较突出，主要表现为少数地方政府数据造假、施政过程不透明不诚信等。

司法公信是社会公平正义的底线，是树立司法权威的前提。目前法院判决执行难问题虽在信用体系建设的联合惩戒机制的威慑下有所减少，但是司法信用体系尚需进一步健全和完善，司法工作的科学化、制度化和规范化水平还有待进一步提高，保障司法公信是法治社会建设、现代社会治理能力提升以及保障人民群众基本权利的底线和基础。

（五）联合惩戒工作机制有待完善

在联合惩戒制度落实方面，由于受到现有部门或领域一些法规、制度的影响，有些联合惩戒措施在具体执行上与现有法规制度存在一定矛盾，缺乏实施依据和法理支撑。同时，国家部委层面签署的联合惩戒备忘录，由于各部门的管理方式不同，存在国家部委层面签署的备忘录与地方上的执行脱钩问题，没有很好地发挥联合惩戒的效果。再者，有些地方政府和行业存在一定的保护主义思想，对区域内或行业内的失信企业有所保留，“下不了手”；担心影响小微企业的生存、造成失业率提高。总体而言，各种影响因素显示，联合惩戒备忘录在法理层面的执行依据尚有欠缺，联合惩戒机制的规范性、系统性和可持续性还有待进一步提升，联合惩戒工作的常态化运行机制还没有健全，同时，惩戒的领域、范围、对象等还需要进一步拓展，具体惩戒措施的实现方式也需要进一步完善。

（六）社会信用产品应用的内生动力还有待激发

信用作为无形资产，关键的价值在于用，在于能够发挥调节资源分配的作用。当前全社会信用理念不断深化，信用场景不断拓展，信用的应用价值正在成为支撑更多领域高质量发展的新支柱。社会信用体系建设的核心价值的体现也关键在于应用，而应用推广的关键是场景。当前，在应用场景建设上，不论是政府应用，还是市场应用，都存在一些问题。政府应用层面，可能存在查询结果的应用缺乏法律依据的问题，在日常监管、行政审批、行政处罚、政府采购、招标投标、项目扶持、资金支持、表彰评优、公务员招录用等业务中，存在查而不用或仅做参考的现象。市场应用层面，具有自发性的市场应用效果还未被全面激发出来，目前的市场应用更多是在政府相关政策举措推动下产生的应用形式，市场自发参与的积极性不高，普惠性的信用措施还不够丰富，信用服务机构的专业性还未全面发挥，市场化的信用应用场景还不够丰富，完善的信用服务市场尚未全面形成。

（七）社会信用体系建设各方面的进展很不平衡

当前，社会信用体系建设注重多领域齐头并进，在深刻认识当前经济社会发展需要的同时，尊重信用建设本身的客观要求和发展规律，不断进行制度创新、实践创新和理论创新，注重发挥其在社会活动中资源配置的基础设施作用。但实际的发展效果显示，社会信用体系建设各方面发展不均衡的问题较为突出，具体表现为实践探索快于理论研究、公共领域快于市场领域、平台建设快于制度建设、东部地区快于西部地区、垂直管理领域快于其他行业领域等。

特别是在区域发展的不平衡方面较为显著。由于各地信用体系建设的牵头单位不一，从事该项工作的具体机构职能和工作机制还未全面完善，在信息系统建设方面受制于各地部门信息化水平和我国部门设置条块分割、信息采集和交换标准不同，各个地区信用信息归集质量及应用情况有差别。同时，在跨区域的信用体系建设上，长三角、珠三角和京津冀等区域还未形成稳定的合作交流机制。信用体系建设的成效很大程度上取决于政府部门的推进力度，因工作力度、重视程度不同，各地方信用建设发展程度不一，这导致社会信用体系建设在总体上呈现不平衡。

（八）信用信息主体权益保护机制缺失

信用信息的采集、共享和应用过程伴随着信用信息主体相关敏感信息的流转，如果缺乏有效的信用信息主体权益保护机制，任何一个环节都可能存在一定的信息泄露风险。同时，随着移动互联网、大数据、云计算、人工智能等技术的普及应用，大数据征信的“泛信用化”现象加大了监管和维权难度。从信息采集范围看，大数据信息采集范围扩大，包含着信息主体信用状况参考意义不大甚至无关的数据；从信息处理过程看，不同的信息采集渠道、加工方式、模型设计及适用场景使得大数据征信透明度和公信力较低，加上对科技的高依赖度，易引发安全漏洞，发生个人信息泄露事件；从信息使用范围看，不经授权采集信息、强制授权采用信息、一次授权终身使用信息等现象屡见不鲜，个人隐私难以得到有效保护，未经信息主体同意的信息采集与滥用、信息泄露、数据倒卖、数据黑市交易等行为层出不穷，对信用信息主体的侵权行为大量出现，严重侵害了信用信息主体的合法权益。在信息安全难以得到保障的情况下，信用信息主体权益保护更是无从说起。

四　CBD 社会信用体系持续发展的提升路径

当前，站在社会信用体系发展的新阶段，回顾取得的工作成效，面对出现的问题和挑战，我们深感，社会信用体系建设总体方向是正确的，发展思路是科学的，推进模式是多元的，未来发展是可期的，但实施路径也是艰难曲折的。从社会信用体系建设持续发展的角度，围绕法规制度、标准规范、道德文化、信息平台、工作机制等方面提出以下提升路径：一是加快信用立法进展，夯实信用体系建设的法治基础；二是加强标准规范制定，统一信用体系的有序运行；三是推进道德文化建设，营造诚实守信的文化氛围；四是完善信息平台功能，强化信用结果的应用推广；五是创新信用工作机制，触发社会服务的内生动力。

对于 CBD 这样的区域信用体系建设而言，对照当前社会信用体系建设中出现的普遍性问题和症结，更应将具体问题改在实处，具体工作落到细处，从关键环节入手，达到带动全局的实施效应。具体而言，可以从以下方面加以提升。

（一）统筹区域管理体制，协调发挥各方合力

在区域内加大部门间的组织协调力度，充分发挥区域内各地方、各部门的能动性，形成信用体系建设合力，尽量减少基础设施的重复建设和资源浪费。做好相关规章制度的查漏补缺工作，与全国性或上级部门信用相关法规和制度做好衔接配套，确保区域内信用体系建设各环节政策的连贯应用，如信用信息征集、共享、使用和发布，信息主体权益保护等方面的政策制度、实施细则和标准规范的建设，保障好的制度能够落地应用、产生效果。

（二）完善信用信息记录，推动信用信息的共享应用

明确区域内各部门、各地方信用信息记录的基本分工，编制统一规范的信用信息目录，落实政务信用信息公开，并形成信息公开的监督机制；依托政务信用信息平台建设，做好信用信息的记录和归集，建立区域内的信用主体档案，在区域内相关部门和地方进行规范共享和应用。同时，提高区域内企业信用信息披露质量，强化信用对市场主体的约束作用，提高贯穿市场主

体全生命周期，衔接事前、事中、事后全监管环节的新型监管机制的信息化水平。

（三）拓展信用信息应用领域，健全奖惩机制全面发力

在政府应用层面，将信用状况作为行政管理事项的重要参考，纳入行政管理环节，建立信用监督和约束惩戒机制，特别是对于主观恶意失信行为，综合运用道德性、行业性、司法性、行政性、社会性惩戒措施进行曝光、约束、监督、限制和惩戒，严厉遏制和打击失信行为。同时研究建立区域内守信激励机制，营造诚信保障环境，通过开展诚信示范企业、诚信个人等文明评比，引导建立普适的诚信价值观，强化正向激励作用。在市场应用层面，引导市场主体对信用产品的应用需求，为市场化应用提供开放宽松的发展环境，并适时引入第三方机制参与区域信用治理。

（四）持续加强诚信文化建设，优化诚实守信的营商环境

通过在区域内联合组织“诚信宣传月”等主题宣传活动，集中宣传诚信理念和价值观，并与主流新闻媒体联合建立常态化的宣传合作机制，宣传和普及信用基础知识和典型案例，拓展诚信宣传的广度和深度。并加强对区域内信用主体开展诚信教育和信用知识培训，传播以诚信为主题的教育内容。同时，做好区域内诚信自律公约或诚信承诺的签署和公示，强化信用主体的主观认识，形成不想失信、不敢失信并且鄙视失信的文化氛围。

市场经济是信用经济，信用是市场经济的基石，更是市场经济的灵魂。围绕建立健全贯穿市场主体全生命周期，衔接事前、事中、事后全监管环节的新型监管机制，立足全面深化“放管服”改革要求，立足新形势下信用体系建设面临的新使命、新任务和新挑战，踏上历史新征程的社会信用体系建设，任重而道远。CBD 作为经济发展和信用建设的前沿阵地，做好信用体系建设是提升区域竞争软实力、优化营商环境的关键着力点。期待将 CBD 区域信用体系建设的成功经验辐射推广，因地制宜，结出社会信用体系建设的累累硕果，创造一个前所未有的信用社会。

参考文献

《今年社会信用体系建设将重点抓好九方面工作》，《中国信用》2019 年第 5 期。

《公共信用综合评价想多行业深入拓展》，《中国信用》2019 年第 6（30）期。

韩家平：《关于我国社会信用体系建设的再认识》，《征信》2016 年第 11 期。

袁新峰、赵强、王秋香：《小微企业信用体系试验区建设的思考——以北京中关村示范区为例》，《征信》2015 年第 6 期。

李士涛：《我国区域信用体系建设模式及框架研究》，《区域金融研究》2012 年第 12 期。

梁万泉：《京津冀协同发展下区域信用一体化的优势、难点和思路》，《环渤海经济瞭望》2016 年第 12 期。

B.11
知识产权保护与交易的厦门实践

邓　明*

摘　要：　改革开放四十年来，厦门市在知识产权保护与交易方面取得巨大成就，积累了大量的实践经验。本文梳理了厦门市知识产权保护与交易上的成果与经验，认为加强顶层设计、创新金融与财政支持、深化知识产权人才培养、强化知识产权宣传、提升知识产权公共服务能力、依托特殊区位优势是厦门市在知识产权保护与交易中的成功之道。

关键词：　知识产权保护　知识产权交易　厦门市

知识产权保护既是创新的命脉所在，亦是促进城市发展的核心动力之一。作为全国知识产权示范城市之一，厦门在成为特区之日起，就把知识产权发展作为推动厦门经济社会发展的重要抓手之一。1985 年，习近平总书记到厦门任职，领导了厦门特区的早期规划建设，完成了《1985～2000 年厦门市经济社会发展战略》的规划及设立，并确切提出，在对一个地区的科技进步情况进行判定的时候一般都会将技术专利作为关键的评估项目，因而要在相应管理体系的建设方面加大力度。这为厦门经济社会的长久发展指明了方向。三十多年来，厦门市以习近平总书记主持制定的经济社会发展战略为指引，坚持以知识产权强市，在知识产权保护与知识产权交易方面取得了丰硕成绩，逐步形成了知识产权保护与知识产权交易的厦门经验。

* 邓明，厦门大学经济学院教授，博士，研究方向：城市与区域经济。

一　知识产权保护与知识产权交易——厦门成就

自特区成立之日起，厦门市就不断推进知识产权强市建设，并取得了丰硕成就。2018 年发布的《2017 年厦门市知识产权发展状况》显示，2017 年，在知识产权创造方面，该市总共新增了 24599 件国内专利申请，较前一年上涨了 20.4%。其中，新增的发明专利申请、各种类型的国内专利授权、PCT 国际专利、申请发明专利授权分别为 5812 件、14678 件、313 件、2333 件，分别较前一年上涨 5.6%、21.2%、36.7%、15.0%，在整个福建省排在第一名，且在全省申请总量中约占 40.3%；截至 2017 年底，厦门全市每万人口发明专利拥有量达 23.5 件，与此相比，2017 年末，福建省每万人口发明专利拥有量为 8.0 件，而全国的这一数据则为每万人 9.8 件。在此基础上，厦门市 2018 年的知识产权创造再上台阶，2018 年全年新增国内专利申请 32234 件、授权 21393 件，分别增长 31.0% 和 45.8%。新增 10 项中国专利奖、42 项厦门市专利奖（见表 1）。

表 1　2018 年 1～12 月厦门市各区专利统计数据

县(市)区	2018 年 1～12 月国内专利申请量(件)				2018 年 1～12 月国内专利授权量(件)				2018 年 1～12 月 PCT 国际专利申请量	有效发明专利拥有量(至 2018 年 12 月 31 日)
	合计	发明	实用新型	外观设计	合计	发明	实用新型	外观设计		
思明区	7031	2673	2716	1642	4004	776	2007	1221	91	4168
湖里区	6234	1312	3410	1512	4422	394	2724	1304	21	2072
集美区	7105	1518	4381	1206	4653	403	3309	941	38	1860
海沧区	3301	749	1983	569	2232	176	1592	464	7	1205
同安区	5126	714	3314	1098	3563	118	2465	980	51	659
翔安区	3437	926	2029	482	2519	347	1770	402	15	1348
合计	32234	7892	17833	6509	21393	2214	13867	5312	223	11312

注：2018 年度专利申请数据已根据国家知识产权局要求进行核减。

厦门市在第19届中国专利奖的评比当中一举夺得了10个奖项，其中的外观设计优秀奖、中国专利优秀奖的数目分别是1项、9项。2017年，厦门市新增商标注册数38847件，占福建省总量的30.1%，；商标申请件数为83626件，占福建省总量的28%；商标有效注册量累计达174089件，占福建省总量的23.6%；商标有效注册量在全国15个副省级城市中排名第六，每万户商事登记主体拥有商标3405.72件。2017年，厦门市新增作品（不含计算机软件）著作权登记数量11024件，新增计算机软件著作权登记数量19500件，分别同比增长26.1%、6.0%。登记作品种类（如动漫美术作品、软件作品等）呈现多样化趋势。

在知识产权运用方面。2017年，厦门市合计给予扶持资金1800万元补贴，带动140个项目发展，拉动5亿元社会投资。共组织47家企业116个专利项目参加“中国·海峡项目成果交易会”及“中国国际专利技术与产品交易会”。目前，厦门知识产权运营引导资金已到位8000万元，且成立了引导资金理事会及理事会办公室，完成了《厦门“一带一路”知识产权运营引导资金管理暂行办法》（厦知〔2017〕32号）（后文中简称《办法》）。

在知识产权保护方面。2017年，厦门市一共查出且处理了279件与假冒专利有关的案件，同时还对74件与专利侵权有关的案件进行了办理；启动运作中国厦门（厨卫）知识产权快速维权中心。“12330”呼叫中心接听的咨询电话、接收的维权援助案件分别有1829个、19件，此外还支出了相应的援助资金，数额为5.3万元，受惠企业共有4家。有效地促成了专利服务机构（17个）和维权援助工作站（15个）的关联互助，使相应的服务水准得以大大提升。

厦门市在知识产权发展发面取得的成就也给厦门市带来了一系列同知识产权保护有关的荣誉：2016年在国家知识产权示范城市工作中被评为副省级城市级别中的第三；在2017年的专利行政执法工作及知识产权维权援助举报投诉工作绩效评比中，在161个城市中被评为第四名；全国仅有的一个的两岸与“一带一路”知识产权经济试点落地该市，同时，被评为国家知识产权强市创建市、国家知识产权运营服务体系建设关键城市、知识产权综合管理改革试点地方，中央财政给予厦门市 2 亿元资金以支持知识产权创造与保护。

二 知识产权保护与知识产权交易——厦门经验

（一）加强顶层设计

数年以来，厦门将知识产权顶层设计视为重中之重，并致力于政策体系的设立及健全，从最初的战略规划开始一步步落到实处。“十二五”期间，厦门市相继出台《厦门经济特区专利促进与保护条例》、《高标准建设国家知识产权示范城市工作方案（2014～2016 年）》、《厦门市开展两岸知识产权经济发展试点工作方案（2015～2020 年）》、《厦门市专利发展专项资金管理办法》、《厦门市知识产权局行政处罚自由裁量权细化执行标准》等一批政策文件，营造了知识产权发展的政策环境。2017 年，知识产权强市建设领导小组正式设立，《厦门市知识产权强市建设行动计划（2017～2019）》、《厦门市知识产权运营服务体系建设实施方案》、《厦门市“十三五”知识产权事业发展规划》（后文称《规划》）一一发布，在规划中，厦门市政府指出应基于“知识产权强国”建设，牢牢把握自身的发展机会，譬如成为“一带一路”支点城市等，围绕支撑经济发展的主要方向，着力于知识产权强市的建立，将创造、使用、保护、管理及服务知识产权的整个链条理通理顺。

此外，厦门市还通过推进知识产权的立法工作来繁荣知识产权保护与交易，市政府 2018 年立法备选项目中纳入了《厦门经济特区知识产权促进与保护条例》，拟通过地方综合立法，清理、完善、规范厦门市各个知识产权领域的规制及政策，使该市的知识产权工作收获更丰硕的成果。

（二）创新金融扶持与财政扶持

厦门市政府通过不断创新知识产权保护方面的金融扶持政策和财政扶持

政策来推进知识产权保护工作。2017 年，厦门市顺利完成了对“一带一路”知识产权运营投资基金的设立，并对前文中所言的《办法》进行了发布。2017 年，厦门市以“商业性、政策性与运营性三合一”两岸知识产权银行建设为方向做了诸多的探索和尝试，在先期挑选出 8 家试点银行进行两岸知识产权金融特色业务试点的基础上，于 2017 年 12 月推动设立了国内首家“商业性、政策性与运营性三合一”的知识产权支行，与保险、银行、评估、担保机构联手将“知保贷”及“知担贷”方案推出。同时，启动专利保险工作，并给予 313 件专利保险补贴 35. 8 万元。设立厦门“一带一路”知识产权运营投资基金，有序推进资金落实、管理建设、资本对接、项目储备、项目投资等各项工作。此外，厦门市也利用财政政策推进知识产权的运用，2017 年，厦门市通过财政给予的 18. 4 万元专利投保补贴，共有 23 家企业的 230 件获得；7. 2 万元的购买专利奖励，共有 3 家企业获得；148. 2 万元的专利权质押贷款贴息，共有 6 家企业获得。对 50 个专利技术落实和产业化计划项目进行了扶持，并给予了 700 万元的资金支持。

（三）深化知识产权人才培养

一直以来，厦门市政府都致力于创新知识产权人才培养机制，目的就在于从人才方面为本市创造、保护、交易知识产权进行助力。面对知识产权综合性人才匮乏这一现实问题，厦门市做出了诸多的努力，与多个单位譬如行政学院、人才培训机构等一起进行强力合作，着力于知识产权综合性人才和应用型人才的栽培。加快中小学知识产权教育试点的发展，使知识产权远程教育价值得以展现、高校人才培养基地的作用得以发挥。2017 年，厦门市获批建立福建省知识产权远程教育平台厦门分站，以厦门理工学院为本对全市民众开展知识产权远程教育培训活动，累计举办 22 期培训班，累计培训 59072 人次，连续 3 年在全国知识产权远程教育年度工作会议上作典型发言。促成厦门大学完成“理工知识产权双学士创新实验班”本科教育及两岸知识产权高层次人才研修班、知识产权博士班的设立。在厦门市中小学教育课程体系中纳入知识产权内容，共有知识产权试点、示范学校国家级 2

所、省级20所、市级35所。厦门市多个部门一同完成了对《厦门市中小学知识产权教育试点示范工作方案》的规划及发布，整个年度新增设的国家知识产权普及教育试点学校、市知识产权普及教育示范学校及试点学校的数量分别是1所、2所和3所。加强知识产权远程教育，新设了厦门分站火炬高新区子站，整个年度共开展了5期活动，共有37217人次接受培训，比前一年上涨了120%，在中国知识产权远程教育优秀分站的评选中，厦门分站持续4年获得殊荣。

（四）加强知识产权宣传

为强化公众知识产权意识，厦门市各知识产权相关工作部门围绕“创新创造改变生活，知识产权竞争未来”主题，利用“3·15”消费者权益保护日、“4·23世界图书与版权日”、“4·26”知识产权宣传周、版权宣传月、专利周等重大节点，采取新闻发布会、媒体宣传以及微信、微视频等新媒体多形式向社会通报厦门市知识产权工作决策部署、阶段成果，曝光违规违纪行为，积极回应重要舆情和社会热点问题、释疑解惑，通报工作进展。2017年，厦门市政府新闻办主持召开了知识产权宣传周新闻发布会，发布知识产权发展状况。厦门市市场监管部门积极走访、调研新认定驰名商标等高知名度企业，指导企业在生产经营中依法、规范使用注册商标，做好企业品牌扶持和保护；积极宣传商标注册便利化改革相关政策，引导企业重视应对商标侵权及恶意抢注行为。厦门市中级人民法院召开新闻发布会公布厦门市两级法院知识产权司法保护基本状况及十大典型案例，并在人民法院报上先后刊发了《“衣食住行”中的知产侵权犯罪不容小觑》、《假烟犯罪的罪与罚》等专题报道。厦门海关创新知识产权保护宣传机制，全方位多渠道充分运用电视、报纸、展示中心、网站、微博、微信、微电影等方式，营造全社会“尊重知识，崇尚创新”的良好氛围。此外，厦门海关制作的《道高一丈》知识产权保护微电影，被选为海关系统“4·26”知识产权宣传周内容，在海关总署门户网站首播和《金钥匙》杂志微信公众号、相关微博刊播，入围“全国第二届平安中国微电影微视频比赛”总决赛。“龙腾”行动期间，加大宣传关区重点培塑企业和查获的典型案例力度，激发企业创新热情，营造保护知识产权的良好氛围。厦门市知识产权局主动着力于宣传模式的创新、新媒体传播途径的开拓。与《厦门日报》新媒体中心一起对“厦门知识产权”微信公众号进行管理、完成对《担当四大使命，支撑创新发展》（知识产权宣传片）的拍摄、与“今日头条”一起开设了“厦门知识产权”头条号，将颇具立体特性、内容全面的相关动态资讯传送给公众。

2016 年，第一届“知识产权杯”创意设计大赛在该市成功开办，共有 609 幅作品入赛，选出了 14 个创意旅游及创意公共设施类奖项，奖金为 18 万元，将其中的 12 项参赛作品对接于企业，将其落到实处。主动对宣传及文化建设模式进行变革，以新媒体矩阵的设立以及新媒体传播途径的开拓为关键，收获了颇多成果。

（五）促进知识产权公共服务能力的提升

2017 年，厦门市对权责清单和公共服务事项进行了修订及补充，并且公开相关信息，完成了对网上申报系统二期工程的开启，并在办理与企业有关事务之时，做到“一趟不用跑”、“最多跑一趟”。促进知识产权服务业发展，全年新增 6 家专利代理机构。加强对知识产权代理机构和代理人的监管，构筑更完善的知识产权服务体系。

打造版权领域专业服务平台。2017 年，厦门市推进我国南方地区首个国家级版权综合服务平台“国家海峡版权交易中心”的建设，打造以版权保护为根本、金融及科技为内在动力的“版权盾”的专业保护平台，利用线上平台及线下取证 APP，为文化企业、创作人提供一站式版权领域知识产权保护服务。

营造优质边境知识产权服务环境。自贸区海关知识产权保护展示中心在厦门自贸委和市海关的一同努力下得以建成，开展知识产权延伸普法，建立自由贸易试验区厦门片区知识产权保护协作机制和外贸订单预确认机制，对企业实施精准普法并帮助其提前预判知识产权风险，加快合法货物的通关速度。

（六）依托特殊区位推进知识产权保护

厦门市是一个具有特殊区位的城市，为特区之一，也是沿海城市，同时也是对台交流的重点城市。基于这样的区位优势，厦门成为“金砖国家会晤”的举办地，并成为自由贸易试验区。依托这样的特殊区域和特殊定位，厦门市不断创新知识产权的边境保护和自贸区保护。

在知识产权的边境保护方面，贯彻落实“知识产权强国”和“创新驱动发展”战略，深入推动“清风”专项行动，重点针对出口至拉美和“一带一路”沿线国家和地区的重点侵权商品进行专项布控打击；在关区加强对输美商品的监控，联合厦门自贸委开展知识产权“金砖”行动，对输往金砖四国的侵权商品开展专项打击。遴选 8 家企业入选海关总署“龙腾”行动重点企业名单，并建立涵盖 14 家企业的关区出口知识产权优势企业培塑名单，为培塑企业提供“一对一”的品牌推广、打假维权和海外布局等知识产权帮扶。推动区域海关执法联动，打击侵权活动的跨关区漂移。全年厦门海关共查扣各类侵权货物 130 批次，查扣货物 428 万件，案值约 3686 万元，查办的案件成功入选 2016 年度“中国海关保护知识产权十佳案例”。厦门海关查获涉嫌侵权蚊香 35 万余盒，为全国海关涉嫌侵权货物数量最大案件。

在知识产权的自贸区保护方面，中国（福建）自由贸易试验区厦门片区管委会（下称“自贸区”）与厦门海关等一同完成了对自贸区知识产权保护协作机制的设立，使得知识产权行政、司法、海关三大方向的保护之间得以顺利关联，完成对知识产权多元化纷争解决机制的设立。2017 年 3 月 21 日，中国厦门（厨卫）知识产权快速维权中心正式挂牌运行，此为我国第一家设于自贸试验区的此类国家级中心，同时还是厦门仅有的一家国家级厨卫行业知识产权快维中心。通过政府买入服务的途径，将“知识产权网上侵权预警与存证云服务”无偿供给片区企业，达成私力和公力两种保护的顺利相连。与厦门海关一起对知识产权保护协同进行创新，合作建设新业态侵权态势研判中心，针对跨境电商和互联网邮递渠道，将自贸区外贸订单知识产权状况预确认服务正式推向市场，为有关企业提前预判知识产权风险、有效筛除知识产权问题订单提供帮助。率先在全国各自贸区中强化企业商业秘密保护，指导制定了《厦门自贸片区经济活动知识产权评议办法》（试行），为全国自贸片区首个知识产权评议政策。

三　存在的问题与不足

第一，知识产权发展水平与国内先进城市比仍有差距。截至 2017 年底，深圳市每万人发明专利拥有量为 89.78 件，与之相比，厦门全市每万人发明专利拥有量为 23.5 件，约为深圳的 1/4，差距较大。

第二，知识产权顶层设计政策效应尚未充分发挥，对全市经济社会发展的贡献不够突出，综合管理改革还有许多难点有待突破。目前，厦门市充分利用了自贸区、“一带一路”和对台优势展开知识产权保护与交易，但关于如何将这些优势综合在一起还缺乏更好的顶层设计，综合管理存在一定的“缺位”。

第三，知识产权发展不平衡。各部门、各区对知识产权的重视程度和工作条件存在差异，没有专门的知识产权执法队伍，知识产权管理体系尤其是区一级的体系建设还不够健全，协调运行的工作机制还需强化。

第四，知识产权综合服务能力亟待进一步的提升，特别是高端服务机构数量较少，高层次的知识产权人才十分匮乏。

第五，知识产权保护与交易中的校市合作还有一些不足之处，还需要做适度的改进。厦门市拥有等众多高校，譬如厦门大学、厦门理工学院等，这些高校均是知识产权保护的重要供给方，但在将知识产权供给与应用衔接上，厦门市还存在较大不足，这需要政府知识产权部门与学校之间更好地沟通、协作。

上述不足虽是厦门在知识产权保护与交易中存在的不足，对其他地区的知识产权保护与交易也存在一定的启示意义。

参考文献

厦门市知识产权保护局：《2017 年厦门市知识产权发展状况》，http：//ipo. xm. gov. cn/zhfxxgk/xxgkml/？ u =/zhfxxgk/xxgkml/ghjh/。

深圳市知识产权保护局：《深圳市 2017 年知识产权发展状况白皮书》，http：//www. sz. gov. cn/szscjg/xxgk/qt/ztlm/zscqxc/xlhd/201805/t20180515_ 11901802. htm。

B.12
完善我国 CBD 市场监管体系的思路及对策

王艳红*

摘　要： 提升 CBD 营商环境需要完善的市场监管体系。我国市场监管改革已形成以上海、天津、深圳和浙江为代表的各具特色的监管模式。当前 CBD 市场监管存在市场监管内涵和权力边界不够清晰、制度规则不统一规范、体制机制不畅、职能转变不到位、对非政府主体不够重视、市场监管问责机制不健全、效率需提高、执法力度需加强等问题。应在确定市场监管改革思路的基础上，健全市场监管法律法规，统一规范市场监管制度规则，更新监管理念，加大执法力度，明确职能边界，不断提高监管效率，形成制度化的监管绩效评价体系，强化市场监管问责机制，加强监管队伍建设，重视非政府多元主体的市场监管作用，信息披露公开透明，推进信用体系建设。

关键词： 市场监管　监管模式　职能边界　监管绩效

市场监管是政府的重要职能，建设健全而公正的市场监管体系可以有效地维护市场秩序、保护公共利益。市场监管涵盖经济及社会领域，一是矫正市场失灵现象，在市场机制架构下，由行政机构对经济活动采取干预和控制

* 王艳红，天津师范大学经济学院，副教授，研究方向：国际区域经济合作以及自由贸易区研究。

措施；二是基于保障劳动者及消费者的目的，监管机构就物品和服务质量等相关活动制定标准进行规制。市场监管应具备监督、规范和查处职能，担负维护市场经济秩序及服务经济社会发展的职责。

CBD 是城市主要商务活动汇聚之地，是城市或区域乃至国家的经济发展中枢，不仅高度集中了经济、科技、文化等城市功能核心，而且具备金融、商贸、文化、展览、咨询、信息及中介服务等多种功能，聚集大量商贸公司、金融机构及企业集团在此开展商务活动。CBD 营商环境优化涉及我国经济社会深化改革和进一步对外开放，是涵盖众多领域的系统工程，包括影响企业活动的社会、经济、政治、法律等诸要素。良好的营商环境体现了 CBD 经济软实力，而营商环境的提升离不开有效的市场监管体系。随着行政审批事项越来越少，市场准入门槛也越来越低，CBD 市场监管体系面临如何不断完善的新问题。

一　我国 CBD 市场监管改革的典型模式

“改革市场监管体系，实行统一的市场监管”在十八届三中全会上提出。次年《国务院关于促进市场公平竞争维护市场正常秩序的若干意见》发布，该意见指出要加快改革市场监管体制，探索综合设置监管机构。此后，各级政府加强“放管服”改革，不断探索市场监管新模式，其中上海、天津、深圳和浙江的市场监管改革成效较为突出，形成各具特色的监管模式。[①] 上述四省份 CBD 市场监管建立在各自监管模式基础上，促进了 CBD 经济发展。

（一）上海模式

上海模式为“金字塔型”。上海市场监管部门在十八大后不断推进市场

① 盛保晨：《供给侧结构性改革下完善市场监管的几点思考》，http：//opinion. hexun. com/2018 -01 -07/192174749. html，2018 年 1 月 17 日。

监管领域改革，落实“放管服”特别是分类综合执法改革，对事中事后监管进行创新，对综合执法机制加以完善，落实统一市场监管。作为首个试点区，浦东新区实现工商、质监及食药监的“建一撤三”，经整合设立浦东新区市场监管局。之后改革试点延伸至八个中心城区，在市场监管局并入价格执法检查职能，从而完成“四合一”改革。改革前市场监管为橄榄型，市局及基层构成“橄榄”的两头，而区级层面是橄榄型的中部，改革后则形成了金字塔型监管结构，全市市场监管干部在市区街镇的配置比例为6:20:74，基层市场监管执法人员占比比改革前提高了10个百分点。①

改革后上海市场监管效能不断提升，对“生活—流通—消费”的全过程进行监督。综合执法机制实现集约化，做到“一次出动、全面体检”。管理模式也在调整，由省级“垂直管理”转变为浦东新区“属地管理”，将更多市场监管职能转移至基层。强化事中事后监管，推进管理创新。依照“放管服”改革目标，建设“事中事后综合监管平台”，创新“3+3”机制，进行事中事后监管，进一步提高监管效率效能。通过监管部门简政放权，上海市的营商环境实现优化，实现了“一表申请、一口受理、一门办理”，企业办事效率大幅提高。

（二）天津模式

天津模式可称为“圆柱型”。2014年天津对市质监、市工商、市食药监三局进行改革，重新整合机构和职责，建立了市场和质量监督管理委员会，不再保留原有三个市级行政部门。对执法机构改革，整合原三局人员成立市场稽查总队。同时设立区级层面和乡镇街道一级的市场监管机构，统一接受市监管委员会领导，做到“三局合一”。在市区街道办行政范围内形成垂直管理，在结构上市场监管模式呈现“圆柱型”。

天津市场监管改革依托简政放权的大背景带有显著的政策导向性。不断深化审批制度改革，简化审批流程，实施“一制三化”，“一制”即

---

① 《上海探索四合一模式破解市场监管多部门管理格局》，《文汇报》2018年8月15日。

承诺制，“三化”是指智能化、标准化及便利化。市级行政许可事项由过去的 1133 项减少到 230 项，在改革中持续完善的市场监管体系，使天津营商环境不断改善，在 2019 年全国营商环境排名中，天津已成功跃居第四位。① 市场主体的期待与营商环境的差距逐渐缩小，进一步释放了市场活力。

作为改革开放试验区的天津自贸区中心商务区，承担着新形势下全面深化改革、扩大开放和加快推进京津冀协同发展战略的重要任务。② CBD 市场监管改革方向是对标国际标准，吸取海外自由贸易园区的建设经验，以制度创新为核心，着力营造市场化、国际化、法治化营商环境。目前 CBD 已实施负面清单管理，将金融创新为主的现代服务业作为发展重点，建立综合统一的行政审批机构，实行审管职能分离，政府管理由过去注重事前审批转为注重事中事后监管，转变政府职能，不断提高行政透明度，努力实现部门协同管理，加快步伐将自贸区各种政策执行到位。③

（三）深圳模式

深圳模式被称为“纺锤型”监管模式。深圳于 2014 年建立市场和质量监督管理委员会，委员会主任由分管副市长担任，主任担负制定政策、标准、规划等职能，并对相关执行部门进行监督。委员会有三个机构，它们是正局级的市场监督管理局、副局级的市场监督稽查局和食品药品监督管理局。在区一级监管机构设置市场监管分局以及食品药品监管分局，来自区分局的派出机构同时在管辖街道设立市场监督管理所。结构上看，这样的监管模式中间分开而上下统一，类似“纺锤型”。

经过结构重大调整后，深圳模式的突出优点逐渐显现。一是采取分类监管模式有助于实现专业化监管，如居民特别关注的食品与药品安全问题由食品药品监管分局负责。二是将监督执法队伍统一管理，明确职能边界，合理

① 刘菲菲：《天津：久违的“开门红”发展》，《中国经济时报》2019 年 5 月 8 日。

② 《中国（天津）自由贸易试验区总体方案》，http：//www. china - tjftz. gov. cn。

③ 王艳红、孟广文：《天津自贸区中心商务区产业集群考察》，《开放导报》2018 年第 1 期。

分工，各司其职。三是宏观层面政策设计与微观层面市场监管实现了有机结合，使政策上传下达更有效率，实现监管政策一致性，基层信息反馈更为便利。

（四）浙江模式

浙江模式为“倒金字塔型”。浙江省在 2013 年底启动改革食品药品监管体制，在县市区层面重新整合工商局、质监局和食药监局职能及其组织机构，继续保留原工商、质监、食药监局牌子，并组建新的市场监督管理局。原有的省级机构设置依然保留，而地级市则有更大自主权，可以自主设置组织机构模式。对一系列组织结构进行重新布局，设置技术检验检测以及综合市场执法机构，在基层设置市场监管所，为维护消费者权益设立市场投诉举报等机构部门，依据实际情况由县市区一级政府确定设置的形式。浙江市场监管模式在结构上呈现上级分立而基层统一的“倒金字塔型”，推进了浙江省市场监管体系改革。

改革后的浙江市场监管模式优点明显，不仅有利于整合市场监管执法资源，还可以发挥各部门优势，在专业管理基础上加强综合执法。浙江作为互联网发展重地，面对大数据、电子商务、人工智能为代表的互联网新经济迅猛发展的现实，积极构建信息网络，发挥本地互联网发展优势，针对市场监管建设互联网执法办案平台，该平台已于 2018 年 10 月正式启用。利用互联网进行市场监管已成为社会治理发展的新趋势，这一创举是市场监管机制改革的重大创新，体现了政府部门积极主动适应互联网经济发展的现实需要。

二　发达国家进行市场监管的主要特征

发达国家进行市场监管的实践起步早，形成了形式各异的监管制度安排，各自的侧重点也有所不同。如欧洲大陆国家大多推崇社会市场经济，其市场监管偏重保障社会福利与维护社会公平；而美英等国采取自由市场经济体制，其监管制度安排则更偏重效率。[①] 伴随全球范围现代市场监管体系建设，原有监管制度不断进行改革，发达国家市场监管出现许多共同特征，主要表现在以下几方面。

（一）监管机构原则明确，法律法规健全，执法标准清晰

发达国家监管机构普遍遵循下述原则建立：依法设立的原则，透明性原则，可问责性原则，成本收益原则以及专业化原则。[②] 法律法规不仅是监管部门执法行为的依据，还是被监管者维护自身权益的保障，也是消费者维权的法律依据。如美国 1882 年实施的反托拉斯法（即反垄断法），意在取缔垄断行为和贸易限制及意图抬高价格或消除竞争的企业勾结行为，该法实施后成为众多企业和消费者争取权利的法律依据，其地位如同英国的“自由大宪章”。欧盟和日本也有反垄断法，被视为欧盟的“经济宪法”和日本的“经济法核心”。于发达国家而言，监管立法对维护市场经济秩序具有非常重要的意义。完善的市场监管法律使发达国家执法部门有法可依；标准明确使执法力度大，有助于保障监管效能、增强法律威慑力。

（二）监管机构职权分明，职能边界清晰，独立性强

为提升监管质量、推进监管改革，发达国家往往设立高层次中央机构以进行市场监管。在美国政府联邦预算机构内部设有监管质量管理部门，涉及多部门的监管改革。美国还有针对不同行业的监管机构进行专业化管理，如对银行业、证券业、电力市场等实施的监管，决策时效性强，便于内部协调。对于健康、安全、环保等监管问题，美国政府普遍认为是共同事权，采取属地管理与垂直管理混合方式进行监管，做到分级监管与责权一致。各监管机构职权明确，职能完备，职能边界划分清晰，防止出现监管空白或多头

① 卞靖：《发达国家市场监管的发展历程、共同特征及相关启示》，《中国经贸导刊》2015 年第 1 期。

② 石涛：《发达国家市场监管机构改革的特点和启示》，http：//www. sohu. com/a/33093421_162758，2015 年 9 月 24 日。

监管，提高监管效能。监管独立性对保障监管效能十分重要，由国会（或州议会）负责的独立监管机构数量众多，这些机构具有准立法职能、准司法职能及准行政职能，被称为独立的“第四部门”。

（三）监管决策注重科学基础和公众参与，信息披露公开透明

发达国家监管机构被定性为科学决策机构，任何决策都需要提供科学的论证材料，如果出现决策瑕疵，则要听取内外部相关专家的建议。如美国环保局、联邦食品药品局以及消费产品安全委员会等监管部门拥有众多的咨询机构，这些隶属于监管机构、被称为“第五部门”的科学顾问机构，被视作“社会风险控制管理者”。[①] 社会自治力量对监管决策的影响也很重要，大量消费者组织、同业公会、环保组织等法团机构影响力非常大。监管决策相关信息及时向社会公众公开，邀请相关利益主体参加听证会、咨询会等，减少监管机构与公众间的信息不对称，以法律法规等方式强制信息披露，履行监管机构的社会责任。

（四）监管绩效评价体系健全，监管影响评估呈现制度化

科学合理的指标体系有助于对监管改革的绩效进行评估。1981 年美国最先建立起监管绩效评价（Regulatory Impact Assessment，RIA），用以判断监管政策的有效性。[②] 后来许多发达国家也陆续采用，一些国际组织如世界银行、OECD 等也认为构建和完善 RIA 非常重要。OECD 认为，对拟实施的监管政策进行事前评估，就潜在成本与收益进行分析，判断可能产生的正负面效应，通过客观评估分析为科学监管决策提供扎实的依据。监管绩效评价可理解为通过科学评估体系的构建，形成信息公开透明、多方互动协商的监管政策评估过程，为监管政策的制定者提供有价值的数据分析

① 卞靖：《发达国家市场监管的发展历程、共同特征及相关启示》，《中国经贸导刊》2015 年第 1 期。

② 徐鸣：《监管限度内中国监管绩效评价体系的构建研究》，《当代经济管理》2019 年第 5 期。

和经验信息，从而促进理性决策、提升监管质量。[①] 目前 OECD 国家中采取监管绩效评估的成员国数量已近 30 个，这些国家均拥有高级别政府下设的审核协调机构，以及进行成本收益分析的数据库和模型，监管影响评估已呈现制度化。

三　我国 CBD 市场监管面临的重点问题

改革开放以来，特别是确定建设社会主义市场经济体制后，我国的政府职能更多地关注宏观调控职能，而市场监管、社会管理、公共服务及环境保护四项职能未能获得同样的重视。如一些 CBD 政府部门为了吸引外资推进区内产业发展，采取政策优惠等措施招商引资，造成内外资企业不能公平竞争。虽然我国入世 15 年保护期已过，外商投资逐渐享受国民待遇，但我国市场经济体制还不够成熟，公平与效率有时难以兼顾，市场监管问题有待解决。

（一）市场监管的内涵和权力边界需进一步厘清，效率需不断提高

商事制度改革后，对工商登记前置审批项目进行清理，由“先证后照”改成“先照后证”，原则是“谁审批、谁监管、谁负责”，不仅职责分明，而且缩短了企业领取营业执照的时间。经过几轮行政审批制度改革后，工商登记前置审批事项由原来的 188 项降至 34 项，使企业开办更加便利，监管部门的工作效率也大幅提升。[②] 但市场监管依然存在内涵不清的问题，这对我国商事制度进一步改革有一定制约作用。世界银行发布的《2019 年全球营商环境报告》指出，中国开办企业指标排位由 2018 年报告的 93 位提升至 2019 年报告的 28 位，上海开办企业所需时间和办事环节由 22 天 7 个环节降

---

① 张成福、吴俣丹：《政府管制影响评价体系：国际经验及对中国的启示》，《国家行政学院学报》2017 年第 1 期。

② 《工商登记前置审批事项目录》，https：//baike. so. com/doc/24574948 –25446078. html。

至4个环节9天。[①] 我国其他省份CBD开办企业大多比上海环节多、耗时多，“证”“照”界定不清，二者之间的联动性差，须进一步厘清市场监管内涵、明确权力边界外延。

（二）执法标准不一致，制度规则不规范，执法力度应加大

市场监管中常出现各地执法部门制定的规定不统一、不规范，企业难以全面理解规定的内容，有时会出现违反规定而并不知情的情况。如2017年3月百度公司被上海市工商局处罚2.8万元，究其原因是发布违法广告。百度对此回应称，各地监管部门对于发布母婴保健技术服务类相关广告的医院资格要求不统一，上海地区要求提供《母婴保健技术服务许可证》，而其他省份部分地区并不要求，有些地区甚至已经停止颁布此类资质。[②] 执法标准不统一还导致行政处罚力度不一致。由于我国各地CBD经济发展水平不平衡，各地市场发展情况也千差万别。为了防止管理僵化、出现“一刀切”现象，对某些同一事项的规定和处罚标准不尽相同，执法力度也不一致。有些地方对假冒伪劣、食品安全、侵犯知识产权等问题处罚力度不够，影响了地方政府和监管部门的公信力，执法力度需加大。

（三）市场监管职能转变不到位，监管体制机制不顺畅

国家市场监管总局组建后，市场监管相比原监管体系在服务经济社会发展和维护市场秩序中发挥了更积极的作用，但也存在市场监管体制不顺、协调不畅、机构设置不科学、职责划分不清晰、职能转变不到位等问题。如天津监管机构改革虽然力度很大，但其内部行政流程仍存在整合新问题。浙江模式也存在缺点，上级部门未能同步进行改革，因此下级对口监管机构很难精简优化。本质上说，过去实施的分段监管模式与当前大部制改革模式存在

---

① 《世行报告：中国营商环境列第46位》，http://www.sohu.com/a/272938332_820009，2018年11月2日。

② 《百度回应发布违规医疗广告被罚：不了解上海规定》，http://www.sohu.com/a/128385654_5616702017年3月9日。

结构相似性，不过是将过去部门间相互扯皮换作部门内的协调。① 在实践中出现多重监管和执法现象，造成行政资源的浪费，同时干预过多影响企业正常运营，提高企业守法成本，也使维护市场秩序难度加大。在市场监管机制上，长期以来监管部门采取地毯式监管。随着商事制度的改革，我国市场主体快速增长，2018 年新增企业 670 万户，新增市场主体 2149.58 万户，每天平均新增企业数量高达 1.83 万户。② 传统的巡查制已无法适应市场主体快速增长的需要，无限监管理念要改变，要增强成本意识，理顺市场监管机制。

（四）对非政府主体的作用不够重视，市场监管问责机制不健全

“放管服”改革本质上是发挥市场的力量和决定性作用，通过深化系统集成为发挥市场作用创造有利条件。③ 市场监管改革对政府作为监管主体高度重视，而对新闻媒体、行业自律组织以及消费者维权组织等非政府主体对市场监管的作用不够重视。以政府为单一监管主体的监管模式使得现实中存在“政府失灵”或过度监管的风险。④ 我国还未建立针对市场监管的问责机制，问责的启动大多来自上级命令，或是社会舆论倒逼，缺乏合理合法规范和正当行政程序。⑤ 长期以来，我国在制定规则和标准过程中，普遍存在公众参与不足，来自监管机构的意见和被监管对象的诉求未能获得重视，在博弈中未能显示各相关方的利益诉求，由此造成监管执法程序不透明，进而使

① 《盛保晨：供给侧结构性改革下完善市场监管的几点思考》，http：//opinion.hexun.com/2018－01－07/192174749.html，2018 年 1 月 17 日。

② 《市场监管总局：2018 年全国新增企业 670 万户》，http：//finance.sina.com.cn/china/gncj/2019－01－11/doc－ihqfskcn6108734.shtml，2019 年 1 月 11 日。

③ 《毕马威中国：深化“放管服”改革，“管”是全局的棋眼》，https：//mp.weixin.qq.com/s?__biz=MzA4OTExODQyMQ%3D%3D&chksm=8b0e4312bc79ca0462292b05d6fb5223671096673ce32390ceebc369800d1f7b4e6d2e295de5&idx=1&mid=2665816232&scene=21&sn=230be015fe878990fea62a95768eb3d6，2018 年 9 月 3 日。

④ 顾丹丹：《依法治国背景下市场监管亟需明确的四个维度——从食品安全事件说起》，《中国行政管理》2015 年第 5 期。

⑤ 徐鸣：《我国政府市场监管体制存在的问题及成因分析》，《重庆理工大学学报》（社会科学版）2016 年第 9 期。

被监管对象的预期成本加大。[①] 监管出现问题后，仅是撤换个别监管人员的救火式监管并不能满足社会公众的期望，建立完整有效的问责机制才能治本。

四 完善我国 CBD 市场监管体系的思路及对策

《2019 年全球营商环境报告》中，有一项指标为“营商环境便利度”，指出政府必须实施“聪明的监管”（wise regulation），建立积极有效、公平竞争的市场环境，实现高效监管与有力保护相统一。营商环境是生产力，要不断提升 CBD 营商环境，增强竞争优势，就要进一步完善市场监管体系。

（一）完善我国 CBD 市场监管体系的总体思路

按照《“十三五”市场监管规划》的要求，应改善并加强市场监管，激发市场创造力与活力，维护市场公平竞争秩序，在改革发展大局中重视发挥市场监管的作用。[②] 结合上述规划的内容以及完善 CBD 市场监管体系的实际要求，改革思路应包含指导思想、目标及原则三方面。

一是在指导思想上，应以商事制度改革为切入点，对市场监管体制进行改革创新，强化现代市场监管全新理念，维护良好市场环境，重视综合监管的作用，使市场监管的科学性和有效性得以提升。同时应规范市场秩序，不断激发市场活力，使监管效率不断提高，注重消费者权益的维护。监管机构还应了解他国市场监管的经验做法，强调全球视野。对于设在自由贸易试验区的 CBD，还应在贸易自由化、便利化方面创新探索，对外商投资准入采取负面清单管理，市场监管改革可参照国际经验先行先试，一旦形成可复制的经验就可以推广至其他 CBD，推进 CBD 形成更高层次的开放格局。

---

① 石涛：《我国政府监管机构改革：现状分析、模式选择及对策研究》，《上海行政学院学报》2013 年第 3 期。

② 国务院：《国务院关于印发“十三五”市场监管规划的通知》，http：//www.gov.cn/zhengce/content/2017 -01/23/content_ 5162572.htm，2017 年 1 月 23 日。

二是在监管改革的目标方面，应努力建设监管有力、统一开放的社会主义现代市场体系，使市场竞争公平有序，竞争政策体系健全有效，被监管对象诚信守法。继续完善商事制度，在新制度框架下形成高效的监管体系。构建市场监管新格局，强化法治基础，重视社会共治与企业自律，使营商环境更加法治化、便利化和国际化，形成有利于公平竞争的市场环境。CBD 是商务活动汇聚地，高度集中了多领域商务功能，其改革基本目标是不断优化 CBD 营商环境，提升区域竞争力，引领并推动经济发展与深化改革。

三是市场监管改革在原则上应坚持依法依规监管，审慎而行，简约与智慧监管并举，综合与协同监管共存。CBD 市场监管改革也要遵循上述原则，监管部门要更新监管理念。正如李克强总理在 2019 年两会《政府工作报告》中指出的，“市场监管的内容丰富且重要”，“用公正监管管出公平、管出效率、管出活力”。①

（二）完善我国 CBD 市场监管体系的具体对策

1. 建设健全的法律法规体系，不断完善体制机制

为健全市场监管法律法规，2019 年 2 月 10 日市场监管总局印发《国家市场监督管理总局 2019 年立法工作计划》，该计划旨在加强市场监管法制融合，推进市场监管制度规则统一规范。市场监管立法应贯彻落实习总书记关于全面依法治国的新理念，紧密围绕市场监管工作，发挥法治引领和推动作用，维护市场公平竞争，持续深化“放管服”改革，增强市场监管法律法规的科学性和有效性，以坚实法治保障来打造国际一流营商环境。市场监督管理要有足够的权威，依法进行的市场监督管理才能给监管者真正的权威，才能保证执法的有效性。完善体制机制的前提是监管职权职责法定，对行政权力而言，其最重要的属性就是法定性，市场监管需要法治思维的保障，明确的法律授权才能保证监管程序正当。② 建设健全的法律法规体系，是监管

① 李克强：《2019 年政府工作报告》，http://www.gov.cn/zhuanti/2019qglh/2019lhzfgzbg/，2019 年 3 月 5 日。

② 陈丹：《新时期完善市场监管体系的三个维度》，《人民日报》2018 年 5 月 9 日。

机制发挥作用的法制基础，也是不断完善监管体系的重要保障。

2. 统一规范市场监管制度规则，更新监管理念，加大执法力度

市场监管的权威要有统一的政策、规则和管理制度，政出多门难以体现监管的权威性。为了保证监管政令统一，市场监管部门应在统一协调的规则、程序和执法体制基础上，深化综合行政执法改革，推进综合执法，治理多头检查及重复检查，加大执法力度，打击各类违法行为。更新监管理念，完善公平竞争审查，加快清理妨碍公平市场竞争的规定及做法，清理并规范行政处罚事项，以公正监管制度促进公平竞争。落实并实施清单管理制度，对各类市场主体平等对待，保护其合法权益。政府自由裁量权应不断减少，并对其加以规范，不断加大市场自主选择权。坚持简约监管和综合监管，消除不必要的限制措施，减轻企业负担，消除不合规范的陈规旧制，建立综合监管体系，加强信息共享，建立协作机制，发挥监管资源共享的综合效益。

3. 明确监管机构职能边界，做到职权分明，不断提高监管效率

我国的市场监管改革可借鉴发达国家的经验，做好政府、行业、混合监管的分级管理，清晰划分各级监管的职能边界，使监管机构职权分明。标准化法已于 2018 年初重新修订，市场监管可以在此法律基础上更有效地采用国家标准。传统的监管方式如运用行政许可、处罚、强制等手段已难以实现预期效果，需整合创新监管方式，提升监管效率和活力，推进“双随机、一公开”，实行“证照分离”改革，采取“互联网 + 监管”方式，将市场监管与大数据等网络时代新技术手段相结合，推进简政放权，提高监管能力和监管效能。积极探索监管新模式新方法，消除监管盲区、漏洞及真空地带，铲除监管孤岛和监管套利现象，打造监管合力，进一步提升监管公信力。①

4. 形成制度化监管绩效评价体系，强化市场监管问责机制，加强监管队伍建设

监管绩效评价体系是判断监管政策有效性的重要工具。随着经济全球化的发展，我国与世界各国的经贸往来日益密切，未来我国的监管制度要在不

① 评论员：《完善市场监管　打造良好发展软环境》，《中国质量报》2019 年 3 月 22 日。

断改革中逐渐与国际接轨。在监管绩效评价体系建设上可以学习借鉴发达国家的做法，结合我国国情，构建新时代具有中国特色的监管绩效评价体系，为监管决策提供科学依据，防止发生政府监管失灵现象，避免低效、无效的监管政策干扰和影响市场的正常秩序。同时强化市场监管问责机制，对政府权力进行有效监督是建设法治社会的重要一环。加强市场监管机构内部监督，健全监管绩效考核制度，突出责任落实，严格行政问责，建立相应奖惩措施。市场监管工作要靠人来推动，人的业务素质、政治政策等综合素质对市场监管工作质量有至关重要的影响，所以要建设一支高素质的监管队伍，这也是提高属地监管能力的关键。

5. 重视非政府多元主体的市场监管作用，推进信用体系建设，信息披露公开透明

在市场监管中要充分重视非政府主体的作用。构建市场监管格局时，既要保证政府监管的核心地位，也要重视多元主体的共同参与，未来监管改革的发展方向是强化社会性监管。新闻媒体、行业自律组织以及消费者维权组织等非政府多元主体在市场监管中具有独特作用，不仅可以通过媒介获得社会广泛关注，还易于拉近企业、消费者与政府监管部门的距离。多元主体的参与有利于扩大社会影响，影响监管决策，避免出现政府过度监管或政府失灵现象。强化行业组织的自律作用，重视公众、社会舆论以及消费者组织的社会监督作用，努力实现社会共治。同时，商事制度改革需要健全信用监管机制，要突出对市场主体的信用监管，增强企业自我约束机制，充分发挥信用体系的约束作用，推进社会信用立法，促进信用体系建设。监管决策信息应及时向社会公众公开，减少监管机构与社会公众间的信息不对称，更好地履行监管机构的社会责任，为监管机构的工作划定外部边界，使行政权力公开透明。

国内案例篇

Chinese Experience Chapters

B.13

北京 CBD：以平台和标准建设为抓手，打造国际一流营商环境

张炯杨　邬晓霞*

摘　要：　优化营商环境对贯彻新发展理念、实现高质量发展具有重要意义。北京 CBD 作为首都高端产业的聚集区和经济发展的领跑者，率先落实营商环境改革要求，以楼宇评价标准、企业信用监管平台、政务服务平台、政企交流平台等平台和标准建设为抓手，积极探索符合自身特点的改革举措，努力营造国际一流营商环境。

关键词：　北京　CBD　营商环境

* 张炯杨，北京商务中心管理委员会产业促进处处长，经济学博士，研究方向：产业经济、经济统计；邬晓霞，经济学博士，首都经济贸易大学城市经济与公共管理学院副教授，硕士生导师，研究方向：区域政策、城市与区域发展。

营商环境指伴随市场主体从开办、运营到注销整个过程中各种外部条件的总和，包括政务环境、市场环境、法治环境、人文环境以及国际经贸环境等。良好的营商环境有利于吸引资金、人才、技术等发展要素聚集，有利于激发各类市场主体的活力。优化营商环境对贯彻新发展理念、建设现代化经济体系，对培育经济发展新动能、构建开放型经济新体制、提高开放型经济发展水平、实现高质量发展具有重要意义。

为贯彻落实习近平总书记关于北京等特大城市要率先加大营商环境改革力度的重要指示精神和党中央、国务院相关决策部署，2018 年 11 月 19 日，中共北京市委、北京市人民政府印发《北京市进一步优化营商环境行动计划（2018 ~ 2020 年）》，强调以法治化、国际化、便利化为导向，以切实增强企业和群众获得感为出发点，以加快服务型政府和智慧政务建设为主抓手，以创新发展和服务业扩大开放为突破口，率先营造稳定公平透明、可预期的营商环境。北京 CBD 作为首都高端产业的聚集区和经济发展的领跑者，更要率先落实营商环境改革要求。经过实践，北京 CBD 以平台和标准建设为抓手，积极探索形成符合自身特点的国际一流营商环境改革举措。

一　创新建立楼宇评价标准，建设国际一流优质商务载体

北京 CBD 通过大力推动绿色楼宇建设、不断优化楼宇智慧管理服务、科学创建楼宇品质评价体系等途径，积极打造国际一流优质商务载体。2018 年，北京 CBD 楼宇经济实力显著提升，CBD 功能区税收过亿楼宇达 147 座，同比增加 7 座；税收过 10 亿楼宇 24 座，同比增加 4 座；税收过 20 亿楼宇达 8 座，同比增加 2 座；税收过 50 亿楼宇达 4 座，同比增加 2 座。

（一）大力推动绿色楼宇建设

绿色楼宇建设是提升区域环境品质、打造“品质 CBD”的重要内容，对于优化营商环境意义重大。北京 CBD 大力推动绿色楼宇建设，具体包括

以下四个方面措施：第一，积极参与 LEED－ND 金级预认证授牌申报。2017 年北京 CBD 核心区获得 LEED－ND 金级预认证授牌，在三个领域成为全国“第一”，分别是国内第一个由政府主导、多业主共同开发的区域获得 LEED－ND 项目，国内第一个获得 LEED－ND 认证的城市中央商务区，国内开发建设量最大的 LEED－ND 项目。第二，建设运营楼宇综合能源管理平台。2018 年北京 CBD 建设运营综合能源管理平台，监测分析区域内各楼宇实时能耗。第三，开展楼宇能源审计工作。2017 年北京 CBD 对区域内五家楼宇开展能源审计工作，2018 年继续开展楼宇能源审计工作及节能改造项目统计申报工作，并为 CBD 区域楼宇节能改造申报提供补贴。第四，积极营造绿色环境。2017 年北京 CBD 开通新能源商务班车，倡导绿色健康出行，有效解决白领上班最后一公里问题，为区域绿色发展起到积极作用。开展核心区后期绿色运营工作，把控运营标准。探索开展区域海绵城市构建工作。

（二）不断优化楼宇智慧管理服务

第一，持续完善平台建设。充分利用 CBD 功能区产业转型升级及楼宇经济管理系统，实现对产业空间的统筹、管理、引导和服务，完成对街乡在经济管理上的数据共享、管理共享和技术支撑，为各项楼宇工作机制的实施提供坚实基础和有力保障。第二，深化楼宇信息采集制度。北京 CBD 深化楼宇信息采集制度，将楼宇信息采集固定为 4 个报告期的楼宇定时自行更新信息采集制度。第三，扩大楼宇工作机制覆盖范围。联合属地街乡，召开楼宇工作会，不断扩大楼宇工作机制覆盖范围。第四，构建“一个联盟、两支队伍、三个平台、五项机制”的楼宇服务管理体系。截至目前，共纳入 256 座楼宇，建立 432 名成员的楼宇管理员队伍，有效推动了楼宇高质量健康发展。

（三）科学创建楼宇品质评价体系

为实现对楼宇现状的评价，提升楼宇品质和运营管理水平，打造国际一流的营商环境，2018 年北京 CBD 编制并发布《CBD 楼宇品质分级评价标准》。借鉴 BOMA、LEED、WELL、绿色建筑标识等国内外成熟的楼宇评价体系，融入 CBD 各政府部门在建筑设计、配套设施建设、环境治理等方面的工作经验，吸收多位写字楼品质认证专家意见，评价标准以设计、环境、节能、健康、管理、创新六大理念为核心，考评范围覆盖商务楼宇在竣工、改造、运营三个阶段的各项软硬件品质及管理服务要求，标准将六大模块细化为 15 个评价方向、31 个评价点以及 73 道题目，力求全面、细致、准确的评判楼宇品质等级。

2018 年北京 CBD 组织完成第一批 CBD 楼宇品质评价工作，共评出 8 座超甲级楼宇和 10 座甲级楼宇[①]；组织开展“北京 CBD 构建高精尖产业楼宇金牌管理员培训班”，评选出 95 位北京 CBD 楼宇金牌管理员；成立 CBD 楼宇联盟，不断推动写字楼高质量健康发展；开展“朝阳区优化营商环境在行动——百强企业‘服务包’颁发 · CBD 楼宇品质评价标准发布”主题活动，为企业送上定制服务；完成楼宇政策的申报和奖励工作，共有 60 多座写字楼获得奖励。

专栏一 《CBD 楼宇品质分级评价标准》的主要内容

评价标准适用于以“办公”为主要用途的投入运营时间 2 年以上的既有建筑项目。对于投入运营 2 年以内的项目，由于暂时难以准确评判其运营管理水平，将作为“新兴项目”参与评审认定。

评价标准从选址与建筑设计、节能与设备管理、室内外环境管理、健康与安全管理、物业与租户管理、创新与因地制宜六大考评模块对楼宇进行综合考评。楼宇将根据所得分数得到等级认证，认证标准如下。

顶级楼宇（七星级）：100～110 分

① 8 座超甲级楼宇分别是国贸中心、北京银泰写字楼、华贸中心、嘉铭中心、财富金融中心、英皇中心、环球金融中心、北京嘉里中心。10 座甲级楼宇分别是富力中心、骏豪中央公园广场、远洋未来汇、远洋 · 光华国际、博瑞大厦、乐成中心、华彬大厦、中海广场、LG 双子座、悠唐广场。

超甲级楼宇（六星级）：85～99 分

甲级楼宇（五星级）：65～84 分

乙级楼宇（四星级）：50～64 分

50 分以下不参与评级

楼宇所获评级有效期为 2 年，有效期满后，楼宇需根据适用的评价体系技术要求重新进行评审。楼宇也可以在通过评审后 12 个月内主动申请二次评审。

二　建立企业信用监管平台，营造诚信有序的生态环境

为加强北京 CBD 区域企业信用风险的防范，优化配置信用支撑体系建设，北京 CBD 以商务诚信建设为抓手，建立企业信用综合监管平台，融合多部门数据，构建了企业征信大数据库。塑造具有 CBD 区域特点的信用综合评价模型，利用政府职能部门协同监管、公众共同监督的模式，形成“评价方法－数据归集－综合应用－业务联动”的信用监管体系。在对区域新增企业和存量企业进行信用评估的同时，公开和共享企业信用信息，打造守信激励，失信惩戒机制的诚信生态环境。同时，探索以“信易租”为代表的“信用＋楼宇”信用应用场景，从而有效防范非法集资等失信事件发生，推动北京 CBD 商务诚信有序生态圈的建设。

三　建立跨部门协同工作机制，打造优质高效政务服务平台

第一，建立“功能区吹哨，部门报到”协同工作机制。为加强北京 CBD 区域产业工作的信息沟通及监管，管委会采取数据协同、管理协同、服务协同等三种方式，依托现有工作平台，探索 CBD 管委会“吹哨”，区域各职能部门“报到”的协同工作机制。建立部门协同服务工作模式，搭

建多方位服务平台，满足企业各类服务需求。

第二，加强政务服务规范化建设。制定“CBD管委会各类电话首接负责制管理办法”，完成管委会政务公开全清单编制，对“三重一大”事项进行集体决策。建立管委会应急工作例会制度，每月召集负责26个自管项目以及舆情工作的处室召开应急工作例会。组织突发事件信息报送室内推演，完善突发事件应急信息上报流程。严格执行领导带班和值班值守以及请假报备制度，组织值守应急系统和信息报送培训，确保系统24小时在线。

四　搭建政企交流沟通平台，全面深化企业服务和人才服务

第一，开发建设“CBD重点企业服务平台”。北京CBD精准对接企业需求，促进企业税收返还、高管个税奖励、应届生进京指标、共有产权房优先申购、创新型人才引进等政策落地，2018年，共完成63家企业421名高管个税奖励申报，为9家重点企业成功申报41个非京生源应届毕业生进京指标，为23家企业申报近100名人才引进需求；同步提供人才公租房、企业选址、住所证明、商务班车、无线CBD等服务，双合家园人才公租房共入住34家企业约400名人才，入住率为98%。组织中国国际进口博览会，为百强企业制定“服务包”。

第二，建立企业常态化走访机制。北京CBD管委会坚持“走出去，送上门”，主动对区域重点企业采取“一对一”上门服务。研究制定了《北京商务中心区管理委员会关于稳增长常态化机制的工作方案》，动员全委各部门开展“大走访、大调研、大服务”的专项行动。一是成立了CBD稳增长工作组。由主要领导任组长，全委所有部门作为小组成员，各部门指定专人作为企业服务专员，并就走访工作进行专题培训，集全委之力开展大走访、大调研。二是广泛覆盖重点企业。有针对性的重点服务为CBD区域贡献90%经济体量的重点企业1000家。三是不断丰富走访内容。针对CBD特色

的走访内容，制定了《北京 CBD 走访服务手册》。走访同时，还开展了企业满意度调查工作，切实了解企业对营商环境的意见和建议。四是强化走访的效果。不走形式，深入调研，坚持需求导向、问题导向，聚焦治理“难点”、企业“痛点”、政策“堵点”，带着真诚、热情和责任，问需于企，问计于企，同时送去服务，切实提升企业的获得感和满意度。

第三，搭建平台促进政企交流。一是针对总部企业再投资、新设业务、新建项目等经营和投资环节，建立健全跨部门联合解决总部企业发展问题的协商机制，通过重点跟踪对接、个性化服务及绿色通道等方式落实好“一对一”精准服务。二是针对区域跨国总部和外资企业集中的特点，北京 CBD 与欧盟、英美加、日韩等外资企业商协会建立横向交流机制，依托跨国公司俱乐部、金融商会、HR 经理人俱乐部等平台，促进政企交流，强化总部政策、外贸政策、服务业扩大开放等政策解读，助力企业把握发展脉搏。三是大力引进国际人才。完善对符合服务业扩大开放重点领域发展需要的外籍高层次人才和紧缺人才的认定与激励政策，支持外籍人才在京发展。

第四，推进人才工作平台建设。一是成立 HR 经理人俱乐部。为更好地服务区内企业和人才，2013 年 CBD 管委会正式成立北京商务中心区 HR 经理人俱乐部。2014 年俱乐部召开第一次执委会议，讨论制定《俱乐部章程》，确定俱乐部秘书处单位及相关组织构成。在管委会官网上增设俱乐部工作专栏，每年开展近 10 场专业培训和交流活动。2018 年北京 CBD HR 经理人俱乐部更名为“北京 CBD 人事人才俱乐部”。北京 CBD 人事人才俱乐部联合区域企业，汇聚优秀人才，依托政策支持，促进区域发展，在人才政策发布、服务、交流、沟通等方面发挥了重要作用。二是创建北京市博士后（青年英才）创新实践基地。积极申报建立北京商务中心区博士后（青年英才）创新实践基地，2013 年获得北京市人力社保局批复成立。与中国社会科学院城市发展与环境研究所签订创新实践基地合作建设协议，联合城环所博士后管理办公室共同开展创新基地的日常管理服务工作，并努力为企业博士后（青年英才）提供参加国际国内学术交流、社会实践活动的平台和机会。

第五，依靠商协会平台推进企业双向国际化发展。依托北京 CBD 传媒产业商会、跨国公司俱乐部和 HR 经理人俱乐部等举办形式多样、内容充实的论坛及读书会等活动；组织跨国公司参加由中国国际商会、美商会等组织的行业峰会、高端沙龙等活动，多维度服务企业，搭建交流平台，推进企业双向国际化发展。

五　营造包容开放的人文环境，多元立体宣传推广 CBD 品牌

（一）营造包容开放的人文环境

第一，积极提升环境品质。一是优化交通环境。CBD 区域继续推动交通基础设施的升级与完善，改善步行环境，开展交通秩序专项整治，成为北京市首个“整治停车秩序示范区”。积极推进东大桥区域一体化规划设计、CBD 区域慢行交通改善方案、地下空间规划评估与发展建议三项研究。配合开展国贸地区交通综合治理专项行动，推进区域轨道实施、公交线网优化与多样化公交服务研究、交通运行秩序治理等。开展区域重点道路交通优化示范，探索打造有 CBD 特色的完整街道。二是美化亮化区域环境。开展 CBD 环境品质体系课题研究，积极制定环卫、绿化和景观在内的 CBD 区域环境整体提升方案，丰富区域环境美化亮化项目的内容与形式，修复区域缺失绿化，布置立体花卉，修复光华路、金桐西路、郎家园路、兆丰街等道路以及银泰航华地下通道，开展金桐西路、光华路西段等路段节日灯光亮化工程。通过绿化美化、墙体修复、景观整治、牌匾规范及道路修复等方法有效改善区域环境。

第二，积极提升人文环境。通过举办系列商务文化活动和群众文化活动，培育营造包容开放的人文环境氛围。组织开展北京 CBD 经济沙龙活动、关贸合规活动等，积极培育商务文化。连续举办“唱响 CBD”活动以及 CBD 原创小说征集大赛，积极开展“CBD · 花语之走进绿色办公区体验养

植活动”，着力丰富白领职场文化。成功举办北京 CBD 国际龙舟赛、户外雕塑制作活动、“互联网 +” 时代品牌创新发展沙龙活动等，大力推进国际多元文化发展。开展 CBD 当代艺术发展现状评价和策略制定研究，从城市影响力提升、城市经济发展推动、艺术产业生态构建等方面，对区域内当代艺术的发展现状进行评价并提出策略建议。举办北京 CBD 影像季，通过摄影赛与摄影展的方式见证 CBD 的国际化建设发展成就，作品征集共收到来自全国十余个省份的近 2000 件影像作品，不到两周时间便吸引超过 5 万人次关注作品的线上展示，每个参与者都用自己的方式表达着“CBD 的美好”。借助研究契机，在北京国际设计周期间，开展 CBD 城市花园分会场——北京 CBD 国际花植节活动，包括商务班车艺术化改造展示项目、公共艺术雕塑展以及郎园 vintage 静态花植装置展等活动。继续开展 CBD 城市更新研究及项目试点，探索推进城市更新新路径，丰富区域公共空间功能。筹划 CBD 艺术季活动，打造自有文化品牌，强化区域文化标签。

（二）多元立体宣传推广 CBD 品牌

第一，借助两个联盟宣传推广北京 CBD 品牌。充分利用全球商务区创新联合会及中国商务区联盟两个平台，建设中国商务区信息平台，提升北京 CBD 在国际国内 CBD 体系中的影响力及话语权。作为中国商务区联盟轮值主席，北京 CBD 积极推进联盟工作，已形成“1 +1 +2 + N” 的交流模式（即每年举办 1 次联盟年会、1 次闭门会议、2 次走访，及不定期的培训、论坛、推介、研讨等多种形式的交流学习活动），为国内各 CBD 的互访和交流创造更多机会；参加世界商务区联盟年会，向世界展示北京 CBD 的建设成果和发展经验。

第二，举办高端商务文化活动提升品牌影响。自 2000 年以来，北京 CBD 连续举办 19 届北京 CBD 商务节，2017 年更名为北京 CBD 创新发展年会，成为北京市重点国际交流活动之一，形成独特的商务活动品牌，成为世界各国全面了解北京 CBD、朝阳区以及中国首都投资环境，考察合作项目与投融资合作伙伴，进行国内外商务文化交流的重要窗口和高端商务平台

(见表1)。2017北京CBD创新发展年会以“创新融合，开放共享，建设国际一流商务中心区”为主题，分为商务、金融、文化、科技四大主题板块，包含2017北京CBD国际论坛、2017北京CBD创新发展年会未来论坛、2017北京CBD国际金融圆桌会、2017国家文化产业创新实验区发展论坛四场主要活动及系列商务文化活动。2018北京CBD创新发展年会以“开放促发展，创新增动能，建设国际一流商务中心区”为主题，8个国际城市(区、国际组织)，国际组织与世界500强、跨国公司、国际知名研究机构代表参加活动，就进一步推动新时代对外开放与创新驱动进行重点解读与深入探讨。发布《历史印记时代标杆——改革开放四十年的北京CBD发展之路》报告，与中外专家和企业代表共话未来发展之路。此外，近年来北京CBD还先后组织举办了第七届中国商务区联盟年会和闭门会议、第十届国际跨国公司领袖圆桌会议、跨国公司政府事务高层论坛、普华永道全球大客户主管合伙人峰会朝阳分会、2018产业创新生态合作论坛，达成诸多共识，取得良好效果，系列高端商务文化活动强有力地提升了北京CBD品牌影响力，丰富了品牌内涵与形象。

表1　2011~2018年北京CBD商务节/创新发展年会主题及重要报告

年份	主　题	重要报告
2011	科学发展,要素聚集,低碳示范,引领创新	《2011世界CBD发展报告》、《北京CBD“十一五”发展白皮书》,《CBD功能区“十二五”发展规划》
2012	商务引领,创新驱动,建设国际商务中心区	《2012世界商务区(CBD)发展报告》
2013	融合发展,创新驱动,建设国际商务中心区	
2014	转型升级,高端引领,协同发展	《北京CBD产业融合发展研究》、《北京CBD总部经济发展报告》
2015	高端引领,深度协同,融合发展	《CBD功能区“十三五”人才发展规划》,《中国商务中心区发展报告No.1(2015):打造国家经济战略新引擎》
2016	新机遇、新动能、新发展	《中国商务中心区发展报告No.2(2016):CBD引领区域协同发展》
2017	创新融合,开放共享,建设国际一流商务中心区	《中国商务中心区发展报告No.3(2017):推动CBD创新智慧发展》

续表

年份	主　题	重要报告
2018	开放促发展，创新增动能，建设国际一流商务中心区	《中国商务中心区发展报告 No. 4（2018）：CBD 迈向高精尖的产业发展》，《历史印记时代标杆——改革开放四十年的北京 CBD 发展之路》

资料来源：作者整理。

第三，广泛开展国外交流提升 CBD 品牌。北京 CBD 管委会通过多种方式，务实推进与国外 CBD 的交流与合作，对外交往范围不断扩大，交流合作内容更加丰富。2018 年，北京 CBD 参加全球商务区（GBD）创新联合会成立大会，与各商务区分享创新经验，促进共同发展。

第四，采取多元途径宣传推广 CBD 品牌。北京 CBD 通过传统媒体资源、新媒体平台等多元途径，着力宣传推广北京 CBD 品牌。一是高度重视主流媒体宣传。北京 CBD 重视媒体宣传在品牌打造和提升中的重要作用，建立和完善科学规范、高效有序的宣传工作制度。积极邀请中央电视台、北京电视台、北京日报、北京人民广播电台等主流媒体，多次对北京 CBD 的重点工作进行新闻报道。二是积极引入新媒体宣传。北京 CBD 充分利用 App、微博、微信等新媒体，以“朝阳微讯”、“北京 CBD 之窗”等微信公共号为基础，联合新京报、北青报、法制晚报等媒体公共号，精准策划宣传亮点，注重影响度和互动性。在微信公众号“北京 CBD 之窗”平台上，创建摄影大赛、精彩讲座等，加强线上线下关联度。三是丰富宣传内容与手段。编制完成新版宣传画册与《北京 CBD 成长 +》折页。制作北京 CBD 系列宣传短视频，利用跨国公司高度聚集、自有宣传平台等优势，彰显 CBD 国际化建设发展成就，丰富宣传内容。

参考文献

马晓白：《优化营商环境是促进高质量发展的重要基础》，《中国经济时报》2018 年 5 月 7 日。

B.14
陆家嘴金融城关于创新“业界共治”模式优化营商环境实务研究

任凯锋　周海东　李　彦　张　羽*

摘　要： 陆家嘴金融城理事会作为全国首创的“业界共治”新型区域治理模式，体现了“共治、共享”的社会治理新格局，通过对标国际一流金融城，结合中国特色、上海特点、陆家嘴特征，打造出政府提供优质服务、优化营商环境、跨界互助交流、区域发展共商共建共享、卓有成效的公共平台。本文通过分析陆家嘴金融城理事会的创新实践，研究“业界共治”模式在优化综合发展环境、凝聚发展共识与合力、对标国际最高水平的公共管理模式等方面的成功做法，总结出可复制、可推广的有效经验，为我国构建社会治理新格局提供可借鉴的成果和案例。

关键词： 陆家嘴金融城　业界共治　国际金融中心　营商环境

一　“业界共治”治理模式的背景

建立共治共享的社会治理新格局，是深化行政体制改革、优化营商环境

---

* 任凯锋，中国（上海）自由贸易试验区管理委员会陆家嘴管理局副局长；周海东，上海陆家嘴金融城发展局公共关系与品牌推广处处长；李彦，上海陆家嘴金融城发展局公共关系与品牌推广处高级经理；张羽，上海陆家嘴金融城发展局公共关系与品牌推广处主管。

的有效手段。国内外区域公共管理部门越来越重视“业界共治”的创新实践，激发市场主体的作用来形成区域发展的合力。我们认为“业界共治”这一创新模式契合了以下几个发展趋势。

（一）“业界共治”是国际金融中心建设的发展趋势

上海社会科学院关于“国际金融中心形成与演化的动力模式研究”的报告[①]认为，金融中心发展的主导动力主要分为“政府驱动”和“市场主导”，并归纳出以下四种金融中心发展模式（见表1）。

表1 国际金融中心演化的助力模式矩阵

主导动力 \ 能级	区域金融中心	国际金融中心
政府驱动	“Government + Regional”(GR)	“Government + Global”(GI)
市场主导	“Market + Regional”(MR)	“Market + Global”(MI)

这四种模式各有不同的特点、趋势和优劣势，具体见表2。

表2 不同动力模式下各种金融中心特征比较

类型	主要特点	发展趋势	优劣势	代表城市(地区)
GR	政府对金融产业发展很注重； 该地区良好的产业基础对于金融资源集聚产生积极作用； 在政策支持下，金融产业成为该地方的支柱产业之一，并在本国及周边地区金融业、经济发展中发挥重要的作用	可能向政府驱动的国际金融中心升级，但也可能在竞争中退出并转向其他领域的中心	既有良好的实体经济基础，又有政府强有力的引导，容易形成较强的金融凝聚力；面临国内外其他金融中心的竞争，未来发展具有不确定性；而政府干预的制约作用也会逐渐显现	北京、莫斯科、孟买等，以及维尔京群岛、马耳他、巴哈马等一些区域性离岸金融中心的初期发展阶段

① 闫彦明、何丽、田田：《国际金融中心形成与演化的动力模式研究》，《经济学家》2013年第2期。

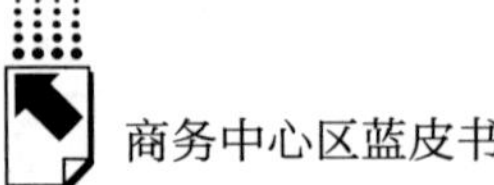

类型	主要特点	发展趋势	优、劣势	代表城市(地区)
GI	国家对该地区金融产业高度注重,在政策支持下,金融产业获得了持续、良好的发展; 该地区实体经济的发展与金融资源的集聚在长期中形成了良性的联动作用; 金融市场发达,金融产业体系完备,在国际金融体系中有着重要的影响	随着金融产业不断发展,金融市场程度不断提高,政府驱动因素将逐渐被市场机制所替代	既有良好的实体经济基础,又有政府强有力的引导,容易形成强大的凝聚力;政府的干预对金融资源的集聚所产生的影响短期内仍将发挥重要作用,有时候会成为制约因素	华盛顿、迪拜、法兰克福等,以及泽西岛、根西岛、开曼群岛等全球性离岸金融中心的初期发展阶段
MR	金融市场基础良好,市场机制较完善,但市场规模有限; 金融开放度较高,与周边国家金融往来较为密切; 在实体经济的联动作用下,各类经济、金融资源的集聚形成了以金融业为主导的中心,并在本国及周边地区发挥重要作用	目前全球范围内许多金融中心发展普遍采用的模式,其发展趋势是在条件成熟后逐渐向国际性金融中心升级	有良好的市场环境,具有交通、产业环境等诸多方面的优势,从而表现出良好的金融生态环境;这有助于金融资源在市场机制作用下不断集聚;面临周边区域同类金融中心的竞争激烈,但在市场规模、金融功能等方面的不足影响到竞争能力	上海、东京、深圳、首尔、多伦多、悉尼、孟买、日内瓦等,以及维尔京群岛、马耳他、巴哈马等一些区域性离岸金融中心
MI	经济开放度很高,金融市场体系、市场机制完善; 在服务经济、实体经济的联动作用下,各类经济、金融资源的集聚形成了以金融业为主导的城市产业体系; 在全球金融业中发挥重要作用,对国际金融资源有强大的吸引力	最具活力的国际金融中心城市基本都采用此模式,其发展趋势是国际金融服务业比重持续上升、在国际金融中心排名靠前	是在长期发展中形成的,在国际金融中心中处于"龙头"地位,具有很强的综合优势,具有强大的资源凝聚力;金融中心的产业结构有趋同的问题,时刻面临同级别金融中心的挑战	纽约、伦敦、香港、新加坡、芝加哥等,以及泽西岛、根西岛、开曼群岛等全球性离岸金融中心

当前，纽约、伦敦金融城、新加坡等国际最具活力的金融中心基本采用MI动力模式，这种模式经济开放度很高，金融市场体系、市场机制完善，非常重视市场主体的力量，具有很强的综合优势和强大的资源凝聚力。

政府与市场是两种相互依存的资源配置方式。不同类型的金融中心在发展的各个阶段，对政府、市场协调模式的需求不同。越是发达的金融中心城市，其市场机制就越完善，市场发挥着配置资源的决定性作用，同时，政府与市场的互动性越强，就越能形成推动区域发展的强大“合力”。

以伦敦金融城和纽约金融中心的管理模式为例。

（1）伦敦金融城的“业界自治”实践

伦敦金融城的最大特点是兼具公司和政府双重属性，较好地将政府与市场两类资源配置的方式协同一体。伦敦金融城“业界自治”的模式，就是让业界的市场主体享有金融城发展的建议权和一定的决策权，可以动态参与到决策管理过程中。

在伦敦金融城，负责监督和协调伦敦金融城政策导向的是政策与资源委员会，该委员会是由政府与业界主体共同设立的具有沟通协商、决策共议以及执行功能的机构。其决策机制保证了业界能够有效参与区域治理。在政府引导下，一些重要的企业、机构通过“业界自治”模式取得了对伦敦金融城政府运作的选举权、发言权，以群策群力、共同协商的模式参与到金融城的发展中，极大地激发了众多公司及从业人员的创新力，同时也增强了企业机构的凝聚力。

（2）美国纽约金融中心的公共管理模式

纽约市政府为了巩固其在国际商业、金融领域的主导地位，通过市场化方式来确定国际金融中心的管理者，设立了纽约城委员会。该委员会为民间商业合作组织，由纽约金融界、商界的企业领袖代表组成，委员会中的领袖代表们对重要的经济、金融等方面的问题及现状展开研究并制定政策，对金融产业发展与基础设施建设提供必要的支持。此外，纽约城委员会下设“全球竞争力办公室”，联合业界市场主体和政府部门共同梳理和改善纽约市场环境，包括改变高税制、放松签证管制和降低过高的诉讼成本等都是对

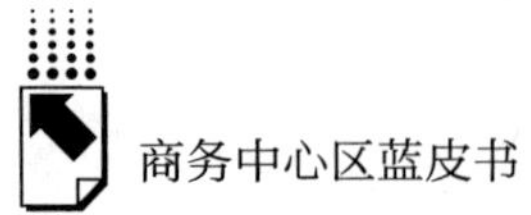

于金融环境的调整措施①。

从国际先进经验与可持续发展角度分析，只有政府不断提高包容度、自由度并激发区域创新，凝聚业界主体的资源和力量，才能增强对各类机构的吸引力，从而更高效地推动实体经济发展，并促进机构与资源在特定区域聚集并形成持续性的循环效应。这是当前国际金融中心建设的发展趋势。我们认为，陆家嘴要对标国际最高标准和最好水平，建设国际一流金融城，在区域公共管理模式方面应有所创新、有所作为。

（二）“业界共治”是我国创新社会治理的发展趋势

当前中国正处于改革攻坚期深水区，社会管理领域面临一系列新情况与新问题，迫切需要通过深化改革，实现从传统社会管理向现代社会治理转变。创新社会治理，必须创新社会治理体制。习近平总书记在一系列重要讲话中强调，创新社会治理体制，要坚持完善党委领导、政府主导、社会协同、公众参与、法治保障的体制机制，推进社会治理精细化②。这类社会治理体制创新强调社会治理主体的多元化，而非一元的，这也是与传统社会治理体制的本质区别。政府、社会、公众三者各归其位，并在各个方面各司其职。首先，政府要发挥社会治理的主导作用。政府的主导作用不是包办一切，而是健全社会治理的体制机制，完善社会治理的政策法规，引导和支持社会力量积极参与社会治理③。其次，社会要发挥社会治理的协同作用。最后，公众要积极参与社会治理。这样，政府、社会、公众在党的领导下，依据宪法和法律参与社会治理，实现政府治理和社会调节、居民自治的良性互动。④

陆家嘴金融城理事会的设立就是通过打造“业界共治”平台，促使政

① 朱文生：《上海国际金融中心建设领导体制、机制优化研究》，《上海金融》2010 年第 10 期。

② 青连斌：《习近平总书记创新社会治理的新理念新思想》，《前线》，2017。

③ 李思琪：《调查公众对创新有哪些期待》，《国家治理》2017 年第 39 期。

④ 刘骁鑫：《社会治理创新视角下的智慧管理平台建设研究》，大连理工大学硕士论文，2018。

府发挥区域治理的主导作用，引导业界发挥区域治理的协同作用，从而使得公众能积极参与和共享区域发展的成果，以实践来回答习近平总书记关于创新社会治理这一重要课题。

引进“业界共治”这一理念，不只是比以往多了一个意见传输的平台，而是形成了一个制度化的表达渠道，让听取企业意见成为一种制度和规则，把原本“内循环”的公共政策，交给业界共同参与决策。①

（三）“业界共治”是陆家嘴建设国际一流金融城的发展趋势

陆家嘴金融城，位于上海市浦东新区，面积31.78平方公里，是国内唯一以“金融贸易”命名的国家级开发区，是上海建设国际金融中心的核心承载区。经过30多年的建设开发，陆家嘴金融城已经成为国内金融机构最集聚、金融要素最完备、金融人才最丰富的金融中心区域，集聚了4万多家企业，250多幢商办楼宇（近100幢的税收亿元楼宇），100多家跨国公司总部、超过50万的从业人员，成为中国改革开放、创新发展最具代表性的窗口和缩影之一。

在陆家嘴金融城探索体制改革和模式创新具有良好的基础和条件。目前，陆家嘴金融城的经济发展程度较其他国际金融中心已处于较高水平，正转型升级进入新的阶段，开发与基础建设类事务日渐减少，区域管理和服务的核心落脚点由项目建设转向管理的创新、项目审批转向服务的提升转变，因此，选择陆家嘴金融城作为开展管理体制和公共治理体系的改革创新、提升公共服务能力和效率的试点平台，具备“轻装上阵”的良好条件。同时，陆家嘴金融城拥有金融、航运、贸易重点机构等各类市场主体和高端人才集聚的优势，业界参与优化营商环境、完善产业生态链等公共治理方面的意愿十分强烈，为吸引金融城业界和公众参与区域和行业公共治理提供了良好的社会多元参与基础②。

---

① 阙政：《从一块地，到一座城　上海陆家嘴金融城华丽转身记》，《新民周刊》2016年第39期。

② 何建木：《上海自贸试验背景下的陆家嘴金融城体制改革——以“业界共治+法定机构”公共治理架构为核心》，《上海城市管理》2017年第2期。

二　陆家嘴金融城理事会“业界共治”模式的体制机制创新

经过充分的讨论和酝酿，2016 年 4 月 7 日，上海正式审议通过了《陆家嘴金融城管理体制创新改革试点方案》。根据此方案内容，借鉴国际成功经验，上海在浦东新区推进陆家嘴金融城体制改革试点，改革传统行政管理模式，在全国首创“业界共治”平台——陆家嘴金融城理事会（下简称“理事会”），探索构建精简高效的公共治理模式，推进上海自贸试验区制度创新背景下政府职能转变，加快将陆家嘴金融城建设成为国际一流金融城，营造国际一流营商环境。

通过陆家嘴金融城体制改革试点实践，“业界共治”的模式形成了极具特色的组织体系：理事会作为陆家嘴金融城“业界共治”与社会参与的公共议事平台，由上海市浦东新区政府联合业界发起设立；由传统的政府行政管理方式，转变为高效履行政府行政职能与充分发挥市场、社会主体作用相结合的新型公共治理模式①。

根据理事会章程，理事会的主要职能包括：参与金融城发展战略规划等相关重大事项的决策；作为公共议事平台，围绕金融、航运、贸易等产业发展和商业、交通、文化等环境优化方面，开展业界共治并参与部分重大事项的决策；致力于保障金融城的持续繁荣发展，推动金融城成为国家重大金融、航运、贸易等领域改革措施先行先试的承载平台，促进金融市场、金融行业和金融监管方式创新，推动金融、航运、贸易及相关业务海外拓展，进一步提升陆家嘴金融城作为上海建设国际金融中心核心功能区的全球竞争力。②

---

① 荣萍：《从政府机构到企业的跨越——上海陆家嘴金融城发展局挂牌并全面运营》，《中国高新区》2016 年第 15 期。

② 何建木：《上海自贸试验背景下的陆家嘴金融城体制改革——以“业界共治 + 法定机构”公共治理架构为核心》，《上海城市管理》2017 年第 2 期。

（一）构建了三级治理结构体系

陆家嘴金融城理事会建立了理事大会、常务理事会和专业委员会三个层面的工作机制开展“业界共治”。

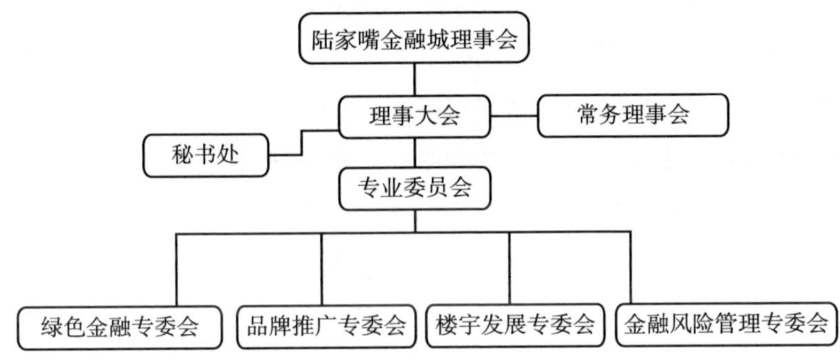

图1　理事会三级结构体系

其中，理事大会为理事会最高决策机构，主要职能是听取并审议理事会工作报告和计划、金融城发展规划等；理事会秘书处设在陆家嘴金融城发展局（上海自贸区陆家嘴管理局），为理事会的执行机构。常务理事会由理事长和常务理事构成，理事大会闭会期间，由常务理事会行使相关职能。

根据金融城各项事务需要，适时组建相关专业委员会（下简称“专委会”）。其设立、人员组成和议事范围等事项，由理事会秘书处提出，经常务理事会审议决定。就打造优质营商环境及所执行不同领域事务之需要，理事会已先后成立了绿色金融、品牌推广、楼宇发展和金融风险管理4个专委会，未来还将根据金融城的发展重点和业界诉求，适时组建其他专委会。

（二）形成了三大成员机构特点

理事会充分吸纳市场和社会多元主体参与，搭建跨界、多元的公共平台，目前有126家理事单位，其中常务理事单位26家，交通银行被推选为理事长单位。理事会的成员机构具有如下三个特点。

第一，专业化。理事单位主要由陆家嘴区域核心企业、机构、行业协会组成，以聚集度最高的金融机构为主，全面覆盖金融贸易、要素市场、海航运输、商办楼宇、专业服务机构等领域，其中业界代表占比逾 90%，形成了高度市场化、专业化的特征。

第二，多元化。理事会成员单位涵盖银行、证券、保险、基金、教育、行业协会等各类别的企业、机构和组织。例如，银行业中资的交通银行、工农中建四大行的上海分行、浦发银行、上海银行等，外资的汇丰银行、花旗银行、渣打银行等，保险业有平安保险、中国人寿、太平人寿等；还有中国银联、支付宝、资生堂、上海纽约大学、上海黄金交易所、上海金融业联合会、上海市银行同业工会等跨国企业、教育、专业服务业、行业协会中具有国内外影响力的市场主体。跨界和多元化是理事会区别于行业协会最大的特点，也是独特的优势所在。

第三，国际化。理事会成员中的外资机构占比达 30%，除了有渣打银行、汇丰银行、花旗银行、苏黎世财产保险、贝莱德等老牌外资金融机构外，还有伦敦金融城、国际资本市场协会、碧辟（BP）、福特中国等各行业的外资机构，且授权代表有较多外籍人士，包括资生堂涉外部部长中原杏里（日本籍）、环球金融中心总经理叶一成（日本籍）、贝莱德上海总经理陈婷（新加坡籍）等。

（三）打造了四大功能价值平台

理事会作为全国首创的“业界共治”新型区域公共治理模式，既是对标国际最高水平管理模式的创新产物，也是契合了陆家嘴金融城发展现状的生动实践，在实际运作中，逐步打造四大功能价值平台：

一是政府提供优质服务、优化发展环境的平台：通过理事会平台，可以促使政府部门更深入地贴近市场，更有针对性地了解业界的需求和诉求，进而进一步提升政务服务的水平和能力。

二是跨界互助交流、加强合作的平台：理事会作为跨界、多元化的平台，可以促使国内外不同行业、不同体量的市场主体开展对话、交流、合作，进一步促进跨行业治理和自律，优化区域的市场结构，进一步提升不同类型市场主体的获得感和归属感。

三是区域发展共商共建共享的平台：依托理事会的平台，由政府部门联合市场主体，围绕产业发展、环境优化、文化配套、生活宜居等多领域开展多维度、多层次的项目、活动等，并建立起涉及多方利益主体的公共事务协调机制，为区域发展凝聚更多的业界资源和力量，构建陆家嘴区域发展命运共同体。

四是海外推广交流、提升国际影响力的平台：陆家嘴金融城不仅是上海的金融城，更是中国的金融城，其对标的是伦敦金融城、纽约曼哈顿、新加坡等国际金融中心区域。理事会吸纳了众多全球知名机构和国际企业家，通过发挥理事会作为国际化平台的作用和价值，组织各类品牌推广、国内外交流交往等活动，与全球主要金融中心加强互动，从而进一步提升陆家嘴金融城在全球范围内的影响力和美誉度。

三　陆家嘴金融城理事会的探索与实践

按照理事会章程，理事会可根据实际需要，针对具体的议题、问题或事项建立相应的专委会，契合行业的发展趋势，打造更优的营商环境。例如针对国家对金融风险管控力度的加强，理事会将金融风险管理议题提上了议程，并于2018年底组建了金融风险管理专委会；又如，为建立区域内金融机构与教育机构的联动并实现资源有效配置，理事会正筹建教育发展专委会，旨在优化金融城整体的教育环境和学术氛围。

按照章程，专委会主要由理事会理事单位参与组建，同时还可吸纳非理事单位，以不断扩大专委会的参与性和代表性，促使各项事务得到有效、深入的推进。例如绿色金融专委会吸纳了世界自然基金会（WWF）、气候债券倡议组织（CBI）等一批在国际绿色发展领域具有影响力和标准制定权的组织，在进一步加强跨区域、跨领域联动的基础上，提升陆家嘴在全球范围的话语权和影响力。

为有效推动“业界共治”平台功能的发挥，理事会及下设专委会从提升国际一流公共服务治理水平、打造国际一流金融城品牌、建设国际一流综合环境等多个维度开展了大量的实践探索，取得了切实成效，得到社会各界的好评。

（一）引领重点和细分领域的创新与探索

理事会通过搭建跨界沟通、对话和交流的平台，能更直接、有效地了解业界的发展需求和诉求，进而在一些行业的重点和细分领域进行探索和实践，发挥金融城在公共事务、行业发展和产业促进方面的引领作用。近年来，在推动外资资管机构集聚、优化金融科技生态环境、引领绿色金融发展等方面形成了一批成功案例。

以绿色金融发展为例。习近平总书记多次强调，建设生态文明是中华民族永续发展的千年大计。“发展绿色金融”成为推进绿色发展，建设美丽中国的重要举措。2016 年 8 月，中国人民银行、财政部等七部委联合印发了《关于构建绿色金融体系的指导意见》。随着意见的出台，中国成为全球首个建立比较完整绿色金融政策体系的经济体①。绿色金融作为国家战略被提到极为重要的发展地位。与此同时，发展绿色经济已经成为上海经济结构调整、转型发展的重要抓手。作为上海建设国际金融中心的核心承载区，依托金融机构和金融人才高度聚集、专业服务业高度发达、金融信息充分流动等有利条件，陆家嘴金融城契合行业发展趋势，本着引领业界发展方向的目标，于 2017 年 3 月正式揭牌成立了“陆家嘴金融城绿色金融专业委员会”，以发展绿色金融为契机，促进市场主体绿色金融产品和业务创新，通过国际合作和交流，助力实体经济的绿色发展，践行生态文明发展理念，助力上海建设成为中国绿色金融的改革创新试验区和全球绿色金融中心。专委会成员涵盖开展绿色金融的 50 多家国内外代表性企业、组织等，包括交通银行、上海证券交易所、汇丰银行、浦发银行、华宝基金、英国国际贸易部、世界

---

① 席岑、王茗萱、刘轶芳、刘倩：《投资者对上市公司负面环境事件的关注及其市场反应》，《环境经济研究》2018 年第 4 期。

自然基金会（WWF）等。

经过2年多的运作，绿色金融专委会以绿色金融实践和国际交流为指向，通过深化与国内外重要机构、行业组织的合作机制，结合绿色科技创新和金融产品开发，建设绿色项目和ESG投资平台，搭建中外合作交流的重要桥梁和枢纽，代表上海乃至中国在全球绿色金融领域不断提升影响力和话语权。

在国际合作方面：陆家嘴绿专委加入了联合国环境署（UNEP）牵头成立的“国际可持续发展金融中心联盟”（FC4S），联盟成员包括伦敦、巴黎、卢森堡、东京、法兰克福、卡萨布兰卡等全球20多个金融中心城市，其亚太中心于2018年正式落户陆家嘴金融城，成为中国连接全球的重要平台和枢纽，陆家嘴绿专委代表还被推选为国际可持续发展金融中心联盟联席主席；陆家嘴绿专委与联合国责任投资原则组织（UNPRI）共同起草和修改《中国的投资者责任和义务以及ESG整合报告》，推动ESG在中国的投资实践；陆家嘴绿专委还分别与剑桥大学可持续领导力学院（CISL）、法国Finance for Tomorrow组织、卡萨布兰卡金融城、联合国环境署金融倡议组织（UNEP FI）、国际资本市场协会（ICMA）、气候债券倡议组织（CBI）、世界自然基金会（WWF）、英国皇家国际事务研究所（Chatham House）、香港绿色金融协会等机构开展了多层次、多形式的交流和项目合作。

在国内发展方面：陆家嘴绿专委于2018年4月成为中国金融学会绿色金融专业委员会常务理事单位，并承担了上市公司环境信息披露研究小组秘书处、ESG投资价值研究小组秘书处等职责；依托上海自贸区的制度创新优势，陆家嘴绿专委牵头搭建了陆家嘴金融城绿色金融综合发展平台，汇聚标准化的绿色项目、ESG投资信息、行业发展动态、国际绿色发展信息等，推动国内绿色金融的实务发展；开展长三角区域各城市的绿色金融改革创新评估将成为推进长三角一体化发展的重要抓手之一，陆家嘴绿专委积极参与湖州、衢州、南京、合肥等长三角地区绿色金融改革创新活动，推动区域绿色金融建设的制度创新，积极促进长三角一体化的绿色金融发展；陆家嘴绿专委还与中国浦东干部学院、北京绿色金融协会、上海环境能源交易所、天津排放权交易所、中国纺织工业联合会、中国生态文明研究与促进会、上海市低碳科技与产业发展协会等积极展开深入合作。

（二）建立涉及多方利益主体的公共事务协调机制

城市管理要像绣花针一般精细，而区域的公共管理必然涉及多方利益主体，如何平衡、统筹考量不同主体之间多元化的利益、诉求等，这不仅需要政治智慧，更需要制度创新。

陆家嘴被称为“垂直的金融城”，楼宇林立，主体众多。不同楼宇各有区域红线和管理阵地，往往是“各扫门前雪”，造成了楼宇之间的公共空间由于缺乏统筹规划，成为“被遗忘的地方”。以陆家嘴核心区域内的东亚大厦、太平金融大厦和金砖大厦三幢楼宇为例，三幢楼宇彼此相邻，但分属不同的业主，楼宇间好似竖起了一道无形的“围墙”：这些楼宇未经统一规划，不是同时开发，而是由不同业主自行规划建设，封闭内向的围墙、花坛、绿化不仅割裂了街区公共空间，也吞噬了原本可以开放给人们休闲散步的公共空间。一是空间割裂。楼宇公共空间与市政人行道间隔分明，“红线”内绿化可见不可达，楼宇空间对外开放度不够；街区内部楼宇间后巷空间不连通，停车、绿地、垃圾房等独立设置、各自为政，存在大量浪费空间；二是品质不高。楼宇间绿地大多是成片防护或观赏型绿地，品质不高，缺少精致的供人使用的绿地空间。另外，不同楼宇业主按“红线”分割管理，造成绿地不连续，缺乏统一设计，同时“红线”内外绿化养护的标准参差不齐，硬质空间和软景空间品质较差；三是设施缺乏。楼宇之间的公共空间无室外家具，缺少室外休闲、休憩停留空间；标识系统不完整，人流动线不连贯，人行道停放了较多的非机动车辆，步行体验较差。

公共空间的改造涉及楼宇业主、市政部门、地区管理机构等多方主体，以往由于缺乏体制机制的保障，面对这些问题都“束手无策”。依托理事会“业界共治”平台的创新模式，通过理事会共建共治的平台，不同主体之间建立起沟通、交流和对话机制，力争寻求不同主体之间的诉求平衡和公共利益与商业利益之间的平衡。这个过程中，金砖大厦的楼宇业主——交通银行

（陆家嘴金融城理事会理事长单位）也发挥了重要的积极作用。经反复协商和沟通，逐渐凝聚共识、形成合力，多方形成了统一规划、统一施工、统一养护的治理方案，打开围墙，打破市政景观和商业景观之间的壁垒，连通红线内外空间，按一致的标准统一建设，并建立统一的管养机制，设立共同的养护基金，设立街区公共空间联席会议，由区域管理机构、市政管理机构、楼宇业主等共同参与，保持长效的维护和管理机制，“失落的公共空间”终于被寻回。

这一项目不仅是一个公共景观提升项目，更是对街区改造机制的创新探索，通过有机融合公共管理部门、不同市场主体的诉求、资源等，跨越管理边界，构建起一套公共事务的协调和沟通机制，为处理类似的涉及多方利益主体的公共事务探索出有效的发展路径和模式。

（三）提升陆家嘴金融城在全球的品牌影响力和美誉度

陆家嘴金融城，不仅仅是31.78平方公里的物理空间，更是中国改革开放的缩影和窗口，陆家嘴的最美天际线已经成为中国最具代表性的景观。当前，国际舆论依然呈现“西强东弱”态势，传播领域的话语权主要被西方媒体所主导。陆家嘴作为上海国际金融中心的窗口，理应在提升自身全球品牌影响力和美誉度上承担相应的责任、发挥应有的作用。为实现上述目标，金融城理事会在宣传金融城品牌、讲好中国发展故事、向全世界传递中国形象等方面精准发力，构建起了强大的品牌传播矩阵。

陆家嘴金融城理事会建立了品牌专委会，集聚了《人民日报》、新华社、中央电视台、凤凰卫视、汤森路透、彭博新闻社等国内外主流媒体，主动提供选题，深挖陆家嘴“新闻富矿”，尤其是结合习近平总书记视察陆家嘴党建服务中心、全球外资资管大会、陆家嘴金融城金融科技服务发展大会等重要节点，推出了一批极具社会影响力的新闻报道作品，被国内外媒体广泛转发和深入报道，极大地提升了陆家嘴的对外传播效应。

同时，陆家嘴金融城理事会品牌专委会与伦敦金融城、英国国际贸易部、国际资本市场协会、CFA等国际机构和组织建立常态化、长效化的合作机制，策划推出了一系列的品牌活动，例如，每年3月，伦敦金融城市长带领英国商贸代表团一行都会定期来访陆家嘴金融城，联合举办“双城论坛”，围绕共同关注的话题开展对话和交流，受到国内外社会各界高度关注。

要提升国际品牌传播影响力，势必要找到精准的传播角度、符合主流价值观的传播话题以及能引发共鸣的传播效应。在与业界的交流过程中，我们发现社会公益、企业的社会责任是一个既有关注度也有温度和力度的宣传点，因此，“温暖金融城”品牌正式推出。由理事会品牌专委会策划开展了“温暖金融城——陆家嘴年度公益榜”评选，通过汇总和表彰区域内企业、机构在慈善助学、精准扶贫、社区建设、普惠金融等领域的成功案例，向全社会传递金融城的正能量和人文关怀，也让从事社会公益的企业和机构更有获得感和认可度。此评选已经连续举办3年，每年都有近百家企业和机构申报案例，得到社会各界的高度好评。本项目被授予“2018上海市十佳公益项目”荣誉称号。在宣传和表彰这些优秀案例的同时，“温暖金融城”的温度覆盖到更为广泛的区域。例如，由理事会牵线搭建，理事单位——平安租赁向云南大理州的贫困小学捐助光伏屋顶，解决学校用电问题，并创新“余电上网”模式，通过出售电力的方式推动地方教育事业持续发展；又如，理事单位——中国银联在上海地铁2号线陆家嘴站推出了“诗歌POS机”公益活动，公众捐赠一元钱，POS机便会吐出一份由贫困山区孩子写的诗歌，其善款均用于公益支教项目，这一活动被新华社等官方媒体以及各大自媒体广泛报道……陆家嘴区域内的企业、机构以各类社会公益事业践行着“温暖金融城”的理念和情怀，“业界共治”的模式在更大的程度和更广的范畴内得以深化。

近期，理事会与法商会、迪拜商会等达成共识，不定期组织各类“CEO沙龙活动”，依托陆家嘴国际化程度高的优势，集聚一批有影响力的国际企业高管；与氪空间、WEWORK等建立合作，在这些众创空间展示金融城的发展规划和综合环境，将“陆小二”的专业服务精神与金融城的品牌形象覆盖到更广的区域和群体。

品牌专委会充分整合区域内楼宇、场馆、机构、社会团体资源，激发业界的主动参与和资源共享，形成独具特色的“楼宇文化”“白领文化”和“精品文化”，不断提升金融城的文化软实力和对外传播力。2019 年，品牌专委会联合东方艺术中心推出“LU TALK 陆家嘴大讲堂”品牌项目，打造全生态信息共享平台，构建“线下演讲 + 线上推广、信息交互 + 形象展示、业务交流 + 资源对接”的全新模式，面向全球展现浦东风貌和上海精神①，工商银行原董事长姜建清、知名作曲家姚谦、钢琴家李云迪、上海博物馆原馆长陈燮君、复旦大学资深教授葛剑雄等均登台成为“LU TALKER”，成为陆家嘴金融城的“代言人”，通过这些各行各业的名家以及讲述的这些温暖人心的故事，让陆家嘴的品牌形象更加深入人心，让海纳百川、锐意进取的城市精神得到更广泛的弘扬。

（四）对标国际最高标准和最好水平的公共管理模式

通过对标伦敦、纽约、东京等国际金融中心的发展模式，我们发现成熟、发达的金融中心必定是一座安全可靠、风险可控的金融城。为将陆家嘴金融城建设成为国际一流金融城，陆家嘴金融城理事会金融风险管理专委会于 2018 年 11 月正式挂牌成立，在金融风险管理专业领域加强监管层、业界和学术界的沟通，整合资源、探索创新、形成合力，进一步加强国际国内双向交流，引入和吸收海内外金融中心市场和研究机构的最新成果、先进经验和有效举措，为金融风险管理工作提供可资借鉴的智库建设、发展路径和决策参考，提升陆家嘴金融城产业链价值，优化区域营商环境。

金融风险管理专委会的成员包括交通银行、汇添富基金、太平洋保险、太平人寿、英国精算师协会、新加坡南洋理工大学、上海财经大学、上海纽约大学、交大高金等业界和学术界代表，并陆续开设了系列品牌沙龙活动，包括“陆家嘴金融城—上海纽约大学波动研究所金融风险沙龙”“陆家嘴金融城 - 上海财经大学金融校友系列沙龙”“陆家嘴金融城精算沙龙”

① 任姝玮：《让全世界听见“陆家嘴声音”——首期“LUTALK 陆家嘴大讲堂”聚焦金融科技》，《浦东开发》2018 年第 6 期。

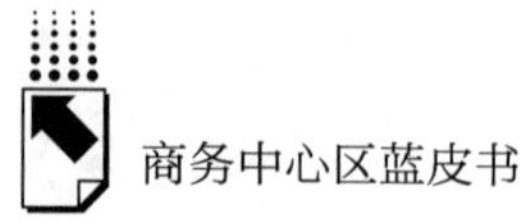

“陆家嘴金融城银行保险风险管理沙龙”等，受到业界的积极响应与广泛参与。

“业界共治”模式下的金融风险管理工作，既有理论研究、业界交流，更着眼于实务举措和长效机制。陆家嘴金融城理事会金融风险管理专委会联合长三角三省一市的银行、保险、基金、融资租赁、上市公司等行业的数十家协会组织以及所代表的6000多家市场主体共同发布《推进金融风险防范合作·促进行业健康有序发展倡议书》，通过跨区域的业界合力，将长三角建设成为全国金融风险防范示范区和金融创新试点安全区，积极推动以上海为代表的长三角成为高质量外资引进的首选地、中国资本“走出去”的桥头堡①。近期，金融风险管理专委会依托已经形成的浓厚的业界交流氛围和沙龙活动等有利条件，由交通银行、太平洋保险集团、汇添富基金、新加坡南洋理工大学等业界主体共同策划并发起设立“上海浦东陆家嘴金融风险国际研究中心（筹）”，旨在智库建设、跨界交流、人才培养等领域实现“官产学研”的紧密结合，从而提升和优化金融城产业链发展环境。同时，结合业界的实务需要，金融风险管理专委会与交大高金、上海纽约大学、新加坡南洋理工大学等知名教育机构合作，共同打造国际金融风险管理人才教育培训新模式，引入全球最新最主流的金融风险教育内容，为金融风险行业提供专业人才储备。

作为上海建设国际金融中心的核心承载区，陆家嘴现正着力打造国际一流的金融城，而良好的综合发展环境对促进产业发展、集聚国际人才、提升区域品质等发挥了至关重要的作用。陆家嘴金融城理事会通过创新“业界共治”模式，充分激发市场主体的主动性、参与性和归属感，整合资源、凝聚共识、形成合力，畅通了政府部门和业界主体的沟通和对话渠道，增强了区域和业界之间的黏性和互动性，构建陆家嘴区域发展命运共同体，逐渐探索出了具有中国特色、上海特点、陆家嘴特征的区域公共治理新模式新路径。鉴于在社会治理创新方面的实践和成效，陆家嘴金融城理事会“业界

① 宋薇萍：《多领域主动对接　长三角一体化按下“快进键”》，《上海证券报》，2018。

共治”案例被评为2018 中国（上海）社会治理创新实践十佳案例。

“业界共治”模式对于区域健康发展的推动和促进是一个新课题，陆家嘴金融城理事会的实践为我国创新社会治理新格局提供了可复制、可推广的案例和经验，据报道，在调研陆家嘴金融城理事会运行情况后，北京市已经成立了金融街合作发展理事会，成都高新区也于2018 年分别成立了大数据和网络安全业界共治理事会、孵化载体业界共治理事会等。

参考文献

闫彦明、何丽、田田:《国际金融中心形成与演化的动力模式研究》,《经济学家》2013 年第 2 期。

朱文生:《上海国际金融中心建设领导体制、机制优化研究》,《上海金融》2010 年第 10 期。

青连斌:《习近平总书记创新社会治理的新理念新思想》,《前线》, 2017。

李思琪:《公众对创新有哪些期待》,《国家治理》2017 年第 39 期。

刘骁鑫:《社会治理创新视角下的智慧管理平台建设研究》, 大连理工大学硕士论文, 2018。

阙政:《从一块地，到一座城上海陆家嘴金融城华丽转身记》,《新民周刊》2016 年第 39 期。

何建木:《上海自贸试验背景下的陆家嘴金融城体制改革——以“业界共治 + 法定机构”公共治理架构为核心》,《上海城市管理》2017 年第 2 期。

荣萍:《从政府机构到企业的跨越——上海陆家嘴金融城发展局挂牌并全面运营》,《中国高新区》2016 年第 15 期。

席岑、王茗萱、刘轶芳、刘倩:《投资者对上市公司负面环境事件的关注及其市场反应》,《环境经济研究》2018 年第 4 期。

任姝玮:《让全世界听见“陆家嘴声音”——首期“LUTALK 陆家嘴大讲堂”聚焦金融科技》,《浦东开发》2018 年第 6 期。

宋薇萍:《多领域主动对接长三角一体化按下“快进键”》,《上海证券报》, 2018。

B.15
拓展企业服务前沿境界 打造营商环境福田标杆

冯向阳*

摘　要：　营商环境是指企业从筹备、开办、运营到注销整个生命周期内所涉及的所有外部环境的总和。营商环境是企业生存发展的土壤，与一个地区的经济繁荣程度息息相关，其重要性不言而喻。作为改革开放的前沿窗口和深圳市 CBD 所在地，近年来，福田区以打造基于市场准则的服务力为切入点，善于探察市场动态，积极引导资源流向，有效监管市场交易环节，主动为企业提供价值、知识和平台服务，全方位服务企业的需求、体验与发展机会，形成了以“在意”为标识的服务文化以及以“规则理性、服务适配”为精髓的服务模式，树立了营商环境改革领域的“福田标杆”。本报告从福田区营商环境概况、优化营商环境系列做法以及下一步举措三个方面进行了较详细的论述，并对粤港澳大湾区时代福田区总部经济的发展机遇做了思考。

关键词：　福田区　营商环境　适配服务

2018 年是中国改革开放 40 周年，这一年，有一个词语成为中国政府口

---

* 冯向阳，深圳市福田区企业发展服务中心主任。

中的“热词”——“营商环境”。中共中央总书记、国家主席、中央军委主席、中央财经领导小组组长习近平在2017年7月17日主持召开中央财经领导小组第十六次会议时强调，要营造稳定公平透明的营商环境，加快建设开放型经济新体制，推动中国经济持续健康发展，并明确要求北京、上海、广州、深圳等特大城市率先加大营商环境改革力度。2018年3月5日，中国国务院总理李克强在《政府工作报告》中提到，“优化营商环境就是解放生产力、提高竞争力”。在此之后，除北上广深外，辽宁、江西、山东等十余个省份也纷纷将优化营商环境列为政府2018年工作内容。

作为深圳的中心城区，十八大以来，福田以习近平新时代中国特色社会主义思想为指引，改革创新、务实精进，持续推进政府职能转变，深耕营商环境的优化提升，保障市场稳定有效运转。为了深化服务供给侧改革，福田于2012年6月成立了专司企业服务职能的企业发展服务中心（以下简称“福田企服中心”）。7年来，福田以高度的使命感和责任感，认真落实“四个走在全国前列”的要求，积极响应市场需求，厚植企业服务优势，深耕营商环境改革，探索集成化、标准化、专业化、分布化的“三化一分”政府服务企业新模式，形成了以“在意”为标识的服务文化以及以“规则理性、服务适配”为精髓的服务内容，激活创新要素资源，提升企业创新力和竞争力，打造新时代中国特色社会主义市场经济营商环境的“福田标杆”。

一　福田区营商环境概况

福田区是深圳的行政中心、金融中心、贸易中心、文化中心、国际交往中心、交通枢纽和CBD所在地，面积78.66平方公里。截至2018年底，全区常住人口约160万人。辖区营商环境成熟，城区品质一流，交通便利，优质市政资源集聚，呈现宜商、宜业、宜居的鲜明特征。

（一）市场优势

福田是深圳的城市客厅和中国改革开放成果的辉煌展厅，辖区要素市场发达，优质市场资源涌动，企业家精神得到充分释放。截至2018年底，辖区集聚了31万家法人企业，其中世界500强总部3家、中国500强总部13家、上市公司81家、总部413家，亿元楼宇86栋，成为中国“含金量”最高的中央商务区；GDP达4150亿元，充分彰显了中国特色社会主义市场经济的强大活力和竞争力。

（二）创新优势

辖区内勇于创新的人才高度集中，新技术、新产业、新业态、新模式喷薄涌现，演绎了以华强北和平安为代表的精彩传奇故事。福田区是全国首家区级“国家知识产权服务业集聚发展示范区”，成功入选国家第二批“双创”示范基地，并获评“中国商旅文产业发展示范区”。福田构建了包括研发、评估、检测、投融资、电子商务、新技术运用、知识产权保护的创新生态链，每月定期举办“院士讲坛”“创新CEO实战营”“创新企业路演”“高校技术成果发布”活动，为创新创业者提供了圆梦的舞台。

（三）服务优势

福田重视服务产品研发，提取部门企业服务职能“公约数”，整合组建企业发展服务中心，作为政府服务企业的专门部门和统一的“入口”“出口”；构建企业服务标准管理体系，对服务目标、服务决策、资源管理、服务实现、绩效评价、责任监督进行全流程规范管理；整合产业资金、人才住房、人才发展、产业空间等资源，编制服务“菜单”，明确配置规则、申请条件、申请流程，并实现一体化发布、一站式申报；编制满意度和营商环境指数模型，探索集成化、标准化、专业化、分布式的“三化一分”政府服务企业新模式，为企业提供精准、专业、高效服务，激发企业创新活力。

（四）专业优势

福田集聚深圳半数以上高品质的专业服务机构，其中律师事务所241

家、监理机构45家、工程造价咨询机构51家、专利代理机构46家、会计师事务所148家。福田还整合法律、税务、创投融资、知识产权、会计、专业性协会等资源成立“点线世界专业服务交易中心”，为企业提供一站式对接服务。

（五）区位优势

福田地处广深港合作的核心腹地，拥有广深高速公路起点站、深圳地铁中心枢纽站、福田口岸、亚洲最大陆路口岸——皇岗口岸和国内首座、亚洲最大的地下火车站——福田站。广深港高铁从福田站出发，14分钟可直通香港西九龙。深南大道、滨河大道、北环大道三大主干道贯穿福田，形成“五横九纵”路网格局。轨道交通发达，车公庙站是全市最大的地铁综合枢纽站。福田区距离盐田港、蛇口港和深圳机场仅30分钟车程，乘广深港高铁到广州仅需33分钟，形成“广深港半小时通勤圈”。

（六）生态优势

福田生态环境优美，生活环境舒适。截至2018年，全区拥有公园总数达123座，公园面积占到辖区总面积的10%以上。建成绿道156公里，其中37公里的“环城绿道”纵贯城区；全区空气质量优良率94%，饮用水源地水质达标率100%。福田红树林鸟语花香，深南大道绿化长廊穿城而过，梅林山体绵延起伏，市中心公园纵穿南北，莲花山公园点缀城中，构成了生态和谐的园林绿地体系。

（七）国际化优势

福田位于粤港澳大湾区、泛珠三角经济圈、东盟十国经济圈交叉重叠的核心区，具有无与伦比的国际化品质。今后，福田将抓住粤港澳大湾区建设重大机遇，勇当改革开放尖兵，提升中心城区功能，以深港科技创新合作区建设为牵引，打造国际金融、科技创新、文化教育、服务交流“四大中心”，加快建设高质量发展的社会主义现代化典范城区，为深圳“朝着建设

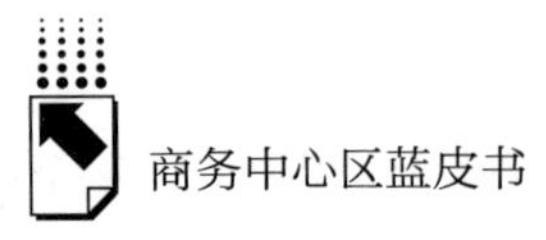

中国特色社会主义先行示范区的方向前行，努力创建社会主义现代化强国的城市范例”贡献福田力量。

二　福田区优化营商环境的经验与做法

（一）高质量完成标准化试点项目验收工作

福田区政府服务企业标准化试点项目于2018年6月27日以95.8分的高分正式通过国家标准委验收，正式建成全国首个政府服务企业试点项目，在部门职能整合、政府资源整合、专业资源整合方面做出了全方位创新和突破。

为系统总结企业服务标准化试点项目6年创建历程，与北京大学政府管理学院合作开展“政府服务企业模式创新”课题研究，组织实地调研14家辖区企业和商协会，深度把脉政府服务发展趋势。经过多次论证完善，由福田企服中心拟定的《政府服务企业满意度测评规范》由市场和质量监督管理委员会于2018年11月28日正式发布实施，成为地方标准。

（二）高水准推动产业发展资源供给机制改革

充分发挥敢闯敢干精神、先行先试作用，强化改革力度，提升政策合力，产业发展资源供给机制改革评分位居辖区同序列项目第一。

产业发展资源供给流程更加优化。全年召开6次产业发展联席会议、审议122个项目，审议新引进落户项目72个。统筹安排辖区新引进企业临时注册事宜，并协调办理工商、税务等问题。

产业发展资源供给方式初显智能化。率先上线全国首个“资源速配”手机终端——福田企业服务手机App，汇集市、区产业政策、人才政策、片区规划等信息，实现政策速配与精准匹配功能。同时，建立手机App、企业综合信息服务网、产业资金网联动机制，提升企业服务智能程度，多维度洞察企业发展动态，探索构建企业外迁预警模型。

智慧政务助力营商环境优化。以智慧政务为载体，推出“3×4”智慧政务服务改革主动转变政府职能，深化简政放权，创新监管方式，增强政府公信力和执行力，构建透明高效的综合营商环境。“3×4”即运用新技术新手段实行“马上办、全天办、掌上办、就近办”，“零时限、零收费、零距离、零材料”，“一扇门、一窗口、一张网、一层级”。该改革项目入选“2018 互联网+政务 50 强”，荣获首届中国营商环境创新奖。

（三）高标准强化产业发展支持力度

优化调整产业资金政策，加大产业发展支持力度和精准度，建立“股权+资助”的多元化支持方式，形成“1+9+N”系列惠企政策措施，出台规范产业资金使用、堵塞使用漏洞的新举措，促进了辖区经济良好发展，更好地发挥了政府在市场经济中的作用。

产业资金支持力度逐渐加大，2018 年受理产业资金申请项目同比增长 41.7%；实际拨付资金 18 亿元，同比增长 50%；完成三批次产业人才租赁住房配租工作，配租 3357 套。邀请辖区 28 家银行参与贷款贴息项目合作，加速政策兑现力度。产业资金受理持续实现“双零双百”，即资金拨付零失误、窗口服务零投诉，政策咨询服务满意度 100%，政策兑现力 100%。

“百、千、万”宣传全覆盖解读政策。累计组织开展 149 场产业发展政策宣讲活动，参与企业约 5664 家，发放产业资金政策汇编 1 万本和宣传折页 2 万份，并通过主流媒体、政府网站、微信公众号等多渠道实现宣传全覆盖，确保企业“找得到、看得懂、用得上”市、区产业资金政策。

产业资源监管制度逐步完善。出台《福田区受产业政策支持企业监督管理制度（试行）》。另外，对于存在有关监管协议考核未达标问题的招商引资项目、企业，将着手研究空间资源退出机制。

（四）高效能提升企业服务水平

正确领会和准确把握习近平总书记对优化营商环境、支持民营经济的重要论述，按照省、市、区相关工作部署，出实招、使实劲、见实效，完善并实施领导挂点服务企业、千家重点企业服务等工作，开创更有活力的发展局面。

优化政企交流机制。推荐并联系市领导挂点的辖区企业31家。区四套班子领导通过走访调研、座谈交流等方式服务企业324家，其中民营企业160家，区产业部门和街道办对口服务160家企业，全面了解企业实际困难。

切实解决企业难题。面向辖区千家重点企业开展专员服务，共发放资源清单1062份，实地走访385家；常规走访联系企业5000家、楼宇130栋，采集重点楼宇信息表100份，实地发放政策等资料1500余份；现场答复企业相关咨询843个，转办实际问题542个，已办结513个，办结率95%，得到企业高度赞赏。

提振民营企业发展信心。区委区政府领导班子调研服务民营企业150家，解决企业诉求210个。区委书记亲自召开民营企业座谈会，听取民营企业发展困难以及对政府工作建议，提出支持民营企业发展四点要求，提振发展信心。

建立企业服务知识库。企业咨询热线接听量达8000多个，处理率100%，据此梳理形成498个咨询问题，其中，45%为产业资金问题，39%为系统申报问题，6%为人才住房问题，5%为创新人才奖问题，其他类占比5%。在咨询热线和常规事项办理的基础上，建成涵盖131条事项的企业服务知识库，进一步夯实常态化、智能化服务的基础。

（五）高强度激发商协会活力

修订完善商协会支持政策。以商协会发展需求为导向，结合实际情况修订完善了《福田区支持商协会发展若干政策》，形成覆盖展会举办、平台建设、高峰会举办、标准制定等24项支持内容在内的全国首份支持商协会发展的政策体系。

全力组织商协会活力评估。通过扇动活力评估“翅膀”，引爆商协会活力“蝴蝶效应”。通过组织87家商协会参与商协会活力评估，评选出51家运作规范、活力强、贡献大的商协会，并拨付支持资金对其予以支持，引导其更好地服务企业、服务经济发展，增强商协会与福田发展的关联度。

加码商协会人才建设。2018 年 11 月组织举办第二期商协会会长、秘书长北京大学专题研修班，年度共组织 3 场秘书长沙龙，引导商协会组织开展“十大文体大赛”促进商协会更加规范、高效运作，能够充分发挥商协会的专业服务能力，激发协会发展活力。

（六）高要求优化人才激励事项

深入推进企业服务改革创新，针对辖区人才及其核心需求，认真履行服务职能，充分发挥人才聚能、人才强企、人才强区的作用，带动辖区营商环境生态持续优化。

完善并实施企业家关怀行动，通过召开民营企业座谈会、实施市区领导挂点服务工作，建立常态化政企交流渠道，形成企业家问题追踪办理机制，丰富并维护教育、医疗、社保、公安等绿色服务通道，确保重点人才服务到位、聚才更加归位。组织企业家代表团开展专项考察调研；举办“筑梦福田・辖区企业商协会人才之夜中秋音乐会”，邀请辖区企业家及商协会代表共享音乐盛宴；组织辖区商协会代表和企业家观看灯光秀以及“改革开放再出发”大型综合晚会。

高质量完成英才荟配套工作，2018 年制作英才证八个批次，并收集企业英才信息，对英才数量、种类、认定依据等进行分析，为人才政策修订与完善做好充分准备。

加快推进 2018 年产业创新人才奖工作，对获得深圳市产业发展与创新人才奖的福田企业人才给予配套奖励，及时梳理名单和通知企业办理手续，涉及 311 家企业、3671 人。

（七）高规格巩固点线世界品牌形象

点线世界 2018 年共开展公益培训 147 场，提供服务超过 11000 人次。活动种类多，涉及方面广。主要涵盖知识产权、跨境电商、会计税务、法律法规、政策宣传辅导、国际商务对接、投资推广、学术研究、创业项目竞赛等方面。其中最具代表性的为四大品牌活动——“院士讲坛”“创新 CEO 路演”“科技创新路演”“产学研对接”。

2018 年新引进专业服务机构 11 家，新增检测认证、同传签证、人力资源、新闻媒体 4 个专业服务类别。目前共有 56 家专业服务机构入驻，为企业提供全领域多层次高质量的专业服务。全球 4 大会计师事务所——安永、德勤、毕马威、普华永道已全部进驻点线世界。

（八）高效率做好营商环境宣传工作

完成产业发展大会、产业资金政策宣讲会、企业服务标准化等一系列的宣传报道，通过传统报道方式与新媒体传播手段的协同发力，增强宣传报道效果。组织参加了第十三届中国（深圳）国际物流与交通运输博览会工作，共发放《图说前沿营商文化》、2018 福田区产业资金政策汇编和资金申请指南、人才政策宣传折页、《福田区企业服务手册》等资料千余份，现场接受咨询 200 余次，宣传效果显著。

三　营商环境改革新目标新举措

展望未来，福田正在抢抓粤港澳大湾区建设、“一带一路”建设等重大机遇，在市委市政府的统筹指导下，举全区之力深入推进河套片区深港科技创新合作区、香蜜湖片区等重点区域的开发建设，未来还将聚焦建设“科技创新中心”，打造发展“新引擎”，勇当全面深化改革的尖兵，以“在意”驱动着习近平新时代中国特色社会主义思想的前沿实践，为营造国际一流的营商环境，争取高质量建设社会主义现代化典范城区贡献力量。

（一）推进产业发展资源改革，让发展更有势头

1. 开展产业资金项目智能化审批方式改革，采用智能化审批方式将实现机器核对审批数据，极大压缩各产业部门的审批时间，并实现同一平台的

跨部门信息共享和业务协同，加快产业资金政策兑现，降低企业行政成本和经营成本。

2. 开展政府服务企业精准化智能化机制改革，建立政府服务企业的统筹管理机制，利用最领先的信息化、智能化技术，构建“会学习、会发现、会分析、会服务”的综合服务平台，建立集政策查询、空间查询、政策匹配等多功能于一体的企业服务 App，让企业更便捷地表达诉求，一键式获取服务资源，不懈规范服务供给，实现服务机制的前沿突破，构建公开、公平、透明、便利的营商环境。

（二）强化协同融合，让商协会更有活力

1. 促进产学研融合创新，拟设立非公组织党校（商协会学院），举办高峰论坛、院士论坛、秘书长沙龙等活动，通过党性训练、服务力训练、诚信训练、营销力训练、企业文体大赛等形式，为专业化运营人才持续赋能。

2. 紧跟区域发展规划，开展“一带一路”政策法规宣讲、深港青年交流、湾区协会发展峰会等活动，聚合全球优质资源，搭建广泛交流合作的平台，助力企业深度融入“一带一路”建设和粤港澳大湾区发展。

3. 充分激发商协会反映企业需求、关怀重点人才等作用，持续开展企业家关怀行动，与专业机构合作开设“在意论坛”专栏，每月一期，邀请企业家谈服务，搭建聆听企业家心声、提升政府服务的交流平台。

4. 定期举办创新 CEO 实战营、创新企业路演、产学研对接发布会等活动，集聚科研力量、企业家、资本机构等优质资源，搭建创新转化、价值融合的平台，为创新创意走向市场提供坚实支撑。

（三）创新机制模式，让服务更有后劲

1. 与北京大学开展课题合作，系统总结福田政府服务企业的实践经验和发展模式，丰富政府服务的理论意义与时代内涵，驱动产业发展资源供给体系深度提质增效，推进政府服务资源的统筹集约管理，营造更具适配性的服务机制。

2. 集约“服务+党建”两类资源，以党建为引领，创新非公经济政治党建模式，完善民营企业党建体系，发挥党员志愿者先锋队模范带头作用，了解企业发展诉求，推送政府产业资源政策，引领民营企业健康发展。

（四）发力安商稳商，让服务更有精度

1. 深化领导挂点服务企业工作，区领导、产业部门和街道负责人挂点服务企业，通过走访、座谈、调研等方式倾听企业发展心声，“零距离”了解企业经营动态和发展困难，及时、高效解决营商环境痛点堵点问题。

2. 增强专员服务效能，为千家重点企业配置服务专员，编制“需求清单”“政策清单”“服务清单”，强化产业政策兑现力度，优化企业对于政府服务的体验。

3. 利用大数据手段，构建外迁企业预警模型，尽早发现有异动倾向的企业，及时分析研究相关措施并提前介入，运用相关资源，为企业提供专项解决方案。

4. 围绕辖区产业政策与发展重点，充分汲取粤港澳大湾区建设战略“红利”，积极对接意向落户企业及项目，抓好重点意向项目洽谈引进工作。同时做好产业发展联席会议工作、项目引进后的积极跟踪服务等相关工作。

参考文献

刘维等：《深圳福田区：用大数据创新社会治理模式》，《经济》2018 年第 12 期。

凌杰：《深圳福田：改革成果亮点纷呈》，《学习时报》，2015 年 2 月 9 日。

B.16

广州市天河中央商务区在现代化国际化营商环境方面出新出彩的探索实践

武占云　杨 阳*

摘　要：　作为中国改革开放先行区，改革开放四十年来，广州实现了从“千年商都”向全球城市的飞跃发展，天河中央商务区的形成发展是广州的改革开放进程、经济社会变迁的集中体现，也是广州开放成果展示的重要窗口，在国家推动粤港澳大湾区建设的历史契机面前，天河中央商务区持续加大开放型经济探索力度，积极与高水平国际经贸规则对接，在营造现代化国际化营商环境方面进行了卓有成效的改革和探索，形成了一系列可资借鉴的经验。本文立足于广东改革开放四十年、营商环境优化的“广州样本”这一宏观背景，重点探讨广州天河中央商务区在现代化国际化营商环境方面出新出彩的探索实践，以期对新时代中央商务区的高质量发展有所裨益。

关键词：　天河中央商务区　现代化　国际化　营商环境

一　引言

从全球范围来看，随着国际贸易格局的变化和第四次工业革命的到来，

* 武占云，中国社会科学院城市发展与环境研究所副研究员，博士，研究方向：城市规划、城市与区域经济等；杨阳，广州市天河中央商务区管理委员会综合处副处长，香港大学经济学硕士，研究方向：国际金融和区域经济学。

通过营商环境优化吸引全球高端要素、聚集创新资源、提升全球竞争力已经成为大势所趋。营商环境不仅仅是影响企业从“开办、扩建、经营到破产”这一“全生命周期”活动效率和质量的法制监管环境，更是企业所在国家或地区的经济、社会、文化等诸多因素构成的制度环境总和。一个国家或地区营商环境的优劣直接影响企业的设立和经营状况，并对其经济发展、财税收入、就业状况等产生重要影响，进而影响区域市场主体一系列行为。

为了在新时期构建开放型经济新体制，习近平总书记多次强调要“要改善营商环境和创新环境，降低市场运行成本，提高运行效率，提升国际竞争力”，特别是“要求一些特大城市要率先加大营商环境改革力度，营造稳定公平透明、可预期的营商环境”。近年来，习近平总书记相继对广东提出了“三个定位、两个率先”、“四个坚持、三个支撑、两个走全国前列”的希望和“四个走在全国前列”的要求，并要求广州推动实现老城市新活力，在现代化国际化营商环境方面出新出彩。围绕“现代化国际化营商环境”建设，广州市对标全球先进经济体，以优质的制度供给、服务供给、要素供给和完备的市场体系，大力营造稳定公平透明、可预期的营商环境，积极打造全球企业首选地和最佳发展地，取得了一系列可资借鉴的经验和创新，营商环境“广州样本”逐渐形成。《福布斯》中文网五次将广州评为“中国大陆最佳商业城市”第一名，普华永道与中国发展研究基金会连续两年将广州评为中国“机遇之城”第一名，联合国相关机构将广州评为全球发展最快的超大型城市和中国城市人类发展指数第一名。

广州天河中央商务区地处珠江三角洲腹地，毗邻港澳，位于广州的中心城区，其规划建设始于20世纪80年代，其形成发展与广州的改革开放进程、经济社会变迁紧密联系在一起，见证了广州由千年商都向全球城市的转型发展。作为广州市国家中心城市功能的主要承载区和国际一流的中央商务区，天河中央商务区始终走在改革开放的最前沿，在营造现代化国际化营商环境方面进行了卓有成效的改革和探索，形成了一系列可资借鉴的经验。这一方面得益于广州市近年来营商环境1.0和2.0的改革推进，另一方面在于天河中央商务区对标国际一流CBD，在楼宇标准制定、服务贸易自由化探索、完善产业发展政策支持环境等方面的持续探索和实践。

本文立足于广东改革开放四十年、营商环境优化“广州样本”这一宏观背景，重点探讨广州天河中央商务区在现代化国际化营商环境方面出新出彩的探索实践。全文结构安排如下：第二部分重点分析广州四十年改革开放和营商环境2.0改革为天河中央商务区提供的基础条件和制度环境；第三部分重点探讨天河中央商务区以“四个一”为核心的营商环境改革实践及其成效；第四部分基于国内外营商环境优化趋势，对天河中央商务区营商环境优化策略提出相关建议。

二　基础与环境：营商环境“广州样本”的制度土壤

（一）广东改革开放试验田为天河CBD提供了优越环境

党的十一届三中全会开启了中国改革开放的伟大征程，广东抢抓发展机遇，改革开放在全国先行一步，创造性地运用中央赋予的特殊政策和灵活措施，进行了一系列以市场为取向的经济体制改革。从创建经济特区“先走一步”到全方位对外开放格局的形成，广东先后经过了开拓改革开放实验田（1978~1992年）、迈向改革开放深水区（1992~2012年）和走上全面改革新征程（2012年至今）的发展历程。改革开放四十年来，广东不仅创造了连续28年经济总量领先全国的经济奇迹，更是为推动全国改革开放、营造国际化市场环境、推动经济高质量发展积累了丰富经验。

随着广东对外开放战略的纵深推进，以及经济体制、行政体制和文化体制改革的不断深化，天河中央商务区乘对外开放之势和体制改革之风，持续加大开放型经济探索力度，积极与高水平国际经贸规则对接，成为华南地区总部经济与现代服务业集聚最密集的中央商务区之一，拥有联系港澳、服务珠三角乃至华南实体经济的辐射引领能力。目前，美国、英国、德国、加拿大等53家占广州85%的外国领事机构，以及德国商会、日本商工会、意大利商会等11家境外商协会均落户在天河CBD，国际化领事、商事服务范围覆盖全广东甚至华南地区多个省份。2019 年 5 月 1 日起，广东正式实施外国人 144 小时过境免签政策，广州天河铁路口岸属于政策适用 32 个出境口岸之一。过境免签人员活动范围覆盖全省行政区域，极大地拓宽了天河 CBD 商务人士在大湾区范围的商务服务半径。

截至 2018 年，天河中央商务区实现地区生产总值超 3000 亿元，位居全国 CBD 首位，以金融服务业、商务服务业和现代商贸业为主导的第三产业增加值比重超过 85%，聚集了超过 200 家世界 500 强投资项目和超过 100 家总部型企业，花旗银行、德意志银行、汇丰银行等 32 家外资银行地区总部，以及全球四大会计师事务所、五大地产行等专业服务机构，已成为外资进入广东乃至珠三角地区的“投资指南”和“方向标”。可以说，广州天河 CBD 的形成发展与广东的改革开放进程、经济社会变迁紧密联系在一起，在营商环境优化、创新要素集聚、流量经济管控与国际制度接轨等方面积累了丰富的经验，广东改革开放试验田的探索为其提供了优越的成长环境。

（二）广州营商环境2.0改革为天河 CBD 提供了制度支撑

作为“千年商都”和中国改革开放先行区，改革开放四十年来，广州始终秉承包容并蓄、海纳百川的城市特质和“敢闯敢试敢干”的改革开放精神，巩固提升了国家中心城市地位，实现了从“千年商都”向全球城市的飞跃发展。近年来，按照习近平总书记“四个走在全国前列”的要求，弘扬“敢为人先”的首创精神，广州对标全球先进经济体，不断完善营商环境优化的顶层设计，为广州以及天河中央商务区的高质量发展提供了制度支撑。

2018 年 10 月，广州市制定出台了《广州市营商环境综合改革试点实施方案》，启动实施营商环境 1.0 改革，围绕着“打造全球企业投资首选地和最佳发展地”的目标，方案涵盖审批服务便利化改革、工程建设项目审批制度、企业投资管理体制、贸易便利化、科技创新体制机制、激发和保护企业家精神、市场监管、重点区域营商环境改革等 8 个方面。后续又印发了《广州市优化营商环境专项行动计划》，通过专项行动将工作成果予以规范化、制度化，形成了以《实施方案》为核心的“1 + N”营商环境政策体系。2019 年 3 月，广州市出台了《广州市进一步优化营商环境的若干措施》提出在继续巩固提升 1.0 改革的基础上深入实施营商环境 2.0 改革。营商环境 2.0 改革汲取京、沪两地对照世行评价改革成果，梳理了一系列改革措施，最核心的内容包括打造 1 个全国领先的“智慧政务”平台，在“数字政府”建设的框架下，将实现政务数据高度共享、涉企审批事项高度整合、政务服务各环节与所需数据高度对接。相比 1.0 版本强调行政效率的提高，2.0 版本则要求在巩固行政效率的基础上对接港澳规则，强调的是探索接轨世界投资贸易规则。2019 年 5 月出台的《广州市优化口岸营商环境促进跨境贸易便利化工作方案》进一步提出，至 2019 年底，将进口边境合规时间压缩至 40 小时，将出口边境合规时间降至 16 ~ 18 小时，实现机场、海港口岸“7 × 24”小时常态化通关。

无论是营商环境 1.0 改革还是 2.0 改革，广州营商环境的优化主要聚焦于以下几个领域，一是以高水平制度供给改善投资贸易环境，二是以高标准服务供给提升政务服务水平，三是以高质量要素供给激发创新创业活力，四是以高效率监管机制完善市场信用体系。营商环境的改善极大地释放了市场主体活力，为广州的高质量发展提供了全方位、多层次的制度支撑。2018 年，广州总部经济发展能力位居全国第三，外资企业达到 2.7 万家，世界 500 强企业中有 120 家把总部或地区中部设立在广州。2016 ~ 2017 年广州连续两年被普华永道评为中国“机遇之城”之首，全球城市网络 GaWC 发布的“2018 年世界城市名册”，广州市名列全球第 27 位，营商环境“广州样本”逐渐形成。

三　探索与实践：以“规则对接”为核心的营商环境改革实践

广州天河中央商务区地处珠江三角洲腹地，位于广州的中心城区，其规划建设始于 20 世纪 80 年代，其形成发展与广州的改革开放进程、经济社会变迁紧密联系在一起，见证了广州由千年商都向全球城市的转型发展。作为广州市国家中心城市功能的主要承载区和国际一流的中央商务区，天河中央商务区也是广州营商环境综合改革的主要受益者和集中体现地。在此基础上，天河中央商务区还牢牢把握粤港澳大湾区建设的历史机遇、重点推动与港澳规则对接，在服务贸易自由化、商务楼宇标准制定、营造创新创业环境、区域品质提升等领域先行先试、率先突破，探索形成“四个一”营商环境改革经验，即探索一套指标体系（CBD 高质量发展指标体系）、围绕一项重点改革（大湾区服务贸易自由化）、构建一套管理标准（商务楼宇可持续发展指数）、打造一张发展蓝图（国际品质提升规划），营商环境的国际化、法治化和便利化水平显著提升，为推动经济高质量发展、建设现代化经济体系奠定了坚实基础。

（一）探索一套指标体系：CBD 高质量发展指标体系

习近平总书记视察广东时，希望广东率先实现质量变革、效能变革、动能变革，在推动高质量发展上聚焦用力，发挥示范引领作用。随着中国经济从高速增长阶段转向高质量发展阶段，天河 CBD 作为带动广州乃至粤港澳大湾区经济增长的重要力量，亦进入了提质增效的高质量发展阶段，不断探索优化营商环境的创新改革，其本质是为了推动实现高质量发展。天河 CBD 尤为重视通过营商环境优化促进经济高质量发展。截至 2018 年，天河 CBD 实现地区生产总值超 3000 亿元，地均产值达到 256.21 亿元/平方公里，外资利用总额超过 10 亿美元；吸引了 201 家世界 500 强投资项目，拥有 120 座甲级写字楼，税收超 1 亿元的楼宇 71 栋，税收超 10 亿元的楼宇 17 栋，多项经济指标位居全国 CBD 前列。

2018 年，天河 CBD 与中国社会科学院合作，基于全球视野和多学科视角，对标国际一流 CBD 标准，前瞻性地制定 CBD 高质量发展指标体系。该指标体系充分体现“质量变革、效率变革和动力变革”的发展内涵，从经济活力、创新潜力、营商环境、宜居宜业、国际影响和共治共享等 6 个维度来构建 CBD 高质量发展指标体系，共包括三级评价指标，其中一级指标 6

个，二级指标 15 个，三级指标 42 个，以期形成引领 CBD 高质量发展的绩效考核评价体系和体制机制政策体系，以经济高质量发展推进更高起点的深化改革和更高层次的对外开放，也为全国 CBD 打造国际一流营商环境提供指导和借鉴。

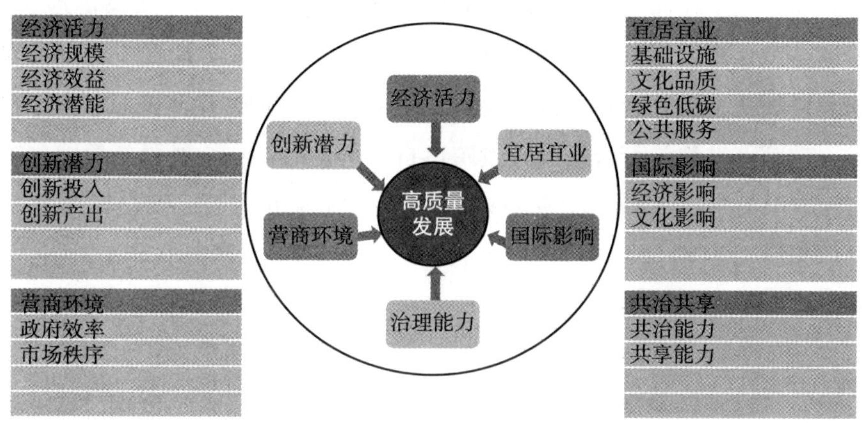

图 1　CBD 高质量发展指标体系框架结构

（二）围绕一项重点改革：大湾区服务贸易自由化

2018 年 10 月，习近平总书记视察广东时指出，“要把粤港澳大湾区建设作为广东改革开放的大机遇、大文章，抓紧抓实办好”。2019 年 2 月，中共中央、国务院印发的《粤港澳大湾区发展规划纲要》（以下简称《规划纲要》），明确提出“加快发展现代服务业”，包括落实《关于建立更紧密经贸关系的安排》（以下简称“CEPA”）及其补充协议，进一步减少限制条件，有序推进制定与国际接轨的服务业标准化体系，促进粤港澳在与服务贸易相关的人才培养、资格互认、标准制定等方面加强合作。

在上述背景下，天河 CBD 率先落实国家对港澳开放新举措，推进广东省服务贸易自由化示范基地和广州市服务贸易示范区建设，探索研究粤港澳大湾区全面实行服务贸易自由化的重点领域。积极参与商务部、港澳办关于“在大湾区内实现服务贸易全面自由化”等专题调研，深入现代服务业代表企业，研究当前全面实现粤港澳服务贸易自由化存在的问题，形成了在金融、法律、医疗、教育、家政服务等首批 6 条逐步放松 CEPA“负面清单”的试验性政策措施。

同时，天河中央商务区积极探索粤港澳在商务服务、金融服务和旅行服务方面的合作。在商务服务领域，支持港澳会计、律师事务所与内地会计、律师事务设立合伙联营会计、律师事务所，扩大联营事务所在天河中央商务区的准许经营范围，深化与港澳建筑及相关工程专业服务合作；在旅行服务领域，鼓励穗港澳旅行合作社开发跨境自驾游产品；在金融服务领域，扩大银行业对外开放，支持港澳资银行积极参与境内市场、提供金融服务。目前，广州第一家澳门的银行、自贸区外第一家内地香港联营律师所均在 CBD，落户 CBD 的港澳企业超过 1300 家。

天河中央商务区还在尝试建立服务贸易综合监测服务平台，依托全国服务贸易重点联系企业制度以及服务贸易综合监测服务平台，创新区域服务贸易企业数据统计方式，针对性制定服务贸易统计政策，科学监测服务贸易运行。推进与广州市服务贸易公共服务平台在信息共享、业务监管等方面的对接与合作，联通企业库、服务机构库、科研机构库，引导企业共享技术研发、工业设计、知识产权等资源。

（三）构建一套管理标准：商务楼宇可持续发展指数

为了进一步优化现代化国际营商环境，天河中央商务区对标香港中环 CBD，创新制定楼宇标准，提升楼宇管理服务水平。2015 年开始，天河中央商务区管委会与香港品质保证局合作，在全国率先开展楼宇物业管理标准化服务体系建设，率先推出楼宇可持续发展指数，发布了“天河标准”——《广州市天河中央商务区楼宇可持续发展指数白皮书》，三年内完成了区域内 48 栋重点楼宇的“楼宇可持续发展指数”评定，从环境、社会、经济三方面 24 个评定指标对楼宇进行全方位考评，以简易、直接和量化的指标协助物业管理公司订立楼宇可持续发展表现的基准线，通过对楼宇评定成果的分析总结，推动楼宇管理服务提升，保持新建楼宇的发展优势，提升旧楼楼宇的社会价值，减少资源消耗，提高使用者的满意度。截至2018年，通过楼宇可持续发展指数评定“天河标准”认定的楼宇达到68栋。天河CBD楼宇评定对比香港地区评定，不同之处在于天河CBD楼宇评定指标加入了新的元素，如智能信息化使用、母婴室建设和管理、无障碍设施、社区关怀、税收、就业、租金等，另外考虑楼龄和硬件设施对楼宇评定客观影响，还额外增加了加分指标，嘉许通过努力改善项目并取得成果的物管公司，使评定指标更加适合天河CBD区域的楼宇经济发展需求，同时又能推动天河CBD整体环境与国际接轨，吸引更多大型优质企业落户天河CBD。

此外，广州天河CBD积极鼓励楼宇服务创新，提升楼宇服务的便利化、国际化水平。一方面，天河CBD管委会通过开展政府购买事务服务工作，为重点楼宇的企业在天河设立分支机构提供项目选址、核名注册、配套服务、政策支持等方面的高效服务，协助企业顺利落户、开业；另一方面，联合利用技术平台提供专业楼宇服务的“楼小二”公司，推出“互联网+政务服务”的企业专属政务咨询服务，借助“智慧城市互联网+”楼宇管理链条，融入政务服务，促使天河政务服务向商务楼宇延伸。

（四）打造一张发展蓝图：CBD国际品质提升规划

舒适便捷的办公条件、绿色宜居的生活环境、丰富多彩的文化氛围和高质量的公共服务都是吸引人才和资本的重要因素，高品质的城区环境成为一流营商环境的关键要素。为了打造国际化的品质环境，推动公共空间环境品质与国际先进水平对标达标，天河中央商务区对标纽约曼哈顿、伦敦金融城、东京新宿等世界一流CBD，聘请国际知名咨询公司编制了《天河中央商务区整体提升行动纲要》，围绕生态景观、综合交通、城市形象识别、国际合作和招商推介、文化提升、公共服务（智慧管理）等六个方面的任务，采用“全人全图全景全时”的分析方法，提出了打造“绽放岭南生命力的未来之城”的发展目标，构建了以社区的温度、多元的活力、流畅的节奏、愉悦的感受、人本的关怀为核心的五度价值体系，形成了猎德水岸、花城水镜、兴盛绿街、中轴互通、珠江门户等五大近期行动计划及222个提升项目的行动项目库，着力提升互联互通水平与生态环境质量，持续推动公共空间环境品质与国际先进水平对标达标。天河中央商务区的整体提升规划成果已获得2019年香港城市设计协会规划大奖，属于该奖项荣誉级别的最高级。

目前，天河中央商务区拥有近200万平方米的公园绿地、11公里长南向珠江岸线，广州新城市中轴线纵贯其中，汇聚了广东省顶级的省博物馆、广州大剧院、广州图书馆、广州市少年宫等地标性文化设施，其中花城广场是国内最大的城市中央广场，广州大剧院是全国演艺领域三大国家级演艺平台之一。连接香港的广九直通车站就位于天河CBD，在CBD有全市唯一的BRT快速公交系统，全世界首条无人驾驶旅客自动输送系统APM，已经成为广州的“城市客厅”，区域品质环境正在与国际一流CBD接轨。

四　趋势与策略：勇担使命、连接港澳、融入全球

随着全球化的深入推进，资本、技术、人才和创新要素等在全球范围内快速流动，营商环境的优化成为国家或地区能否广泛吸引全球优质企业、能否深度融入全球市场、能否在全球竞争中占据核心位置的关键因素。天河中央商务区在广州改革开放的大潮中勇于开拓创新，在构建与国际通行规则接轨的营商环境方面走在了全国前列，取得了一系列可资借鉴的经验。随着国际贸易摩擦和国际竞争格局的变化，天河CBD既肩负着广州新一轮对外开放的战略任务，又面临着经济迈向高质量发展的内在转型要求，需要以现代化国际化营商环境的构建为核心目标，以勇担使命、连接港澳、融入全球为主要策略和着力点，持续优化营商环境，创造更具吸引力的投资环境，提升全球竞争力。

一是勇担使命，持续探索和创新。习近平总书记相继对广东提出了“三个定位、两个率先”、“四个坚持、三个支撑、两个走全国前列”的殷切希望和“四个走在全国前列”的要求，为广东在新时代新征程上继续发挥好改革开放的排头兵、先行地、实验区的作用指明了方向。天河中央商务区的发展必将与广东的改革开放进程紧密相连，是广东乃至珠三角地区践行法

治化国际化营商环境的最佳试验田和展示窗口。在未来的发展中，天河中央商务区作为国务院批复的全国三大中央商务区之一，应勇于承担广东深化改革和对外开放的战略任务，对标自贸区的先行先试政策，在商事制度改革、投资贸易便利化、市场信用体系建设和创新创业活力培育方面大胆探索和创新，为广州建设国际化大都市提供支撑。

二是对接国际标准，融入全球价值链体系。自古广州就是一个面向海洋、面向世界的城市，从“千年商都”向全球城市的飞跃发展正是其在全球视野内寻找坐标的结果。天河中央商务区通过聚集的高能级全球性机构正在融入全球服务业价值链，其产业发展趋势和业态发展模式代表了新时期广州创新发展的方向。然而，天河中央商务区的营商环境与国际一流 CBD 相比仍存在差距，包括投资贸易规则与国际高标准的差距，信用监管体系不健全、企业税负仍然较重、政策精准性和协同性有待提升等。未来，对接国际一流标准，全方位多层次优化营商环境、融入全球服务价值链高端环节是天河中央商务区努力的方向。

三是连接港澳，推动粤港澳大湾区“软联通”。天河中央商务区从楼宇可持续发展管理入手，为粤港两地实现标准对接、规则对接贡献了成功范例。未来，天河中央商务区应充分利用粤港澳大湾区建设的重大机遇，学习借鉴香港澳门的先进经验和做法，对接港澳规则，加强与港澳在跨境贸易、产权保护、人力资源、专业服务等方面的合作与共享，加强制度规则衔接，推动生产要素和人员往来便利化，为实现大湾区各领域规制对接贡献力量。

四是更新理念，全链条全周期优化营商环境。从全球发展趋势来看，营商环境的理念正在发生变化，一是营商环境理念由企业生命周期向制度总和转变，二是营商环境链条由事前向事中事后延长，三是“互联网 + 政务服务”将成为主流模式。营商环境不仅仅是影响企业从“开办、扩建、经营到破产”这一“全生命周期”活动效率和质量的法制监管环境，更是企业所在国家或地区的政府、社会、市场、文化等诸多因素构成的外部环境总和，后者从影响企业投资经营所涉及的所有外部因素来审视营商环境，既有宏观层面又有微观层面。未来，天河中央商务区应紧跟全球营商环境的新趋势和新变化，充分借助人工智能、大数据、物联网等新一代信息技术，从全链条、全要素、全周期的理念着手营造现代化国际化营商环境。

参考文献

李天研：《营商环境接轨国际》，《广州日报》2017 年 12 月 4 日。

刘江华：《改革开放以来广州经济体制改革的基本历程与经验》，《城市观察》2018 年第 4 期。

万玲：《广州进一步深化商事登记制度改革的困境与对策》，《探求》2018 年第 4 期。

广东改革开放史课题组：《广东改革开放史（1978～2018 年）》，社会科学文献出版社，2018。

国际经验篇

International Experience Chapters

B.17

全球企业的家园，国际营商的天堂

——新加坡优化营商环境的经验借鉴及对中国商务中心区发展的启示

朱铁佳　赵大生*

摘　要： 当前，以中美贸易摩擦为代表的国际贸易摩擦日益频繁，经济全球化正受到“单边主义”与“贸易保护主义”的巨大挑战，给企业的正常发展带来诸多不确定性。新加坡建国以来始终坚持“企业是其经济发展之基石”的发展理念，围绕“亲商”理念不断优化营商环境，受到全球企业的青睐。本文认为，新加坡通过建立与企业间的多重信任、为企业链接更多资源、为企业提供面向知识型经济的劳动力与知识、为

* 朱铁佳，新加坡邦城规划顾问有限公司研究中心主任，高级规划师，研究方向为城市经济与城市规划；赵大生，新加坡邦城规划顾问有限公司高级顾问，教授，博士，中国开发区协会特聘项目专家，苏州工业园区借鉴新加坡经验办公室原主任，研究方向为城市经济与城市规划。

企业员工提供优质的生活条件，构建了全球公认的最佳营商环境。在此基础上，本文结合中国商务中心区的发展现状，从借鉴新加坡营商环境的角度提出对应发展建议，以期为政策制定者与决策者提供有益参考。

关键词： 新加坡　营商环境　中国商务中心区

一　中国借鉴新加坡优化营商环境的紧迫性与必要性

如果说企业是一个国家经济良性发展的推动力，那么营商环境就是企业得以有效运转的催化剂。一个国家或区域若拥有良好的营商环境，将对其企业的设立、经营、存续甚至转型产生正向推动作用，并能成为其国际形象的对外展示窗口。

中国改革开放四十多年来，综合经济实力大幅提升，目前已跃升为全球第二大经济体，在世界经济体系中扮演与发挥着重要的角色与作用。在此过程中，各级政府已充分意识到构建良好营商环境的重要性，并将其作为促进政府深化简政放权、放管结合、优化服务改革的重要抓手。

根据世界银行 2019 年公布的 *Doing Business*（《全球营商环境报告》），中国营商环境的全球排名从 2007 年的 108 位跃升至 2019 年的 46 位，这表明经过多年的改革与创新，中国的营商环境稳步改善并逐渐得到全球企业的认可（见图 1）。近年来，习近平总书记也在多次会议上强调，中国要“营造国际一流营商环境”“营商环境就是生产力”“营商环境比金子还贵”“营商环境是追赶超越的关键抓手”等理念。

另外，当前经济全球化正受到以美国为代表的“单边主义”与“贸易保护主义”的重大挑战，而中美贸易间的持续摩擦也在一定程度上增加了在华创办与经营企业的风险。中国想要从容应对因贸易摩擦而产生的种种影

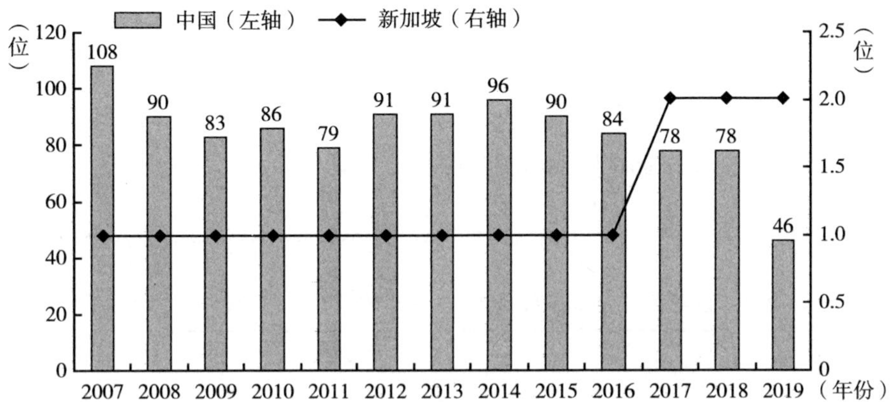

图1　2007～2019年中国与新加坡的全球营商环境排名变化情况

资料来源：世界银行：*Doing Business*（《全球营商环境报告》），2007～2019。

响，促进社会经济平稳发展，仍需持续提升自身的营商环境，给在华投资企业营造公开透明、可靠稳定、互相信任的氛围。

新加坡是一个城市国家，它能在全球各大经济体中扮演重要角色，不仅仅是因其良好的地理区位条件，“亲商”理念主导下的优质营商环境更是它获得世界各国企业信任的关键。同样根据世界银行公布的 *Doing Business*（《全球营商环境报告》），2007年以来，新加坡的全球营商环境排名基本维持在前2位，被称为全球企业的家园和国际营商的天堂（见图1）。在全球化激烈竞争的今天，新加坡在营商环境方面做出的努力值得总结和借鉴。

二　新加坡优化营商环境的经验剖析：全球企业的家园，国际营商的天堂

关于营商环境的定义与细分，有多种认知与理解。世界银行从开办企业、办理施工许可证、获得电力、获得信贷等11个指标的角度出发，构建系统化的国家营商环境便利化指数（见表1）。胡兴旺与周淼则认为，营商环境是指企业在创建、存续经营、破产清算及关闭等方面依照当地法律法规

所需花费的时间与对应的成本，是由法治、政务、市场、人文等构成的系统性环境。韩冰等认为，营商环境主要包括三个范畴：一是国家宏观因素，例如财政、货币、汇率政策和政治的稳定性；二是政府机构和制度层面的因素，例如政府体系、金融和法律制度等；三是基础设施层面的因素，例如通信、交通和电力供应等。

表 1　世界银行 *Doing Business*（《全球营商环境报告》）指标

指标	衡量的内容
开办企业	男性和女性开办有限责任公司的手续、时间、成本和最低实缴资本
办理施工许可证	完成建造仓库的所有手续、时间和费用以及施工许可证制度中的质量控制和安全机制
获得电力	连接电网的手续、时间和成本，电力供应的可靠性以及电费的透明度
登记财产	办理土地转让的手续、时间和费用及男性和女性在土地管理制度方面的质量
获得信贷	(不)动产抵押法律和信用信息系统
保护少数投资者	少数股东在关联交易和公司治理中的权利
纳税	公司在遵守所有税收法规的经营过程中的缴税次数、时间、税及派款总额以及报税后流程
跨境贸易	出口有相对优势的产品和进口汽车零部件的时间和成本
执行合同	解决商业纠纷的时间和成本及男性和女性在履行司法程序时的质量
办理破产	商业破产的时间、成本、结果和回收率以及破产法律框架的力度
劳动力市场监管	就业监管的灵活性和工作质量的各个方面

资料来源：世界银行：*Doing Business*（《全球营商环境报告》）。

笔者认为，营商环境可以细分为硬环境要素和软环境要素两方面。所谓硬环境要素，是指为企业营商提供的各种物理性条件，包括适宜的空间场所、便捷的交通设施、安全可靠的信息网络、方便周到的金融服务、宜居乐活的生活设施等，这些基本上靠资金投入是可以实现的。但还需要有软环境要素，包括企业经营所需要的政策法规、服务体系、官员素质、社会氛围等，而软环境要素的提供方主要是政府部门，但未必需要很大的财务支出，或许只要一种真正的理念转变，就能换来事半功倍的效果。构建营商环境的目标是为企业提供良好周到的服务，以期获得企业信任，并增强其在当地投资的信心，使企业易于获取所需的知识、人才及相关的优质生活条件。这也正如新加坡经济发展局（EDB）[①] 所说，“寻找机遇的新企业应了解，新加坡坚实的竞争基础是信任、知识、连接性和优质生活”。

（一）信任：建立政府与企业间互利共生的信任伙伴关系

新加坡是一个除了人以外没有其他资源的小岛国，发展经济必须创造良好的营商环境吸引外来投资。为此政府和有关部门就不能以官僚机构的面孔出现在外来投资者和企业面前，而应当将企业作为服务对象。新加坡率先倡导“亲商”理念，吸引全球企业到新加坡投资并创造更多的商业机遇，坚持聆听企业的需要，建立政府与企业间互利共生的信任伙伴关系，保护企业创新的知识产权及一切权益。

1. 塑造有生命力的经济，为企业建立宏观环境的信任基础

企业投资的主要动机之一是看中该国产业发展与企业自身诉求的一致性。从产业发展的角度来看，自 20 世纪 60 年代开始，新加坡平均每 10 年就进行一次产业升级，逐渐从劳动密集型转型为现在的知识密集型（见图 2）。

近年来，新加坡 GDP 保持 2% ~3% 的年均增速平稳增长，向来新投资的企业传递了良好的经济增长预期及信心，为企业发展塑造了宏观经济层面的信任基础（见图 3）。

这种互利共生的信任伙伴关系也直接反映到企业投资对新加坡 GDP 的贡献率上。2008 ~2017 年，新加坡的预计年增值[②]（Expected VA generated）基本维持在 12000 亿新元之上，虽各年有所波动，但总体表现为来新投资的企业或项目在当地创造价值的高效率，表明在新加坡创办企业的预期回报是相对稳定与可观的（见图 4）。

---

① 新加坡经济发展局（EDB）是新加坡的主要政府机构之一，负责新加坡宏观经济发展战略的制定与执行。

② 用来衡量投资项目对新加坡国内生产总值（GDP）的直接贡献（不包括乘数效应），主要包括工资和盈利。

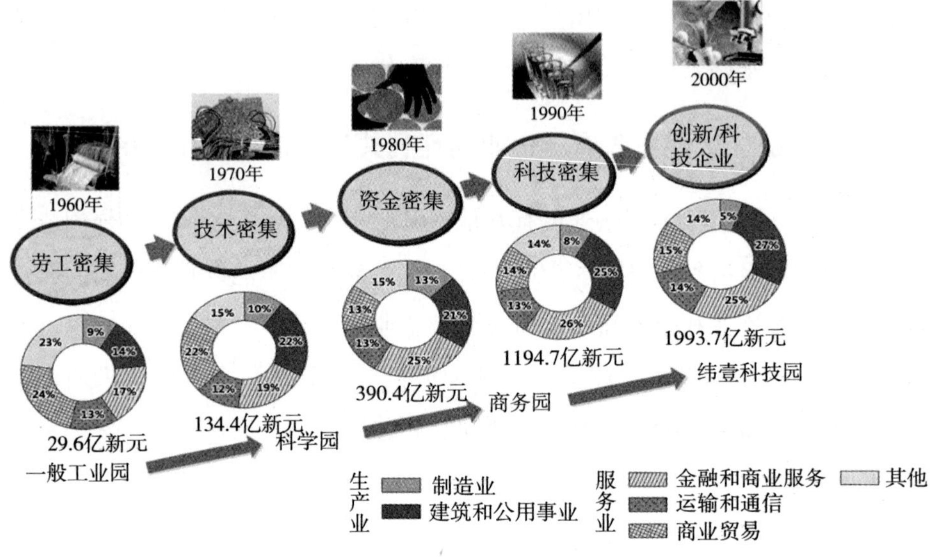

图 2　新加坡产业升级路径示意

资料来源：作者自绘。

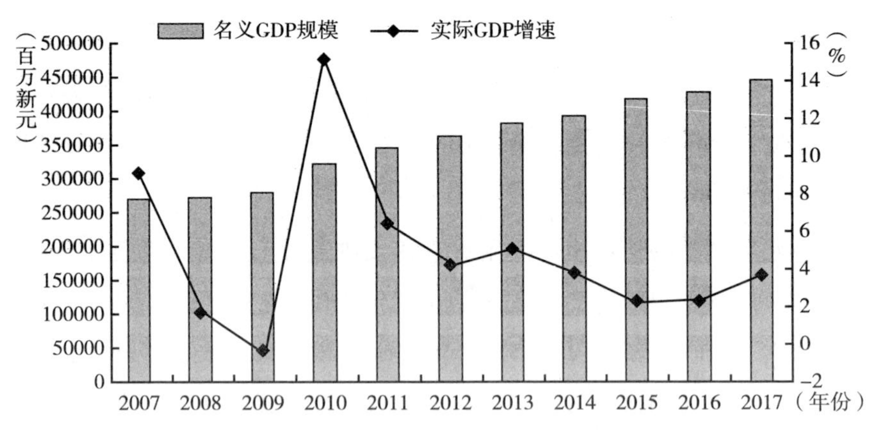

图 3　2007～2017 年新加坡 GDP 规模及增速

资料来源：新加坡统计局。

2. 建立公开透明的法律体系，消除企业发展的后顾之忧

新加坡以诚实守信、法制健全并积极保护知识产权而闻名。建国以来，新加坡重点围绕吸引人才的工资福利、移民政策、电子商务，逐步健全商业

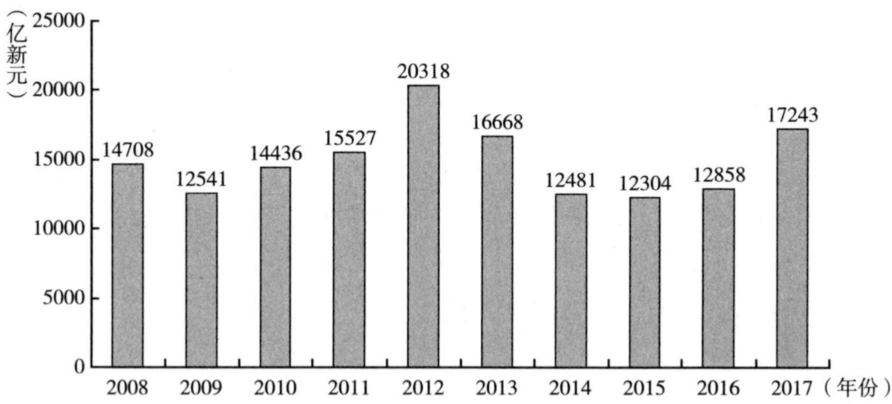

图 4　2008～2017 年新加坡预计年增值变化情况

资料来源：新加坡经济发展局

法规体系、完善司法审判系统。新加坡也拥有完善的法律仲裁体系，帮助企业解决相关纠纷。

为鼓励科技创新并推动产业升级，新加坡围绕保护企业的知识产权不受侵害，制定了一套相对完善的知识产权制度，陆续出台了包括《专利法》《商标法》《版权法》等在内的 10 多部法律法规，并于 2001 年成立知识产权局（IPOS），协助企业进行商标、外观设计与专利等的注册与信息维护。2017 年，为降低初创企业在专利和注册商标上的花费，自 2017 年 4 月 1 日起，新加坡知识产权局（IPOS）大幅缩减了任何企业关于请求出具专利检索与审查报告的费用，以便企业可以将有限的资金用于技术的创新。基于新加坡对知识产权保护的卓越表现，THE WORLD ECONOMIC FORUM（世界经济论坛）发布的 *The Global Competitiveness Report 2018*（《2018 年世界竞争力报告》）将新加坡评为亚洲第 1、全球第 4 的知识产权保护国。

3. 持续优化商事登记流程，为企业发展提供多项优惠政策

（1）商事登记便利化。

以其良好的宏观经济发展环境与公开透明的完备法律制度作保障，新加坡无须过多担心企业在本国发展的动机。因而，为进一步简化企业在新投资创办企业的流程，新加坡持续推进商事登记便利化。新加坡在设立公司方面

的手续便捷，只需登录新加坡会计与企业监管局（Accounting and Corporate Regulatory Authority，ACRA）网站即可完成注册。公司注册可通过电子方式1天内完成，主要流程如下。

①选择业务结构（Choose your business structure）：企业投资人可登录新加坡ACRA官方网站，选择创办企业的业务结构，包括是否为新加坡本国企业、是否为初创企业、是否为独资企业或合资企业等。

②企业工商登记（Register your business）：企业投资人可通过ACRA官方网站的“Bizfile”页面，完成所有关于企业工商登记的相关手续。若企业暂无需求在新设立新的企业，可通过设立办事处（Open a representative office）的形式，作为企业进行市场测试或者研究活动的临时安排。

③解决关键业务需求（Address key business needs）：任何企业在新加坡开展业务之前，企业主必须了解相关的监管合规要求。同时，在新开办企业需要一定的业务支持，新加坡经济发展局（EDB）建立了全方位的合作伙伴网络，包括普华通道（PWC）、新加坡工商联合总会（SBF）、大华银行（UOB）等，这些伙伴为企业提供高效的支持服务。

④企业激励与商业计划（Incentives & Schemes）：为了更好地促进和加快企业与新加坡政府的商议，新加坡经济发展局（EDB）会指导企业完成商业计划书的制定，而相关的商业计划书模板与要求也在其官方网站上公开发布。同时，通过在新开展高价值和实质性商业活动来实现增长的外国企业则有资格申请各种优惠与奖励计划。

⑤签证和移民（Visas & Immigration）：若商业经营要求企业主或投资者需经常性往返新加坡，新加坡允许这部分商务人群使用特别入境签证和其他准证，享受无障碍出入新加坡的待遇。此外，具备成功经商经验并希望借助新加坡良好营商环境来拓展国际业务的企业主，可通过《Global Investor Programme》（GIP，全球商业投资者计划）申办新加坡永久居留权。

（2）针对企业的多项补贴政策。

在简化与优化企业创办流程的基础上，新加坡为刺激本国经济，落实未来发展愿景，为符合相关条件的企业提供各项优惠与税收补贴政策。

①企业研究补贴计划（RISC）：通过对科技项目提供资助，鼓励企业不断提高技术研究与发展能力。

②企业培训补贴（TGC）：通过资助企业员工参加培训，促进人力资源在使用新技术、行业技能以及专业知识等方面加强就业能力。

③生产力补贴（PG）：鼓励企业通过优化运营流程或采用新技术，减少能源、水源、土地或劳动力需求。

④先锋企业优惠（PC）、发展与扩展优惠计划（DEI）：这两项优惠计划旨在鼓励企业提升自身实力，在新加坡开展新的或扩展现有的经济活动。为旗下子公司提供全球或区域总部（HQ）经营管理、协调和管控服务的企业也可为总部运营业务申请先锋企业优惠或发展与扩展优惠计划。

⑤金融与资金管理中心（FTC）税务优惠：该计划是为鼓励开展国际业务的企业在新设立金融资管机构（FTC），并通过新加坡开展面向全球的资管业务。

⑥土地集约化免税额计划（LIA）：旨在促进工业用地集约化，提高土地利用效率，从事高附加值活动。

4. 提供各类型商用设施，满足不同企业的需求

新加坡良好的营商硬环境，也体现在其类型丰富的商用设施之上。新加坡有不同类型的商业和工业场所可供租赁或购买。例如从滨海湾金融中心至裕廊湖区、淡滨尼和巴耶利巴等郊区的商用场地，可供企业选择。而在工业地段，腾飞、丰树和速美等开发商均能提供众多现代厂房，例如设有专门卸货区的堆叠式厂房，以及湿实验室和研究活动所需的专业场所。新加坡建屋发展局（HDB）和裕廊集团（JTC）等政府机构也提供众多可供选择的工业地段和场所，便于高附加值产业的发展。此外，新加坡也积极为有意向东南亚等海外市场进军的公司提供发展通道，鼓励新加坡开发商走出去，利用新加坡良好的商务信誉，在东南亚地区开发了诸多工业园区，如胜科城镇发展（Sembcorp Development）在越南和印尼巴淡岛开发的工业园，以及腾飞（Ascendas Group）在印度、中国和越南等地开发的一系列工业园。

（二）连接性：全球交通枢纽与广泛的国际贸易网络

老话所言“生意兴隆通四海，财源兴旺达三江”，资源的通达性和连接性是营商的必要保证。新加坡深知，企业发展除需提供良好的发展环境与优惠政策外，还需帮助企业链接发展所需的各类资源流，包括商流、信息流、资金流、信息流、人才流、物流等。借助良好的地理区位条件，新加坡在过去近 60 年内，逐步发展成为全球重要的交通物流枢纽之一，加上其广泛稳定的国际贸易协定、优越的基础设施条件，为全球的企业创造了卓越的市场准入和贸易条件。

在货物流通方面，新加坡集装箱码头的繁忙程度位居全球前列，与世界上 120 多个国家或地区的 600 多个港口产生货物联系，并提供超过 200 条的安全运输路线。同时，基于樟宜国际机场的空港枢纽与 24 小时一站式物流中心，新加坡与全球 280 个城市相连，每周为全球乘客和货物提供超 6900 次航班的便捷化通关服务。围绕樟宜国际机场，新加坡吸引与集聚了超 6000 家物流服务供应商，世界前 25 家的第三方物流供应商中有 20 家位于新加坡。在信息流畅通方面，目前新加坡的宽带网络已覆盖 99% 的人口；国际和区域连通性已超 28Tbps，并连接超过一百个国家或地区。基于以上的基础设施保障，在新加坡设立的企业能迅速接入海、陆、空运及无线通信的联系，随时向世界各地运输货物及提供服务。

与此同时，新加坡与美国、日本、欧洲自由贸易联盟成员国、东盟、中国、韩国、印度等主要国家与经济体签署了自由贸易协议，拥有亚洲范围内最为广泛的自由贸易协定（FTA）网络，可为在新加坡经营的企业提供广阔的市场机会，并协助企业获得更好的连接性。

（三）知识：世界顶尖劳动力支持企业的创新发展

新加坡优化营商环境的第三个重要方面，是重视企业对高素质劳动力的需求，以及优秀人才对企业创新发展的推动作用。新加坡拥有融合多元文化的劳动力市场，特别是具备吸引全球人才的能力。在激烈的国际竞争环境中，新加坡力争成为全球创新之都，并在关键的知识密集型产业中不断增强其领先地位。

1. 重视企业对高素质劳动力的需求

新加坡的劳动力队伍大多受过高等教育的熏陶，工作主动积极且生产效率较高，并熟练掌握以英语为主的国际商业语言。新加坡同时也是工程技术人才的摇篮，每年从各个大学、学院毕业的工程专业人数正逐年递增。为加强大学教育与企业人才需求的紧密性，新加坡实践“企业发展区”的新型教育概念，构建一个新的创新生态系统，进一步提升其劳动力素质，如榜鹅数码园区，它由政府、企业和大学尝试共同策划大型试验区，区内进驻大学实验室及课堂、企业研发设施和创业公司，未来预计可创造约 28000 个新的高智力工作岗位。

此外，较为开放但又有门槛的移民政策为扩大新加坡商务和技术人才库发挥了积极作用。政府与行业合作伙伴、教育机构合作开展培训并针对性发放奖学金，确保为企业未来的创新发展储备人力资源队伍。以上这些因素在过去 30 多年间促进新加坡形成了全球排名前列的高素质劳动力队伍。

2. 重视创新对企业未来发展的推动作用

创新与人才一脉相承。知识经济时代的商业创新更加需要研发设施和专业知识的保障。新加坡科技研究局借助旗下 12 所专注众多技术学科的研究中心的不断努力，成功为新加坡吸引了来自欧美和亚太区域的研究人员落户。

新加坡利用在创新方面的系统化、集成化优势，推动研究人员将科研成果转化为商业产品，而新加坡不少企业也在此过程中完成了从向外采购技术到自我创造解决方案的转型。同时，许多国际企业把新加坡当作“城市实验室”，私营和公共部门形成合作伙伴关系，共同开发、测试及适用于亚洲及全球的商业化新方案，如新加坡公用事业局（PUB）与日本东丽株式会社合作，成功研发与水处理相关的技术和产品，以期应对即将可能出现的全球水资源短缺状况。

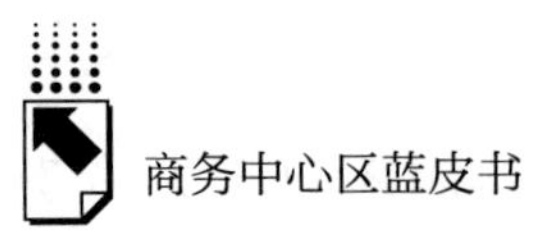

（四）优质生活：亚洲最乐业宜居的城市

企业在选择业务地点时，政治稳定、社会安全、经济前景等方面是需重点考量的因素，当然，为稳定员工队伍，生活质量也是十分重要的保障要素，而新加坡就可为人才提供亚洲最优的生活品质。

新加坡是国际化程度颇高的城市国家，来自全球各地的人士在这里都可感受到宾至如归的亲切感。目前，新加坡 1/3 的人口来自国外，他们为新加坡独特的文化融合不断添加新元素。如今，新加坡多元文化融合，适宜各种不同文化和宗教信仰的族群和谐共居。

同时，新加坡安全有序，是世界公认的最干净、绿化覆盖率最高的城市之一，公共交通发达，医疗保健服务健全，商业设施分级设置，服务便利且多样化，从而带动了大量本地和海外就业机会。此外，新加坡也建设了许多国际学校，以满足外籍适龄儿童的就学需求。

重要的是，新加坡虽是小国，但多元文化的融合促使其艺术和文化持续繁荣发展，受到民众的热烈欢迎，如圣淘沙、环球影城、F1 新加坡大奖赛等。这些具有国际影响力的设施与赛事使新加坡成为一个适宜居住、工作和投资的环球都市。新加坡尽管已成为世界生活成本最高的国度之一，但仍能够继续吸引、培养并留住人才。许多国际知名企业继续纷纷在这个友好、安全的国家设立分部。联想在此设立了数码和社会媒体卓越中心，而社交媒体巨头 LinkedIn 和 Facebook 等均在此成立区域总部。

三　新加坡营商经验对中国商务中心区发展的启示

新加坡围绕企业发展的几个关键要素，通过建立与企业间的多重信任、为企业链接更多资源、为企业提供面向知识型经济的劳动力与知识、为企业员工提供优质的生活条件，构建了全球公认的最佳营商环境。新加坡也是国际金融中心之一，欧美、日本等国的跨国公司青睐在新加坡设立亚洲区域的总部，而其他亚洲公司也喜欢选择新加坡作为其拓展全球业务的平台。根据新加坡经济发展局（EBD）的统计，目前新加坡拥有超过26000家的国际公司，全球1/3的“财富500”公司选择在新加坡设立亚洲总部。

中国建设商务中心区是应对中国产业转型升级、国际地位提升的顺势发展。当前，中国从特大城市到一线城市，甚至一些二、三线城市，在不同层面上规划建设自己的商务中心区。与新加坡相比，除北京、上海、深圳、广州等外，有不少城市的商务中心区只见楼宇、少见商务，违背了商务中心区发展的初衷。一方面，某些城市的商务中心区建设，缺乏对区域地位与产业基础的精确规划，似乎更倾向于一种地产行为。另一方面，一些城市虽有基础、有能力发展商务中心区，但在规划理念、建设标准，特别是营商软环境建设上，与包括新加坡在内的发达国家或地区差距较大。即便目前在“放管服”等事权管理方面，比过去有所改进，但还缺乏深层次的理念更新和体制机制创新。

基于上文对新加坡营商环境的论述，结合当前中国商务中心区的发展实际，笔者提出以下建议。

（一）信任企业，增强服务理念，降低企业发展的“隐形成本”

商务中心区是一个城市中企业特别是服务型企业最为集聚的地方。吸引企业投资，应当换位思考，借鉴新加坡“亲商服务”经验，为企业考虑。企业发展需要成本，追求合理利润，而市场经济的精髓是可计算性。企业以日常运营为核心，涉及前期论证、基建、开办、运行、生产、员工生活等多个方面，这些成本基本上是显性的，可以计算的。值得借鉴的新加坡的经验表明，商务中心区为减少企业显性的营商成本，吸引企业落户，首先必须给予企业充分的信任基础，包括建立公开透明的法律法规及地方条例框架；制定与公布“负面清单”；发布及定期更新发展战略与计划、产业发展与招商方向，以及相对应的税费优惠计划与政策，使得企业在制定自身商业计划及其与政府谈判的过程中，就能清楚地判断企业自身是否合适在本地区开展业务。新加坡经济发展局（EDB）在其官方网站上列出了所有企业开办之初所需了解的相关资源信息，包括新加坡经济发展报告、市场洞察研究、制造业发展数据统计、融资和财产收购等。同时，企业可通过新加坡经济发展局的官方网站，计算创办企业的大致费用，以便综合权衡并做出相应决策。

此外还有一个重要的方面是必须下大力气降低企业营商的“隐性成本”。政府或有关部门的法治意识、公务人员对待企业办事的态度和效率、管卡压的陈规陋习乃至权钱交易等腐败行为、所在区域的诚信意识、周围企业的契约精神、与国际接轨程度等，都会最终转化为企业的隐性经济成本，搞得不好，会形成“开门招商，关门打狗”的恶果。

为此可以借鉴新加坡的经验，商务中心区应当建立实行公开透明的亲商服务体系，明事明示，明事明办，无须找关系托熟人。同时建立“聆听企业需求”的机制及服务平台，简化与优化企业商事登记流程，利用大数据、电子政务等手段协助企业完成相应流程，从而降低企业的“隐性成本”，使其能将有限的资金、资源真正用到发展的通道上。

中新苏州工业园区是新加坡与中国两国政府间合作开发的第一个产业园区，于1994年正式成立，经过25年的发展，目前已成长为全国领先的高科技园区。中新苏州工业园区建设的金鸡湖商务中心区，作为苏州全市的城市副中心，与同级别地区、城市的商务中心区比较而言，其发展的质量与影响力有目共睹。究其原因，是苏州工业园区充分学习与借鉴新加坡“亲商”理念，构建了良好的营商环境。从商事登记流程上看，苏州工业园区管委会内部设立精简、高效的服务机构，还引进包括海关、出入境检验检疫、税务、公安、消防、交通、供电、电信、邮政等垂直管理机构，提供“一站式审批服务”，实施审批流程再造，推进简政放权，将114项审批事项分批划转至行政审批局（一站式服务中心），审批业务的30%前台当场受理并办结，60%在1~2个工作日内办结，10%在5~7个工作日内办结，承诺时限内的业务办结率为99.94%。

（二）搭建链接世界资源的服务平台

商务中心区的企业类型主要以商务办公、金融、保险等企业为主，这些企业需要灵通的信息获取渠道、稳定的货币金融环境、高效的办事效率等。

新加坡不仅在国际金融、贸易融资、保险、财务运作方面拥有领先地位，在资产及财富管理方面也是佼佼者。新加坡拥有超过4500家的专业公司，为各类企业提供全方面的专业服务，如财务和管理咨询、市场调研、公共关系、人力资源及法务等。新加坡也迅速发展成为集中服务或“共享服务”的理想地点，把资讯科技、金融及物流方面的操作集中在一起，有利于企业降低运营成本、提高生产力，也易于保持始终如一的服务水准。

鉴于此，中国发展商务中心区应在当前中国进一步扩大改革开放的前提下，努力搭建链接全球资源的服务型平台。基于此平台，汇聚通晓国际金融规则的人才与机构，提供金融、培训、中介、风险防范等集成化、专业化的服务。针对涉及企业发展的重大事项，采用“一事一议”的方式，有效解决企业发展之所急。

（三）提供高品质的城市空间，吸引与留住人才

商务中心区是一个城市的品质象征，代表其规划建设与管理水平。如前文所述，新加坡为留住企业，不仅为企业本身提供优质的服务，更为企业员工创造高水平的生活设施，这与新加坡高水平与高执行力的城市规划与管理密不可分。再以中新苏州工业园区为例，其从1994年第一版规划开始，历经前后4轮规划的检讨与修编，城市总体格局保持不变，并严格按照规划建设实施，避免了规划的反复折腾与资源浪费，实现了“一张蓝图绘到底”的愿景，而苏州工业园区商务中心区则以苏州中心、东方之门、环球188、九龙仓IFS、诚品书店等标志性建筑物吸引着全球企业与优质人才的入驻，并在长三角范围内形成了一定的区域影响力。因此，中国商务中心区的发展，除去为企业本身提供的服务外，还应更多地注重物质空间的规划建设与地域文化的培育，从而形成有魅力的城市空间，吸引与留住企业人才。

四　结语

上述结合新加坡构建优质营商环境经验提出的对中国商务中心区发展的

三点启示和建议，在苏州工业园区商务中心区的建设中取得了较好的成效，也同样适用于中国其他城市或地区的营商环境建设。诚如邓小平同志在1992年的南方谈话中所说，“新加坡的社会秩序算是好的，他们管得严，我们应当借鉴他们的经验，而且比他们管得更好。”在“中国开放的大门只会越开越大”的趋势下，中国的全球营商环境排名也将会越来越高，许多已经建成或正在建设中的商务中心区不仅有靓丽的外在形象，更有丰富的商务内涵。

参考文献

世界银行集团：《2019年营商环境报告：强化培训，促进改革》，2019年。

胡兴旺、周淼：《优化营商环境的国内外典型做法及经验借鉴》，《财政科学》2018年第9期。

国家开发银行格林纳达国家发展战略及总体设计课题组、韩冰、潘圆圆：《全球小型开放经济体营商环境比较》，《当代经济》2017年第21期。

新加坡经济发展局：《企业发展的根本》，https：//www. edb. gov. sg/zh/why – singapore/about – singapore/values/trust. html。

美国奥睿律师事务所：《“一带一路”沿线国家知识产权制度解读（3）—东南亚之新加坡篇》，https：//www. sohu. com/a/209021417_ 779735。

Klaus Schwab W E F：“The Global Competitiveness Report 2018”，*World Economic Forum*，2018.

新加坡经济发展局：“How to Set Up”，https：//www. edb. gov. sg/en/setting – up – in – singapore/how – to – set – up. html。

新加坡经济发展局：《财务援助及其他优惠计划》，https：//www. edb. gov. sg/zh/why – singapore/ready – to – invest/incentives – for – businesses. html。

新加坡经济发展局：《在新加坡经商》，https：//www. edb. gov. sg/content/edb/zh/why – singapore/ready – to – invest/setting – up/business – location. html。

新加坡经济发展局金融中心：《亚洲最佳的经商环境》，https：//www. edb. gov. sg/zh/why – singapore/strength – of – singapore/financial – centre. html。

B.18
地区治理、活力与吸引力：以法国为例

步睿飞　朱禹铭　范德维*

摘　要： 全球化的深入推进加剧了国家和地区之间的竞争，各方必须通过不断创新来提高地区吸引力。然而，吸引力政策通常针对国际投资者和国际人才，而忽略了大多数人口。本文旨在展示法国和南特市如何在努力保持中产阶级和工人阶级生活质量的同时，努力平衡对前者至关重要的吸引力。这种平衡的想法并非没有矛盾。事实上，法国政府所采取的税收和监管政策似乎吸引了外国投资者，但也使大部分人口感到不满。另一个矛盾在于政府希望吸引国际人才，而基于广泛的资产团结为基础的税收制度使得该国对这些人才的吸引力低于其他国家。我们以法国南特市为案例，探讨如何建立一个城市政策导向，提高城市生活品质和城市形象，加强对企业和资产的吸引力，使其成为法国最具活力的都市中心。

关键词： 法国　南特市　地区治理

前　言

政府应该制定怎样的法规，实施怎样的计划，才能增强其管辖的城市和

* 步睿飞，法国勒芒耐道研究中心主任，研究方向为社会经济发展、城市规划；朱禹铭，法国勒芒耐道研究中心研究员，研究方向为社会经济发展；范德维，浙江大学，法国勒芒大学博士生，研究方向为城市规划。

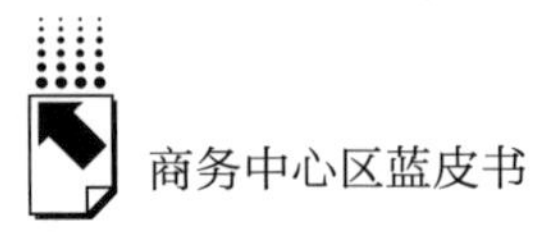

地区的吸引力，吸引投资者、企业和人才，并且持久地发展经济，同时还要考虑到全体居民的需求和社会经济环境？

在法国，中央商务区（CBD）、各种创业园和开发区的理念都包含在地区发展整体计划当中。针对那种仅仅集中一些金融和经济实力的中央商务区的理念，需要加以批评，因为它们在地区融合方面产生了一些不平衡现象。那么，我们应该如何思考地区问题，既能保证经济发展，又能增强吸引力，留住高素质的人才，同时还要照顾到其他人群？

吸引力是一个概念，可以用它来衡量一个地区吸引新型组织和机构进驻、吸引资本流入和吸引高素质人力资源的能力（法国政府财务总局，2016）。有些作者（Mulkay，2016）倾向于否认吸引力的第三个特点，如上所述，他们关注就业总人数，但对高层次就业、低层次工作则不加以区别。实际上，某种仅仅关注资本和高素质人力资源的吸引力理念，忽略了涉及那些非高素质和最困难状况人员在当地的宜居性（*livability*），然而任何一个社会都无法回避这个问题。

吸引力的概念比竞争力的概念具有更加多维度的内涵，比如，它包含生活质量和身份认同。这就是为什么我们首先要讲吸引力的问题。生活质量对于人们选择定居起到非常重要的作用，因此企业希望能够吸引他们。这里所涉及的是一个要素，许多并不具有经济资源优势的地区可以重视这个要素并善加利用。对于它们来说这具有更加重要的意义，所以法国社会体系和法国各个地区正是因为它们能够保证的生活质量而享有盛誉。

吸引力的概念经常与竞争力的概念相混淆（Olszak E.，2010）。这两个术语似乎并不涉及相同的经济参与者，因为吸引力是地区的特点，而竞争力则是企业的特点。根据财政和经济政策总局（2006 年）的说法，吸引力是一种概念，衡量一个地区吸引建立新机构，吸引资金和吸引高素质劳动力的能力。就竞争力而言，它是一种衡量企业应对国内或国外竞争的能力。企业的竞争力可以建立在以较低的价格提供与竞争对手相同产品的能力上，也可以建立在生产新颖、高质量、个性化产品的能力上。

一些作者（Mulkay B.，2006）不接受我们在这里提出的吸引力的第三个特征，专注于就业量，而不是将技术工作与非技术工作区分开来。我们还可以注意到，吸引力的这一定义侧重于资本和高素质劳动力，并没有涉及地区对于一般劳动者的宜居性，这一点没有任何一家企业能从中抽离。

虽然区分吸引力和竞争力的概念是有用的，但两者之间的区别实际上相当模糊。一个地区的吸引力取决于其竞争力，而前者的改进将促进后者的改进。因此，Debonneuil 和 Fontagné（2003）表示，竞争力的目的是提高一个地区的生活水平和社会福利。欧盟在《里斯本宣言》（2000 年）中也确认了地区企业的竞争力与该地区之间的融合关系，该宣言宣称一个国家的竞争力，“在于它能够持续改善其居民的生活水平，并为他们提供高水平的就业和社会凝聚力”。一些作者认为，地区竞争力越来越被视为吸引人才的因素（Musterd & Gritsai，2013）。因此，竞争力和吸引力的概念对于地区而言都很重要，并且必须共同研究。竞争力的概念更多地涉及经济方面，而吸引力的概念则更加多维。事实上，虽然生活质量和身份认同也在竞争力中发挥作用，但这种作用在吸引力方面似乎更为重要。因此，当我们研究地区实施的创新战略时，我们将重点关注“吸引力”。实际上，生活质量在人们选择地点方面发挥着重要作用，企业也希望因此来吸引人才。在经济资源方面，许多资源不足的地区可以突出这一要素。对地方当局来说，他们更容易去尝试改善生活质量而不是他们的经济竞争力。这使得法国社会制度和法国地区以其所能带来的生活质量而闻名。

首先，我们介绍一下法国中央政府所实施的政策。实际上，全国性的政策对于各个地区的吸引力来说具有重要影响。同样，中央政府也实施了一些支持地方发展的政策以便它们能够增强吸引力。其次，我们将介绍在更加基层的范围内，法国政府采取了哪些行动，实施了哪些政策和计划，尤其是在地区和市镇层面。这样我们就可以展示出由地方政府做出的各种不同选择。最后，我们将介绍南特市的范例，以使大家通过实例更好地理解我们所提出的一些理念。

一 提升法国吸引力的国家战略

（一）通过财税改革加强企业吸引力

法国社会模式源自福利国家的理念，第二次世界大战以后，这一理念在西方国家尤其是在欧洲发展起来。这一模式基于一种强势的再分配体制，也就是强势的税收体制。它要求就业人口和非就业人口之间、健康人口和患病人口之间形成一种强有力的团结。这一模式具有三个主要支柱：所有人都享有退休资格、免费医疗和失业保障。在此基础上，还有认可工会组织、公务员体系、救助残障人士、最低工资（SMIC）以及就业互助收入（R. S. A.）。它可以减少不平等现象，并且为人们提供一些安全保障。法国的社会支出在国内生产总值中的占比是欧洲最高的（法国社会支出在国内生产总值中占比33%、瑞典28%、德国26%）（加拿大舍布鲁克大学，2013）。

从1970年代的经济危机开始，福利国家的模式开始遭到“新右派”的质疑，随着撒切尔和里根上台，1980年代英国和美国开始出现新自由主义思想。这种新自由主义思想的出发点是，已经发展起来的税收体系日益沉重，从而阻碍了企业精神的发扬。它重申，要给予经济力量更多的激励，以使它们创造出更多的财富。

比起其他国家，新自由主义思想在法国的影响较小，法兰西民族比盎格鲁撒克逊民族更加执着于平等的理念。但是，面对法国经济持续的困难状况，在竞争日益强烈的国际环境中，其失业率居高不下，因此这种思想的影响也越来越强烈。这尤其要归因于欧洲联盟的意愿。因此，最近几届政府都希望给经济松绑，使其具有更强的竞争力，对投资者更加具有吸引力，同时尝试保护法国社会模式的基础。

因此，奥朗德政府（2012～2017年）实行了加强税收抵扣、提高竞争力、促进就业的一系列政策，以便降低企业所承受的负担，将企业税率逐渐降低到28%（即达到欧洲国家的平均水平），实施了一些旨在鼓励创新的税收优惠计划，并且制定了一些使劳工法与时俱进的法规（降低保护程度以便为企业减负）。其公开申明的目的就是为了加强竞争力，以便吸引新兴企业在法国成长壮大。

马克龙政府延续了这些政策，计划在2022年将企业税率进一步降低到25%，而且从2018年就开始了第一次降税，并用房地产税（IFI）替代了财富团结税（ISF）。此外，创立了一种针对资本收益30%的整合单一征收税率。从2019年开始，通过税收抵扣，持续减轻企业的社会分摊费，从而使其转变为鼓励竞争力和有利于就业的手段，以此进一步地促进就业。此外，2019年还通过了一项名为"支持企业增长与企业转型行动计划法"（PACTE）的新法案[①]，旨在推动企业增长与转型，提高法国对企业的吸引力。

这些针对社会体制的改革意愿尽管遭到一些反对，但是仍然在经济方面产生了一些效果：2018年实现了1323个投资项目的决策，相当于在欧洲范围内创造了高达20%的就业项目[②]。这些项目的分布情况显示出大型都市圈所拥有的吸引力：大巴黎地区、奥弗涅－罗纳－阿尔卑斯大区、上法兰西大区、新阿基坦大区、欧西塔尼大区和大东部大区接纳了全国四分之三的投资项目。然而，40%的项目都分布在那些居民人口少于20万的城市当中。

众多数据表明法国吸引力正在大幅提升。85%的受访外国高管将法国与工业、创造力、竞争力、创新和创业精神联系在一起。根据2019年AT科尔尼（AT Kearney，2019年）的排名，法国将成为世界上第五大对外国投资者来说最具吸引力的国家。全球竞争力指数（The Global Competitiveness Index）将法国排在第17名，认为它在医疗卫生（第7名）、基础设施（第8名）和创新能力（第11名）方面尤为突出[③]。另外一个问

① 这一法案旨在发扬振兴经济的精神，并且有助于企业效益的增加。其目标在于使法国企业模式与时俱进，促进其进一步现代化，跟上21世纪的现实发展。

② https：//www. businessfrance. fr/presse－cp－bilan－2018.

③ http：//reports. weforum. org/global－competitiveness－report－2018/.

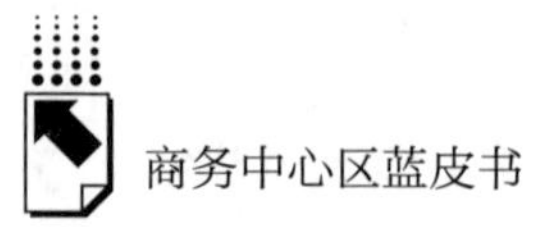

题是，法国已成为一个有利于企业融资的国家。中小企业（PME）和微型企业（TPE）获得流动资金信贷的状况不断改善。就此问题，有些观察家坚持认为，必须努力改善劳动力成本和企业所承担的税负。

（二）通过人才政策提升国际人才吸引力

吸引力的另外一个重要方面涉及国际人才。在这个方面，法国似乎面临较多的困难。国际范围内人才的流动已经成为一个越来越重要的现象，而法国却好像并未从中获得应有的益处（流入的人才不比流出的人才优秀，保持留学生的能力不足），法国正在努力吸引国际人才（经合组织，2017 年）。2007 年至 2013 年，法国位列全球第二大潜在移民倾向的目的地国家，但是却仅为全球第八大高文凭潜在移民倾向的目的地国家，例如：2013 年人才移民更多是流动的，而并非是定居的（REM，2013）。总体而言，在 2012 年颁发的 19.3 万个首张居留身份证件当中，专业人士移民只占 9%。

行政程序和行政体系的不透明被视为吸引力的主要障碍。和其他的移民目的地国家相比，人们所提到的还有生活成本，尤其是住房成本，还有较低的工资，这些都说明了吸引力欠缺的原因所在。法国模式的特点在于其几乎免费的高等教育，还有广泛覆盖各种人群的公共卫生和医疗体系，这些对于人才来说，造成了更多的困难（García - Peñalosa & Wasmer，2016）。和其他国家相比，法国的劳动人口必须承担更加沉重的负担。国际人才并不真正愿意为这样一个教育体系支付分摊税费，然而自己却并不能从中获益，而且他们通常并不需要这样一个医疗健康保险。

为了弥补法国体系固有的弱点，为了在行政和财政方面变得更具吸引力，相关措施已经开始实施。在行政方面，法国 2016 年设立了“人才护照”，目的是让“人才”从简化的行政程序中受益。主要的益处在于居留许可的期限，人才护照允许人才在入住时获得多年居留许可。签发居留许可的期限从两年到四年不等。人才护照也可以将他的家人带到法国。目标人才涵盖范围广泛，从合格员工到艺术家再到国际投资者。例如，由“年轻创新公司”招募的外国人，他的工资至少是法定工资的两倍。在税收方面也同样采取了措施，以提高吸引力。

税收政策也是这种吸引力的一个关键工具。2004 年创立的国外归来人员体制，旨在为高级干部和领导部分地免除税务，吸引他们回到法国。因此，在国外度过五年以后调回法国工作的员工（无论他们是法国国籍还是其他国籍），其在国外期间的资本性收入都可以享受免税待遇，而且他们在国外拥有的财产也可以享受财富团结税的临时性免税待遇。2015 年 2 月，被称为“马克龙法”的增长活力法案，使这一税收体制的应用条件变得更加灵活，以便“给国际干部发出一个积极信号，鼓励他们回到法国，并且为国际企业在法国设立总部提供便利”（法国国民议会，2014）。

目前，这种国外归来人员体制延长到 8 年（财政法，2017），而且为创业公司制定了免税优惠政策（法国商务投资署，2017 年），对于国外创业公司的接待条件看起来比较有吸引力了，即使这一机制的运作协调和促进实施还有待进一步加强。

（三）支持地区发展的政府政策

1. 促进旅游发展

法国政府于 2017 年 7 月份组建了部际旅游理事会（CIT），将旅游作为其施政的优先发展方向。这一举措旨在促进旅游，期望在 2020 年使国外赴法游客人数达到 1 亿人次，旅游经济收入达到 500 亿欧元[①]。2018 年 1 月 19 日该理事会举行了第二次会议，提出了加强和提升地区吸引力的两条关键主线：一是宣传，二是投资。因此，旅游已经成为地区发展活力和吸引力需要考虑的一个要素。这样一来，地区发展活力和吸引力就成为影响到当地社会经济发展的因素，正如对企业和人才的吸引力一样。

2. 创新园区的开发政策

在微观经济的层面，实施公共计划可以在地区性建设和发展活力方面起

---

① http://www.cohesion-territoires.gouv.fr/conseil-interministeriel-du-tourisme-des-actions-pour-renforcer-l-attractivite-des-territoires.

到一种积极作用。环保政策则在于为科技园区以及各类工业经济开发区的启动和发展创造条件，期望这些园区为当地工业开发区的发展计划带来新的动力。这些地区性公共政策雄心勃勃，努力创造条件，促成生产效率的增长。那么，这里的问题就在于促进企业之间生产活动的互补性，为企业的共同活动组织培训，为企业提供和配置适当的资源（公共基础设施、职业培训中心和研发中心等）。这一战略符合所谓的“高路径”（Pyke & Sengenberger, 1992）而不是“低路径”，其重点是降低成本，尤其是劳动力成本。从这个意义上说，竞争力集群政策已经启动。在有明确界定的领域和有针对性的主题上，一个竞争力集群将大大小小的企业、研究实验室和培训机构集聚起来。国家和地方当局与这一动态密切相关。竞争力集群旨在支持创新，促进协作研发项目的发展，以及研发新产品，促进服务或流程的营销。2014 年，71 个集群点获得国家认可。

基于不同参与者共同的愿景，每个竞争力集群都制定了自己的五年战略，使其能够在具有公认和互补技能的不同参与者之间建立伙伴关系，以实现战略合作项目。该项目可以从公共援助中受益，营造一种有利于创新的全球环境以及一种有利于集群成员和其他参与者在私人融资、国际发展、工业产权、技能和人力资源的前瞻性管理等主题上互助互利、协同合作的全球环境。

这一战略与集群目标（Porter, 1998）一致，目的是通过将地区、创新和产业更好地结合起来以增强吸引力。在“集群”模型上将工业和科学参与者聚集在一起，形成同一片区域，这是一项重要成果：

- 创新的源泉：邻近性促进信息和技能的流通，从而促进更多创新项目的诞生；

- 吸引力的来源：参与者集中在同一区域，提高国际知名度；

- 限制搬迁：企业的竞争力与其地域基础有关，这是由于存在有用的技能和伙伴。

竞争力集群采取的行动很多，包括：

- 中小企业的支援：例如，支持阿尔萨斯和洛林地区的 33 家公司实施生态设计方法；

-技能管理：许多竞争力集群已经确定了其成员当前和未来的技能需求；

-经济情报：例如通过公共信息观察经济运行情况；

-通过 Business France 支持国外系统；

-知识产权服务：包括每个集群的参考点和降低关税；

-改善融资生态系统：除了公共资金外，集群还通过税收激励措施吸引风险资本投资或天使投资人；

-通过公共采购（每年花费达 800 亿欧元），也被认为是创新公司发展的杠杆，其想法是动员公共采购以支持创新型增长型中小企业的发展。创新合作伙伴关系于 2014 年成立，旨在使公众购买者建立一个结构化的长期合作伙伴关系，包括研发和购买创新产品、服务或工作，而无须进行新的竞标。

然而，应该指出的是，集群政策往往难以在企业之间建立真正的互补性。实施此类政策的过程中往往会面临一些困难，比如如何才能让企业之间形成互补性。为了提高效率，这些政策应该有利于各种具有互补性的企业进驻园区，然而对于某一特定的地方来说，在实施对于进驻企业的激励措施的时候，落实这些政策却往往会受到限制（Gaffard，2005）。

3. 城市中心的行动计划

分布在各个地区的 222 座城市都可以从一项为期五年的振兴公约中获益，以便为这些城市的中心地区重新带来活力。这一计划由法国政府国土统一部部长雅克·梅扎尔（Mézard）于 2018 年 3 月 27 日提出，被称为“市中心行动”，他表明“我确信中等城市是我国地区发展方面的一个重要载体。它们集中了 23% 的法国人口和 26% 的就业岗位。这些城市的活力不可或缺，因为它会使全部的‘生活盆地’获益，广而言之，它会使城市地区和周边辐射地区获益。在多样化的法国城市架构中，市中心犹如一个熔炉，这里既有公民生活，又有经济生活，还有社会生活。由于这一计划在城市政策领域得以实施，而且配套财政资金翻倍，从 50 亿欧元增加到 100 亿欧元，中等

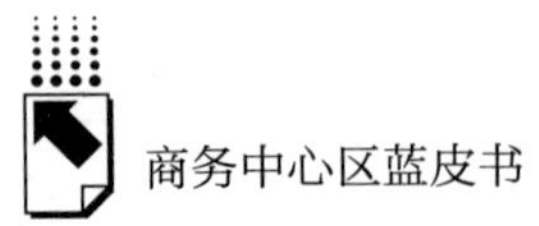

城市及其城市间地区必须采取强有力的行动”①。

中等规模的法国城市作为法国领土发展的重要组成部分，它们在卫生、教育、文化和交通方面发挥着核心作用。然而，其中一些城市正在衰落，特别是因为来自大规模的周边地区的竞争。这种外流，主要出现在聚集区的市中心。而根据地区凝聚力部长 Jacques Mézard 的说法，“在法国城市体系的多样性中，城市中心是一个由公民生活、经济生活、社会生活相结合的熔炉”。

2017 年 12 月法国启动了《城市核心行动计划》，该计划确定重建这些城市的中心对他们的吸引力至关重要，它使分布在所有地区的 222 个城市受益于一项为期 5 年的振兴协议，以振兴其市中心。

该计划旨在促进和支持地方政府的工作，鼓励住房、贸易和城市发展行动者对城市中心再投资，促进对城市中心活动的进行和维护，以改善中等城市的生活条件。重建行动是在公约框架内进行的，该公约是围绕一个地区项目制定的，它将使市政当局及其市政间机构以及公共和私人合作伙伴参与进来。在对有关城市中心情况进行全面诊断的基础上，当地项目委员会将确定围绕五个重点进行的具体升级行动，即市中心住房的恢复和重组、经济和商业发展、可利用度、公共空间和文化遗产的开发以及公共设施和服务的使用。

例如，像 Saint-Die des Vosges 这样的城市已经启动了“诊断”（事实上是在以前诊断的基础上进行的），并明确了成熟的行动方案。例如，在移动性管理方面，已经设定目标，即发展除个别汽车之外的汽车旅行模式，提供的交通路线适应于平稳旅行；在居民出行中发展多式联运，展示新的出行方式的示例性使用。由此，它采取了以下措施：部署电动汽车充电站网络，建立多式联运中心，购置电动汽车车队以及建立按需运输。该协议使其能够获得落实这些行动的补贴，并使这些项目的私人和公共参与者聚集起来。

---

① http：//www. cohesion – territoires. gouv. fr/programme – action – coeur – de – ville – la – grande – transformation – pour – les – centres – villes – demarre.

"重塑我们的城市中心"计划是在"城市中心行动"计划的框架下启动的，在2019年选择了55个城市启动项目征集，并加快行动计划的实施。该国家计划旨在促进市中心创新项目和创新计划的出现，适应当地市场和需求，促进生态转型和社会包容，并开发建筑、景观和城市文化遗产。通过"重塑城市中心"，城市利用优秀的专业人才，开展混合经营和创新运营，以更好地应对城市中心住房、经济和商业发展所面临的挑战。除此之外，我们还面临的挑战是在"中等"城市中设想新的城市生产模式。根据"城市中心行动"计划的理念，其目标是促进公共机构与私营运营商之间、民间社会与城市专业人士之间、投资者与设计师之间的新型伙伴关系。

例如，Mouliers市希望将旧电影院改造成一个"艺术、设计和工艺"集群，以加强其吸引力，尤其是吸引城市中心的新活动以及新的活跃人口。

二　当地政府和公共机构实施的策略

（一）地区吸引力

从1980年代开始，法国这个传统上极度中央集权的国家进入了一个地方分权的过程。这一抉择产生了一些结论性的报告，它们认为中央政府和地方现实之间存在一定的距离，而且地方政府所实施的策略更加接地气，适合当地的状况（DCLG，2006；经合组织，2006）。

这一转变同样也伴随着新自由主义观念的影响，它强调竞争力和吸引力，而并非充分就业和发展计划。在这种情况下，人们对全国性政策的重要性提出了质疑，而级别较低的地方性政策则发挥了新的作用。随着经济危机、非工业化、全球化时代的到来，竞争力和吸引力的观念日益兴起。

一个地区的吸引力通常等同于该地区吸引并且留住生产流动要素以及/（或者）人口的能力。一方面，应该发展对于家庭或个人方面的吸引力，另一方面也应该发展对于投资者的吸引力。对于那些个人而言，其定位可以是居住性的，或者只是临时性的。居住性定位可以是临时性定居或者永久性的定居。临时性的定位针对的是那些在当地没有住宅的人。这种类型划分可以突出住宅经济的概念，它所针对的是那些在当地工作的人，还有那些并不在当地工作但是可以从当地的货币转移当中获益的人，比如领取养老金。举例说明，某些地区将其经济建立在发展对于退休人员的吸引力之上。

对于家庭而言，具有吸引力的地区可以使他们的“潜能”获得提高。“潜能”这一术语是由阿马蒂亚·森创造的，是指生存的能力（获取食物、衣着、住宅，能够逃离可避免疾病侵袭等的自由）以及行动的能力（出行、接受教育、进入劳动力市场、享受娱乐或者参加社会生活等的自由）。

在生存和行动的实际自由状况下，地区尤其是城市在个人资源（财务、学识、关系、人文资源）转换过程当中起到一种重要的作用。地区通过补助、提供城市休闲娱乐空间的形式，给全部家庭带来附加资源，例如：公园绿地，或者娱乐休闲场所，所有人都可以免费或者付以低价而享受，还有可以自由进入的职业教育机构或者文化活动场所（Gérardin & Poirot，2010）。

保持自己的健康状态，逃离可避免疾病的侵袭，这就需要地区能够获益于一种非污染的环境，并且提供由医院和诊所构成的高效卫生健康体系。生活环境在各方面都令人感到舒适；可以获益于良好的气候，清洁的食物，各种文化和社会服务设施，发达的旅游业，历史建筑和纪念物等等。主要的行动能力决定着在该地区的其他各个方面的能力，毫无疑问它就是出行的能力，可以容易方便地从这个地区的一个地点到达另外一个地点，这就要求有一个性能良好的公共交通网络。

日常设施①无论其数量还是种类，均体现出法国的小城市和中心村镇在日常出行机动性方面所具有的重要性。在经济和社会方面，小城市为我们的个人出行和地区之间的联系提供了经济和社会框架。如果出于经济和环境目的，想要进一步强化大都市功能或者使其继续密集下去，却不去融合这一结果的话，将会是困难的，甚至是冒险的，会产生相反的效果。我们的目的似

① 商业、服务业、卫生医疗、教育和文化事业等公共空间。

乎并不在于按照竞赛和竞争的概念来为它下定义，而是从对等互补性的角度，从大都市、小城市和腹地之间积极协调的角度出发去思考问题（Talandier & Jousseaume，2013）。

最佳配置的地区往往都具有旅游和居住方面的强大吸引力。因此，地区所提供的日常生活设施的多样性与它的居住和旅游吸引力之间存在着一种相关性。此外，这种关系也具有双重性。新的定居或者暂居人口的到来，会带来一种非常可观的外来丰富性，导致出现对于现有财产和服务需求的增加。能够提供日常用途的设施结构和服务，这本身就形成了一种能够吸引那些未来定居人口的优势。

根据 Opinionway（民意调查机构）代表 Foncièredes Régions 公司发布的一项调查，该调查提供了员工和管理人员对地区吸引力的看法。调查显示，在任何一个大都市里工作的大部分工薪族，都宣称已经准备离开这个城市奔向外地，前往一个同样规模的大都市（28% 回复调查的受访者），或者去往一个更小的城市（30% 回复调查的受访者）（Opinionway，2014）。那么，什么因素促使他们做出最终的迁移呢？首先，生活成本更低，但是或许更加激动人心，或许是享受一种更加舒适的气候，在回复调查的受访者当中，这一点显得更加重要，还有一个更加具有活力的劳动力市场。总之，按照他们的想法，理想的城市或许应该结合两个主要标准：离海边不远，然后就是更加人性的城市规模。在他们的眼里，最具有吸引力的城市令人翘首以待，榜上名列首位的是波尔多，其次是南特和里昂①。

在法国，各个地区以地方政府、市政府、市镇共同体、省议会、大区议会为其代表，它们均采用两种方法来不断地吸引家庭和投资者：一是创建可持续地区，旨在吸引并且留住家庭，其结果就是必须形成吸引力，有时也会间接地吸引投资者；二是创建一些园区，在法国称为“竞争力集群”，其目的在于加强同一地区内各个行业领域之间的合作（Gérardin & Poirot，2010）。

---

① https：//www. franceattractive. com/actualites/attractivite – territoriale – fonciere – des – regions/)

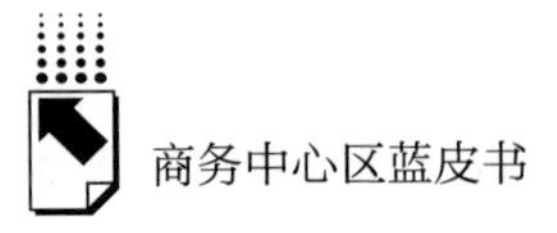

（二）地区政府实施的策略

1. 地区市场营销和供给

如果一个城市或者一个地区无法提供当地的身份认同，那么当地人口就不会拥有真实的心智表现，而只会形成一种功能性的图像。因此，在着手管理其品牌形象策略之前，地区应该尝试创建一个身份。“如果这种身份好像被隐蔽起来的话，那么我们可以通过开展针对这一主题的宣传运动，寻求和各界人士一起分享这种身份。如果看来并不存在这种身份，那就需要努力找到这种身份，然后加以开发。”（Alaux，Serval & Zeller，2015）。

布列塔尼这一品牌经历了一个重要的阶段，在此期间需要理解制定一项当地市场策略的过程，尤其是只有经过这种理解，才能将一种非常强烈的身份认同方法和品牌建设的策略联系起来。勒阿弗尔则采取了与此不同的策略，它用品牌来吸引工薪族，尝试改变这一地区的形象。埃松及其经济实力证实，其地形地貌在经济方面也非常有用，以此展现当地提供的优势，便于投资者们前来踏勘，进行业务调研（Bourdeau - Lepage，Gollain & Frija，2015）。

同样地，各个地区通过对其吸引力和所提供的优势加以宣传，可以起到引领作用，这种做法越来越多地得以广泛应用。它并不是仅仅宣传一座标志性的建筑物。例如，昂热的 Végépolys 竞争力集群①，这是一个完整的园艺观赏系列苗种开发的生态系统，用作针对新兴产业的吸引力要素。这个例子表明，可以利用一个竞争力集群作为当地吸引力的源头。至于南部 - 比利牛斯大区，则利用其经济开发园区和企业孵化园区的独创标签认证机制，选择这一方面作为该地区所提供的独特优势。这种被称为“呼叫产品”（place promotion）的思路在企业当中非常流行，在许多地区也获得了广泛的应用。曼恩 - 卢瓦尔省和荣纳省创建了一些特别高效的运行机制。它们建设了一些满足企业各种需求的共同建筑物。他们采取这种方法，将为企业进驻所提供

① 这是一个具有国际水平的竞争力集群，设立在昂热市，它联合了种植领域的企业、研发机构和培训中心。

的房地产服务和财务融资服务结合起来，可以有的放矢地为企业提供切实需要的服务。有些大型设施可以作为实施吸引力策略的服务基地，由于它们具有高效、主动的特点，定位明晰准确。还有就是“国际热核聚变实验堆计划”（ITER）①，这是一个大型国际科技合作计划，目前可以让普罗旺斯－阿尔卑斯－蓝色海岸大区的多个相关方面实施一项有针对性的合作招引政策，使有关各方能够吸引企业和高素质的人才前来这里。另外一个例子是第戎的美食城，它也是很有说服力的，因为这个项目旨在对这个勃艮第地区的首府城市重新进行其他经济领域的定位，并且在第戎的都市区域里圆满完成新一轮重大的公共投资项目。

2. 预期的转型

地区并没有在时间的长河中停滞不前。它们在当地和外部各个参与方做出的决定的影响下发生着变化。预期的策略并不总是能够轻易地实施落实，但是却可能需要昂贵的造价。有两个例子可以说明法国所提出和实施的创举具有丰富的内涵。在圣－奥梅尔，有一个工业集团的转型对于就业状况起到关键性的作用，表明有必要实施一项针对转型的预期共享策略。各个参与方共同制定了一项长期策略，以利于当地经济的转型。所取得的成果令人鼓舞，它表明这些综合性的策略比起冲突性的方法获得了更好的效果。在大巴黎地区，“新大巴黎计划”引起了诸多企业的兴趣，在其不同实施阶段，它们能够发挥的作用各不相同，千差万别。首先，这些企业会对市场开发感兴趣，然后，房地产开发商会逐渐寻找新的投资机会，而且随着房地产的投入使用，当地企业和国际性大公司将会对提供给它们的新的入驻地点感兴趣。

按照以上所列出的各个方面的问题，我们可以看到，采取各种地区性的吸引力措施有多么重要。因此，可用的人力资本，设备的水平和数量，基础设施，市场进入以及制度框架，这些都是研究者们所重点关注的主要原因。在地区对家庭和企业的吸引力方面，还有一些其他因素也起到一定的作用：

① 国际热核聚变实验堆计划（ITER）是一个民用研究领域的核聚变实验反应堆项目，位于卡达拉什。该项目的目的在于进行长期研究开发，实现核聚变的工业化。

生活和环境质量、文化服务、旅游资源。所以，如果我们想要抓住所有吸引个人和企业定位选择因素的话，那么在吸引力的传统因素之外，地区的质量正如它们的身份实力一样，也成为需要加以考虑的因素。

三　南特市的例子

（一）环境条件

南特是一个法国大都市的成功范例。它的成功很有意义，因为它带动这个城市周边整个地区一起获得了成功。

南特是法国西部最大的城市。它坐落于法国重要河流——卢瓦尔河的河口。从 2015 年 1 月 1 日起，南特地区（包括城市和周边社区）市区有 949316 人口，近五年增长 7.5%，成为法国 2010 ~ 2015 年第三大最具活力的城市群。虽然该城市最初是围绕海军工业而建立的，但造船业早在 20 世纪 80 年代末就消失了。随后，南特通过打造自身第三产业中心尤其是通过吸引管理职位，进行了彻底重塑。该市的经济仍然多元化，因为它仍保留了多样化的产业门类，如农业食品、航空业以及旅游业。我们将看到，南特的活力在很大程度上取决于它所能提供的生活质量，这使它能够吸引资产和退休人员。然而，这种成功并不明显。

从历史上来看，南特在法国大革命以后经历过痛苦的阶段，当时它失去了往日的光彩。十九世纪，它成功地发展了工业，主要围绕造船业和农业食品业，但是一直到 1960 年代，它还不是一个大都市。第二次世界大战以后，法国出现了一种重新平衡各个地区发展的强烈意愿，围绕两个主要的轴线：降低巴黎地区的优先地位，重新朝向法国西部地区的工业平衡发展，因为那里一直是工业欠发达地区。南特获益于这种观念，被指定为“平衡都市”①

① 在 1960 年代和 1970 年代，平衡都市这一术语是指一个城市（或者一个城市群），其地区重要性在于发挥法国的地区治理的作用，以此在经济和人口统计方面与高度集中的巴黎大区形成平衡力量。

（实际上它是指南特－圣纳泽尔城市群）。这一政策选择了13个城市或者城市群，以便为它们配备高层次的第三产业设施，使它们在欧洲出名，并且为地区化做准备。然而，从1970年代开始，这一计划看起来执行不力，甚至令人感到失望：大巴黎地区不断地进行扩张性的增长，而那些“平衡都市”却对其所在城市群里的中等城市的发展碍手碍脚，而后者有时增长得更快。

在这一时期，这个城市并没有腾飞起来。它经历了非工业化的折磨，1987年它的造船业走向了终点，而这个城市的历史和造船业一直都息息相关。1990年，这个城市开始振兴起来。它围绕着1989～2012年期间担任市长的让－马克·埃罗（Jean－Marc Ayrault）这个核心人物，在一段相当长的时期内发展起来，此后在弗朗索瓦·奥朗德担任总统期间，他成为法国政府总理。这一发展基于对企业和个人的吸引力之上，尤其是那些离开大巴黎地区迁来此处的企业和个人。它还特别地获益于这个城市所能够提供的生活质量。因此，在我们有关南特吸引力策略的研究当中，将特别地关注这一方面的问题。这项策略得以实施，是因为南特是一个大都市。作为地区性的大都市，它在其规模上起到首府的作用，对于学生以及大型企业及其就业岗位来说，都具有吸引力。

这个大都市是由南特和圣纳泽尔构成的一个城市群。南特的公共领域十分突出，而圣纳泽尔则以生产性和工业行业的就业为主（Davezies，2005），它们二者的结合就形成了一个以平衡经济为基础的大都市，而它的缺点却并未降低其居住吸引力。

（二）实施合作型治理

当让－马克·埃罗就任南特市的市长时，其前任在1989年离开时留下的是不稳定的状况。他努力集合左派的传统支持力量，和省议会以及大区议会都建立了良好的关系。他注意保留上届政府所建立的合作形式，特别是在科技城市框架下的合作形式，以及吸引大学进驻的项目。大区议会主席奥利维埃·吉夏尔（Olivier Guichard）对此给予合作。随后成立了负责经济开发的南特大西洋开发署，其目的旨在为各个经济参与方服务（Pinson，2002）。

埃罗市长的这些计划在南特市的后期建设中均得以实现。他本人承认，自己致力于“针对项目达成协议，拒绝教条主义的观念。”“对于让－马克·埃罗来说，进行动员时尤其要注意绝对不要将任何意愿强加给合作伙伴，不要去监督控制他们，而是要将他们纳入一些展望和建设共有综合项目的机制当中。”（Pinson，2002）。

实施一些并不属于法律范围的计划，以及按照项目落实城市规划方案，大家一起按照合作的方式进行项目建设，这样就可以创建一些具有群体归属感的联系，将组织机构之间的合作网络稳定下来，从而能够经常性地再次动员它们，建设和更新那些大家所共有的选定方案。“需要注意的是这些项目过程的不确定特点。这里所涉及的正是积极的累积结果，新的组织、认知和群体归属感等资源的产生过程。如果说我们最终建成了一种本地区的现实标准的话，那么这并不是因为以这种或者那种形式的霸权主义为主导，而是因为这一过程可以催生一些重要结果，一些地区性问题的解决模式，还有一些共享的行动表现。这并不是说在这些过程当中不存在冲突，而是因为这些冲突并不会阻碍我们获得一些重要的成果，而且是大家一起努力建成的，获得了大部分参与方的认可。”（Pinson，2002）。

2015 年，这些城市完成了从城际身份转向都市身份之后，这一过程仍然得以持续下去。这就将更多的杰出成就和更多的团结互助行动转移到那些人口较少的市镇，出现了更加集体化的治理（南特都市圈的年度报告，2017）。

（三）基于生活质量和文化吸引力的提升策略

埃罗的工作团队实施了一项“综合性城市政策”。其理念是为改善生活质量的政策进行积累，比如有轨电车，还有文化政策，以便向外部展现出一些生活质量的要素；与此同时，也要在内部统一认识，达成共识。“对于埃罗的市政府而言，城市规划政策当中最重要的事情，就在于通过各个方面的共同努力，激发改善公共空间质量的房地产增值的活力”（AURES - CERUR, 1996）。因此，这个城市的形象成为埃罗首先关注的重心。他想要通过生活质量来提升城市的形象。

在这一框架下，文化起到一种重要的作用。市政府工作团队积极地实施了一些文化政策，比如重新扩建了南特文化之家，使其成为今天的“文化发展研究中心”（CRDC）。在城市规划的项目当中，文化也起到一种重要的作用。关于这点，我们稍后会进一步加以阐述。还有一些重要的项目，比如南特美术馆、计时博物馆，并且将原来的南特高等美术学院搬迁到南特岛，使其身处一个充满文化创意活力的街区的中心地段。还有“南特嘉年华”活动，法国的国宝级木偶剧团“皇家豪华”（Royal de luxe）、“城市文化节庆”（le festival des Allumées）、“疯狂一日”（la Folle Journée）古典音乐节、“三大洲节”（le Festival des 3 Continents）等文化活动，以及它所实施的一项城市规划政策，建设一些结合创新与弘扬历史文化遗产的新型街区，这些都充分展现了这个城市的文化活力。

南特还实施了一些可持续的城市规划政策。它尤其以一些旨在成为“欧洲绿色首都”的项目作为自己的荣耀。这样一来，南特承诺要将其城市规划项目的碳影响加以量化，并为此推行了一些垃圾分类的创新性政策，尤其关注水质，那是这个城市赖以生存的源泉①。可持续城市规划与生活质量息息相关。南特的所有城市居民都享有一个面积最大可以达到300平方米的绿色空间。这个城市从空气质量当中获益良多（AURES - CERUR, 1996）。

在这一发展策略当中，可持续出行政策也占有核心地位。我们前面提到的有轨电车就属于改善城市形象政策的一部分。在每年公共交通出行次数方面，南特是法国排名第三的城市，这是由于该市95%的居民都可以在距离住宅不到300米的范围内找到一个公交站点（AURES - CERUR, 1996）。这

① http://ec.europa.eu/environment/europeangreencapital/wp - content/uploads/2011/04/nantespresentationpart1.pdf.

个城市提供了多种出行的替代选择方案，使用小汽车出行的比例从 1999 年的 55% 下降到 2009 年的 50%。

这些政策的实施效果在各项排名当中得以体现，因此，这个城市于 2013 年获得了欧洲绿色城市大奖。这一显而易见的事实同样也为增强吸引力做出了贡献，属于城市发展战略的一个有机组成部分。

另外一个重要方面是在城市化项目当中做出规划，建设相当数量的社会住宅，提供给那些低收入的家庭。例如，在位于南特市中心的“马拉科夫南特欧洲城”（Malakoff/Euronantes）项目当中，必须留出 30% ~35% 的比例用于建造社会住宅，这一数字远远超过法定的要求。

最后，这座城市鼓励创新。“南特城市实验室”（Nantes City Lab）创立于 2017 年，已经建成了 3D 打印房屋项目（Yhnova），这是一个社会住宅项目，借助于 3D 打印技术，可以在几天之内建成房屋，成为法国的首例。还有，这里提倡集体协作。所以，南特启动了一项针对能源转型的“大辩论”，多达 5 万多人积极发表自己的意见，而且已经实施了一些具有实用规模的实验，用来提出“南特制造”的能源和生态转型解决方案（南特都市圈的年度报告，2017）。

（四）典型项目

1. 南特岛的改造

我们可以针对两个具体项目，对南特的发展战略和成功经验加以分析。第一个是南特岛的改造项目，这是一个已经废弃的旧工业区，面对市中心。该项目于 1998 年启动，并且进行了城市规划的调研咨询。通过这个项目我们可以理解南特的总体发展战略。它“符合系统化的城市发展政策的意愿，基于对公共空间的精心处理，从而成为大规模宣传南特城市质量的一个工具。该项目的具体目标是要吸引企业和中上层人士前来入驻。”（Pinson，2002）。

该项目的原则是“在城市上面建设城市”，基于现有城市的足迹和活力，结合市场以及现有社会机制的约束条件和资源，以合作的方式开发项目，容纳所有的参与方。实际上，“南特的行政和技术参与方都赞成采取一种软性调节的方式，他们认为这种方式可以激励当地全体有关参与方共同形成一种集体活力（Tomas，2004）。“按照这种项目实施方式，代表公共利益的业主方承认，这个城市不应该仅仅依靠公共组织进行建设，而应该主要以结合公共组织和私人机构优势的调节机制和积极性为基础加以实施。”（Pinson，2002）。

在该项目所采取的实施方法当中，有几个突出的特点，因此使得该项目获得成功，并且引起了大家的注意。首先，它在实施过程当中采用了一个“指导纲要”，这个指导纲要是一个构建城市的演变性工具。从精确的现状开始描绘的一张底图，使得那些随后参与的建筑师和景观设计师们能够勾画出南特岛在城市治理方面的理想规划。指导纲要并不具有法规价值，其目的在于使各个参与方“产生愿望”对这个地区进行投入。法国城市规划的业界人士将其视为一种“良好实践”，因此为南特的这个项目带来了全国范围的声誉（Devisme，2007 年）。

其次，该项目努力将这个城市的遗产和身份为现实服务。“因此，项目承建方的工作在于，通过实施这个项目来改造、保护和发扬光大工业和港口遗产，将它们融入城市景观当中，由此来努力‘揭示’出现有城市的魅力。通过保护遗产和提升公共空间质量的工作，应该形成这种协调一致的景观，使得‘公共空间越来越成为遗产本身的一个有机组成部分’”（Tomas，2004）。这个城市寻求一种平衡，一种必要而且有益的遗产保护，并且避免“遗产扩散”，而这可能会束缚该项目的现代化发展。”（Nicolas et Zanetti，2013）

最后，该项目重视文化遗产的保存。文化氛围的营造和遗产密切相关。“从产业传承保护的传统意义和它的当代价值来说，遗产的价值在于其美学、文化和有趣的用途。将它们重新构建以后，应当形成一种过去和现在的历史连续性，并且使这个项目融入这个城市的时间长河之中。”（Nicolas & Zanetti，2013）。

例如，Dubigeon 造船厂位于该岛西部，直到 1987 年关闭。这个工业遗

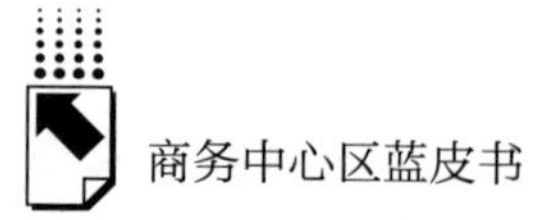

产面向城市，却被南特人民遗忘了。因此，在上述原则的基础上，这个工业遗产将被改造成一个集工业遗产、当代建筑和艺术作品于一体的建筑园。在城市复兴计划中，旧港口设施和工业废弃物逐渐让位于住房、办公楼、商店和公共设施（学校、幼儿园、绿地、社会文化中心等），反映了这个城市的再生和新旧之间的历史连续性（Nicolas&Zanetti，2013）。

方案拟定的性质说明了岛屿的中心目标。大学医院中心（C. H. U.）的部分服务被转移到那里。创意产业的科学和技术也占据了该计划的重要组成部分，目的是使该岛成为该领域新的焦点。事实上，该项目包括一个名为“创意区”的空间，该空间将致力于通信、设计、表演艺术、建筑和视觉艺术。它汇集了在这些领域工作的参与者，如现代音乐、南特国家建筑学院、南特美术学院和机械岛（该地较具有吸引力，可以看到像大象这样的巨型机器，或参观机器制造车间）。我们同样可以看到在该岛上的欧洲－南特中心商务区，还有部分高中坐落在此，这表明了城市希望在该地建造创新型、有代表性的建筑。

南特岛的城市发展战略也注重促进社会融合。自该城市项目启动以来创建的4500个套住房中，45%是经济适用房，属于可负担得起的住房种类，尤其适合工薪阶层。

2. 火车站街区

另外一个可以使我们理解南特方式的城市规划理念的项目实例，就是火车站街区。它涉及一项城市改造政策，其中的一个方面是要在一个现有的居住区重新进行建设，另一个方面是要将一个旧工业区加以改造，使其成为一个住宅和第三产业的新型城市街区，称为“南特欧洲城”（EuroNantes）。该项目采取集体治理的方式实施，汇集了各种不同领域的参与方，包括建筑师、项目经理、环保官员、社会住宅业主、房地产开发商、公证员、律师、住宅项目主管等。

该项目计划实现的目标雄心勃勃。它最初所提出的建设标准要达到“高质量环保”（HQE），那正是这个城市所提倡的可持续城市规划的方向。而且，让－马克·埃罗曾经希望，它能够容纳30%至35%的社会住宅，这一数字远远超过法定的要求，即每一个城市都应该达到20%的社会住宅比例。实际上，市政府努力想要吸引人才和企业来刺激这个城市的活力，减少社会排斥现象，鼓励融合。为实施该项目，需要达到的目标高不可及，而且相互矛盾。所以，后来放弃了“高质量环保”标准，更换为没有那么高要求的 Qualitel 标准。但是，这个计划在满足社会要求方面仍然获得了成功。

（五）成效

由此，南特正确地选择了需要遵循的道路，以便获益于地方分权化的进程，寄希望于生活质量之中，以此来吸引人才和企业。它所实施的政策取得了积极的成果，这可以从诸多排名以及所获得的各种奖项当中体现出来。因此，《时代》杂志于2007年将南特命名为最舒适的欧洲城市[①]。这个城市还三次被排为法国生活最好的城市（Alexandre，Cusin & Juillard，2010）。它的吸引力也显而易见。1990～1999年期间，这个城市的人口数量增加了10.3%，使其成为法国人口增长最快的城市[②]。

南特的都市圈汇集了城市周边地区的大量市镇，它们也经历了快速的增长。2015年1月1日，南特城区聚集着949316位居民，在五年期间增长了7.5%，使其成为法国第三个最有活力的城市圈[③]。

这个城市的另外一个成功之处在于其经济活力。2009～2012年期间，该都市圈的工薪族数量每年增加8%，这一增长率在法国十大都市圈当中排名第二（不计巴黎）。能够带动其周边地区一起获得成功，这一点尤为难能可贵。南特都市圈所创造的工资总额，其中有17亿欧元都贡献给了该省的其他地区。因此，南特都市圈的工薪族的工资收入，其中有四分之一都由居住在该省其他地区的居民获得。南特的成功也没有抑制该省其他地区的发

① http：//www. msh. univ－nantes. fr/85722342/0/fiche____pagelibre/&RH＝1159881577982.

② http：//www. msh. univ－nantes. fr/85722342/0/fiche____pagelibre/&RH＝1159881577982.

③ https：//www. ouest－france. fr/pays－de－la－loire/nantes－44000/l－aire－urbaine－de－nantes－en－chiffres－5536198.

展，因为南特都市圈以外，大西洋卢瓦尔省的工薪族每年都要增长5.4%。南特向周边地区发挥着辐射作用，并且滋养着它们，而它们也具有自己特有的活力。另一方面，该省其他地区所提供的生活环境也构成了整个南特都市圈吸引力的一个有机组成部分。某一个特定的地区与南特之间的距离，以及它们能够吸引那些相对比较富裕居民的能力，对于汇集南特工薪族来说具有决定性的意义。

四　结论

法国和中国的城市地区很不相同，尤其是在人口规模方面。中国某一个大城市里的中央商务区，往往就相当于一个法国中等城市圈的整个规模（2016年，北京的中央商务区容纳了40万人在那里工作，而南特都市圈的全部人口才有30万人）。甚至对于中央商务区理念和它所造成的当地和周边地区社会经济发展方面失衡现象的批评，也会促使我们改变关注点，将地方问题（大都市、城市间地区、地区）作为不同规模的发展战略问题，以便保证可持续的经济社会发展，吸引投资，鼓励创业，吸引并且留住不断增加的高素质创新型人才。

在埃马纽埃尔·马克龙执政期间，法国政府在全国范围内努力加强税收和法规方面的吸引力，以便吸引那些能够创造就业的国外投资。但是，这只是社会经济体系当中使得法国具有吸引力的一个因素，而且它同时也涉及卫生医疗系统、基础设施以及创新能力（竞争力集群）等方面的质量。在吸引投资者和人才的同时，也要保证和其他地区人口在社会经济方面的平衡，这就需要依靠高水平的生活质量来实现。这包括旅游、文化、空气和食品质量，社会服务质量，公民参与发展项目。在这个地区吸引力和增值发展的目标之下，地方性的政策着眼于当地市场，而这正是围绕健康发展项目的地区身份和协调行动的创造力量。

南特都市圈是一个法国地区发展的成功范例，它获得了自我振兴、吸引投资者和创建多元化高素质创新型人口的成果。作为核心人物，一位具有坚定强烈意愿的市长只是南特获得成功的一部分因素。更加重要的是在合作治理模式下，贯穿整个发展过程的全体参与方的协调，以及当地居民的努力。为了实现持久的经济发展，地方性的方针所面临的问题在于，要从整体上满足当地人民的需求。同时还要围绕示范项目和创建身份认同，构建一种具有吸引力的经济发展策略。

参考文献

Alaux C. , Serval S. & Zeller C. : "Le marketing territorial des Petits et Moyens Territoires: identité, image et relations ", *Gestion et management public*, 4 (2015): 61 - 78.

Alexandre H. , Cusin F. , Juillard C. "L'attractivité résidentielle des agglomérations françaises ", *Observateur de l'immobilier*, 2010 : 3 - 66.

A. T. Kearney: "Global Business Policy Council", *Facing a GrowingParadox*, 2019.

AURES - CERUR: " Entreambitionetsolidaritésolidarité: l'incertaine maîtrise de la puissance publique sur la production urbaine ", *L'exemple de Nantes*, 1996.

Assemblée Nationale: "Projet de loi sur la croissance et l'activité", *Étude d'impact*, t. 3, 12 - 2014

Bourdeau - Lepage L. , Gollain V. , Frija R. : " Attractivité et compétitivité des territoires, Paris: Théories et Pratiques", *CNER*, 2015.

Business France, "Promouvoir l'attractivité de la france pour les talents", *entrepreneurs et investisseurs internationaux*, 2017.

Davezies, L. : "Les moteurs du développement de la métropole Nantes Saint Nazaire", *SAMOA et SCOT Nantes Saint Nazaire*, 2005.

Debonneuil M. , Fontagné L. ,: " Compétitivité, rapport pour le Conseil d'analyse économique", *Février*, 2003.

Devisme L. : "Centralité et visibilité dans le projet urbain de l'île de Nantes", *Échelles et temporalités des projets*, Paris, Jean Michel Place, 2007 : 123 - 142.

Direction Générale du Trésor et de la PolitiqueÉconomique: "Compétitivité et attractivité de l'économie française", *Diagnostics Prévisions et Analyses Economiques*, 2006.

Fache, J. : " Nantes, ὰ la croisée des chemins de l'économie de la connaissance", *Géoconfluence*, 2008.

Gaffard J. - L. , 2005: "Développement global et globalisation: nouveaux regards sur la croissance, le bien – être, les inégalités interrégionales et l'attractivité des territoires ", *Revue de l'OFCE* , 3 (2005) : 17 –44.

García – Peñalosa &Wasmer: " Préparer la France à la mobilité internationale croissante des talents ", *Notes du conseil d'analyse économique*, 4 (2016) : 1 – 12.

Gérardin, H & Poirot, J. : " L'attractivité des territoires: un concept multidimensionnel ", *Mondes en développement*, 1 (2010) : 27 – 41.

KantarPublic: "Baromètre d'Attractivité de la France", 2018.

Mulkay B. : "La compétitivité d'un territoire", *Colloque du CRIES*, 2006.

Musterd, S. , & Gritsai, O. : " The creative knowledge city ineurope: Structural conditions and urban policy strategies for competitive cities" . *European Urban and Regional Studies*, 20 (2013) : 343 – 359.

NantesMétropole: "Rapport Annuel 2017", 2017.

Nicolas, A. , & Zanetti, T. : " Patrimoine et projet urbain: produire et valoriser la localité à Saint – Étienne, Nantes et Clermont – Ferrand ", *Espaces et sociétés*, 2013: 181 – 195.

Opinionway: "L'immobilier de bureaux: L'attractivité des métropoles françaises", *Regard croisé salariés et dirigeants d'entreprise*, *Foncière des régions*, *décembre*, 2014.

ORGANISATION FOR ECONOMIC CO – OPERATION AND DEVELOPMENT (OECD): "Competitive Cities in the Global Economy", *OECD*, 2006.

OCDE: " Le recrutement des travailleurs immigrés en France ", 11, 2017, http: //www. oecd. org/fr/presse/ocde – appelle – la – france – a – moderniser – et – a – renforcer – le – pilotage – de – l – immigration – professionnelle. htm.

Olszak, E : " Développement durable et attractivité des territoires dans l'Union Européenne, opposition ou convergence? " *Géographie*, *économie*, *société*, 12 (2010) : 279 – 305. https: //www. cairn. info/revue – geographie – economie – societe – 2010 – 3 – page – 279. htm.

PinsonG: "Projets et pouvoirs dans les villes européennes. Une comparaison de Marseille, Venise, Nantes et Turin", *Science politique*, 2002.

Porter, M. E. , & Porter, M. P. : "Location, clusters, and the "new" microeconomics of competition", *Business Economics*, 33 (1998): 7 – 13.

Pyke, F. et W. Sengenberger: "Industrial districts and local economic regeneration: Research and policy issues", *International Institute for Labour Studies*, 1992.

Réseau Européen des Migrations (REM): " Attirer les talents étrangers en France ", 2013.

Talandier M. et Jousseaume V. : " Les équipements du quotidien en France: un facteur d'attractivité résidentielle et de développement pour les territoires ? ", *Norois*, 226 (2013):

7 - 23.

Tomas, F.: "*Variations autour du patrimoine. Un cas d'école: Le Forez*", *Saint - Etienne*, *Publications de l'université de Saint - Étienne*, 2004.

UDES (加拿大舍布鲁克大学): "Le modèle social français - Note de positionnement des employeurs de l'ESS", 11, 2013.

B.19
伦敦中央商务区（金丝雀码头）的营商环境发展战略

肖超伟*

摘　要： 根据全球城市和金融化的相关理论，全球城市中的中央商务区承担着全球城市的核心职能，例如伦敦金融城、纽约曼哈顿等。全球城市的其他部分都是为中央商务区服务的区域，例如制造业区域、科技城等，因此分析研究中央商务区的发展及其营商环境优化就显得尤为重要。英国伦敦中央商务区（金丝雀码头）作为城市更新背景下发展起来的中央商务区，在短短三十年左右的时间里迅速发展，成为世界金融体系的重要一环。本文希望通过对伦敦中央商务区——金丝雀码头的软硬件及各个层面的营商环境发展和优化的分析，试图为当今中国城市发展中央商务区提供借鉴和参考。

关键词： 金丝雀码头　营商环境　全球城市　金融化　中央商务区

一　引言：全球城市、金融化及中央商务区

随着新自由主义（neo－liberalism）在全球的发展，伦敦、纽约、香港等城市逐渐成为全球的经济流、信息流、人员流等节点。萨斯基雅·萨森

---

* 肖超伟，剑桥大学土地经济系博士，研究方向为城市规划、土地经济、城市发展战略等。

(Saskia Sassen) 基于这种现象，首次使用“全球城市”这个名词，用以阐述后工业化时代金融化的趋势、全球城市的形成、网络竞争以及 CBD 在全球城市中的作用。

1. 作为后工业化时代金融和专业服务业的生产场所，全球城市可以为企业和政府提供跨国金融相关专业的服务，如法律、咨询、会计、信息服务、广告等，并通过跨国境的交易网络，逐渐成为知识、信息收集和溢出的场所。

2. 城市之间并不存在直接的竞争。不同城市存在于不同的网络之中，网络和网络之间存在竞争关系，每一个城市都同时隶属于多个城市网络，因此城市之间存在多方面的网络竞争关系。

3. 从空间上讲，全球城市体现在 CBD 中，各种高端化和品质化的生产性服务业在 CBD 区域集聚，并形成产业集群。CBD 中以及全球 CBD 之间的各行业、各公司间因业务关系往来形成网络。因此城市与城市之间形成网络关系，公司与公司之间形成网络状业务关系。全球城市从金融化的角度来说，只有全球城市中的中央商务区（例如伦敦金融城、纽约华尔街、香港中环等）才是全球性的。全球城市的其他部分，例如制造业区域、科技城等，都是为中央商务区服务的。

目前，世界局部地区发生的逆全球化和贸易保护主义现象，是因为部分西方国家的领导人无法改变全球的金融化，无法触动金融资本利益集团，而把问题归咎于经济全球化，且采取各种反全球化的措施。但是这只是暂时的现象，并不能改变全球化的发展趋势。在此背景下，中国作为全球化的引领者与重要推动者，在全球城市的理论框架下，研究如何促进中央商务区的发展以及优化其营商环境显得尤为重要。

二　伦敦中央商务区的发展历史与现状

伦敦不仅仅是欧洲最重要的金融中心，也是全球范围内数一数二的金融城市，其国际金融中心指数全球排名第二，仅次于美国纽约。其中，伦交所具备成熟的、多层次的股票交易市场，也是全球范围内最大的外汇交易中心；根据英国统计机构的统计数据，全球十大银行中有四家坐落于伦敦，超过13.5万人在伦敦从事金融行业，占伦敦就业职位的40%。伦敦传统的中央商务区集中于内伦敦核心区，分布于金融城（City）、中城（Mid Town）和西区（West End）三个区域。其中，金融城（City）是最为核心的中央商务区。根据著名地理学家大卫·哈维的城市空间理论，随着全球金融化的发展，金融业及其衍生的生产性服务业（保险、法律、工商服务等）在经济中的比重越来越大。伦敦作为全球城市的顶端，金融业及其衍生的生产性服务业所需要的用地越来越大，传统金融城的土地限制了伦敦相关产业的发展，因此需要在内伦敦核心区基础上向外延伸。经过三十多年的发展，形成了新的伦敦中央商务区——金丝雀码头。

（一）伦敦中央商务区（金丝雀码头）的发展历史

1.20世纪30年代，伦敦重要的港口码头区

19世纪，工业发展非常依赖原材料运输，伦敦道克兰地区的西印度码头（金丝雀码头的前身）承担了大量的传统港口活动，成为当时世界上繁忙程度最高的港口之一。依托于港口的建设运营，周边的商业与工业配套发展，小小的码头区域发展成港口商贸（经济）和组织活动的中心。20世纪30年代中期，西印度码头的地位不断攀升，到达顶峰。

2.20世纪60~70年代，土地闲置，步入衰败

尽管20世纪30年代中期前，码头区较为繁荣，但是进入30年代后期，大英帝国渐渐衰弱，英国的全球经济霸主地位让位于美国。码头区缺乏新型贸易（技术）和管理人才，不再适应大型船舶工业的发展，难以应对以集装箱为基础的交通运输方式，因而逐渐衰败。至60年代中期左右，新型码头开始发展，传统码头逐渐式微，伦敦金丝雀码头的大量航运码头业务被迫外迁，大型航运公司从码头撤离。金丝雀码头走向衰落，这导致了道克兰地区大量土地被荒废或闲置。到70年代，码头区及其周围的老工业区与伦敦交通体系没有衔接，环境破坏严重，住房和基础设施恶劣，失业问题突出，

衰败加剧。

3. 20世纪90年代以来，新中央商务区开始崛起

英国首相撒切尔夫人执政时期，改变了战后推行的凯恩斯主义经济政策，新自由主义逐渐成为其经济改革的主导思想。在此背景下，她于1986年开始推行金融业的“去监管”改革，致使金融业得到高速发展。同时，由于技术的提升，伦敦证券交易所从传统的喊价交易改为电子化交易，交易所物理空间发生显著变化。由于老金融城越来越难以适应现代化的通信网络建设以及交易大厅的扩建，伦敦迫切需要新的土地来容纳金融业的高速发展，因此，伦敦市政府将金丝雀码头规划为新的中央商务区。20 世纪 90 年代起，金丝雀码头逐渐发展起来。

（二）伦敦中央商务区（金丝雀码头）的发展现状

金丝雀码头目前总共具有约 150 万平方米的办公室和零售空间，其中约 73 万平方米（约 49%）的用地为金丝雀码头集团（Canary Wharf Group）所有。金丝雀码头云集了 105000 位就业人口与众多跨国银行、专业生产性服务公司和媒体组织的世界或欧洲总部，包括巴克莱银行、花旗集团、克利福德律师事务所、瑞士信贷、安永、惠誉评级、汇丰银行、印孚瑟斯、摩根大通、毕马威、大都会人寿、穆迪、摩根士丹利、加拿大皇家银行、德意志银行、标准普尔全球、斯卡登、州街、经济学人集团、汤森路透、欧洲药品管理局和欧洲银行管理局等，并拥有两家欧盟机构。随着大型国际金融机构的纷纷进驻，楼宇大厦拔地而起，成为伦敦现代性的标志。目前，英国海拔最高的 3 栋大楼——第一加拿大广场、第八加拿大广场和花旗集团中心均位于金丝雀码头，重塑了伦敦天际线。

三　伦敦中央商务区的营商环境优化策略

1980 年，伦敦政府制定了《地方政府规划与土地法》，成立了“伦敦码头区开发有限公司”，金丝雀码头的开发工作逐步展开。伦敦码头区

开发有限公司是由政府成立的、具有半官方性质的建设机构，从设立之初公司便被赋予重要的资金和规划建设权力，以方便对金丝雀码头开展改造重建。经过长达十多年的改造重建，码头地区的交通设施日益完善，公屋和社区得以有序开发，土地得到有效清理，自然环境大大改善，大量项目成功落地。1994 年 10 月起，伦敦码头区开发有限公司以建筑单体项目完工为标志，开始有步骤、有计划的撤离。1998 年，所有项目竣工，公司解散并完全撤出码头区。新成立的金丝雀码头集团（CWG）接替伦敦码头区开发有限公司，负责项目的商业开发和经营，以及开发项目的现场管理和服务，代表政府“统一规划、统一设计、统一建设、统一管理”。

金丝雀码头集团（CWG）为母公司，集团总员工约 1200 人，他们旗下拥有四家子公司，分别为金丝雀码头有限公司（Canary Wharf Limited）、金丝雀码头承包商有限公司（Canary Wharf Contractors Limited）、金丝雀码头管理有限公司（Canary Wharf Management Limited）及金丝雀码头智能孵化有限公司（Level39 Limited）。这四家子公司在金丝雀码头的建设、运营和营商环境优化中各司其职，分别承担着重要角色：①金丝雀码头有限公司（CWL）为业务部门提供行政指导和行政支持，推动集团发展和社会联系，是 CWG 的主要行政管理部门，包括账户、IT、人事、法律、办公室租赁和新闻等部门。②金丝雀码头承包商有限公司（CWCL）负责后续的金丝雀码头相关的建设工作。③金丝雀码头管理有限公司（CWML）以综合项目经营为主业。其在项目管理和主承包商角色中开展以下活动：负责管理 97 英亩的土地，按照最高标准和环境可持续性要求管理 37 个办公楼、300 多家商店、咖啡馆、酒吧和餐馆。金丝雀码头承包商有限公司管理包括安全、交通、健康，还包括设施管理、公共空间的景观美化、艺术活动以及冬季花园场地运作。④金丝雀码头智能孵化有限公司（Level39）是企业孵化器，也是世界上联系最多的技术社区。它以多种方式支持企业发展，提供世界级优秀客户、人才培训和交流以及基础设施的优化服务。

（一）硬件层面的营商环境优化

1. 采取 TOD 为导向的土地开发模式

金丝雀码头采用 TOD 为导向的设计（Transit Oriented Development，以交通为导向的发展模式）。一方面，利用地铁、火车、轻轨、巴士等多种多样的交通连接方式，使用立体共站的方式将各类交通设施完美地连接起来，减少不同交通模式的换乘时间，方便人的出行与货物运输；另一方面，通过人流行为分析，强化三维的 TOD 开发模式，把商业、办公、服务、居住、公共空间和其他功能有机聚集起来，以轨交枢纽为核心，向周边辐射，形成功能混合的、高效紧凑的立体化土地利用。

2. 加强交通基础设施建设

金丝雀码头开发初期，由于英国经济逐渐衰弱、大公司入驻伦敦的减少以及金丝雀码头交通不便等，金丝雀码头的开发工作濒临停滞。开发商金丝雀码头集团（CWG）认识到交通的重要性，出资 4 亿英镑修建 Jubilee 地铁线。该地铁线将金融城、西区、希斯罗机场和城市机场贯通，并且 Jubilee 地铁线也通过和 DLR 的两条轻轨联通，使得金丝雀码头与伦敦的传统金融城和伦敦的传统服务商业区、伦敦西区连接起来。由于上述轨道交通的建设，金丝雀码头得到巨大发展，营商环境大为改观。

在航空运输上，考虑到中央商务区的高端商务人士经常需要乘坐飞机前往世界各地，该地区修建了伦敦城市机场，距离金丝雀码头仅 3 英里。该机场每周开通了 1000 多个航班，可以直飞全球最重要的 20 多个国际城市。机场设有轻轨站和地铁站，多条交通线可以直达，交通十分便利。该机场的登机程序也较为简化，乘客的平均登机时间仅为 10 分钟，因此该机场深受商务人士好评。

3. 推动智慧城市基础建设

金丝雀码头在全区范围内布置了多种传感器。这些传感器搜集城市运行方方面面的信息，包括能源消耗、空气质量和交通流量等。此外，金丝雀码头还高度重视互联网建设。20 世纪 80 年代还未进入高速网络时代，金丝雀码头就埋置巨大的城市综合管廊。设计师给管道预留了很大的空间，到今天的光纤时代，这些空间还绰绰有余，能够保证带宽的畅通，也为日常的维护和升级创造了条件。与此同时，伦敦致力于大数据城市建设，鼓励政务数据透明、市政数据开放和数据应用创新。基于此，伦敦市民，包括码头区的居民可以便利地浏览政府政务服务网站，了解政务信息，享受线上服务，还可以通过地铁站等各公共场所提供的无线网络和免费 App 随时接入公众娱乐设施，体验便利的休闲服务。不仅如此，金丝雀码头地区还开发了虚拟建筑的交互信息服务，采用 GIS、BIM 和 3D 虚拟技术，对该区的所有建筑进行模拟，并提供相应的服务信息。除此之外，由于金融业高度依赖电力的稳定性，金丝雀码头也充分重视智能电网的建设，所有的新建筑都有两个接入点跟国家电网连接。如此一来，即便伦敦其他地方都停电，金丝雀码头也能灯火依旧。

4. 完善商业服务及配套设施

金丝雀码头区也是伦敦最繁华和充满生机的购物中心之一。据统计，该地区的购物中心具有超过 300 间商店、超市，成为购物街和奢华购物的场所。近年来有更多的零售商和高端大牌进驻，如 Everyman 电影院、四季酒店等国际知名的大酒店纷纷入驻，花团锦簇的露天咖啡厅散布于街道两旁，风格迥异的酒吧和小餐馆时髦而鲜明，人们可以自由地休闲、交往、消遣，加强了该区域作为购物中心和休闲活动场所的地位。优越的居住环境和便利的商业中心，吸引了大量商务人士的入驻。

5. 注重城市文脉的延续

金丝雀码头的改建，既兼顾了人们对伦敦传统航运中心的怀念，又体现了人们对新兴商业中心的期盼。其主要措施是将大量的中高层办公建筑排列在水边，因为那里曾经是船舶停靠的地方；将停车地点安排在中间，因为那里曾经是货物仓库。这样一来，金丝雀码头很好地解决了精神文化脉络与城市更新的矛盾。

6. 强化临水景观设计及其可识别性

与其他城市广场相比，金丝雀码头城市广场独具特色，在景观边界的构建和可识别性上匠心独运，具有巧妙的构思。比如，Jubilee 公园的南、北两侧分别建设了高层建筑，构成了滨水空间，建筑临水一侧向水面开放。东侧和西侧则分别开辟了一个休憩广场，使人们在休憩散步、放松身心的同时欣赏水景、感受自然生态，缓解工作生活压力。这样，广场便将建筑边界和公园绿化结合起来，水体的作用被凸显出来。此外，位于区域最东端的丘吉尔广场也有类似的精心设计。丘吉尔广场以滨水空间为中心，四周有建筑，使得广场具有良好的围合感；同时，大型亲水台阶和步行廊道将广场周边与水面系统连接起来，方便了人们的步行休息和观光；另外，建筑内部还设置了密集的商店、超市和公共空间系统，使人们在欣赏滨水景色的同时增加人群入驻停留的机会，促进商业活动，增加了滨水区的商业价值。

（二）软性层面的营商环境优化

1. 区别对待不同开发阶段

金丝雀码头在开发模式上部分采取了 PPP 的模式和分阶段的建设思路，主要经历了以下三个发展阶段：①第一个阶段主要侧重于规划、筹备和预热（1981 ~ 1986 年），开发公司在对区域进行改造前，首先通过调查研究对市场需求进行了科学判断，并从道格斯岛开始启动项目，加快实施基础设施改造，推动私人住宅市场改革，预热土地市场；②第二个阶段则进入社区基础设施建设阶段（1987 ~ 1990 年），开发公司通过 PPP 模式，加大投资力度，使得公屋和社区得以有序开发，医疗和教育机构也获得了爆发式增长。③第三个阶段（1991 ~ 1998 年），金丝雀码头改造项目进入加快开发时期，政府陆续出台了多项针对企业的优惠政策，对开发进程的快速推动起到重要作用。例如：政府规定，Jubilee 地铁沿线倘若没能够按时开通，或者截至特定时间，没有大型客户签约入驻，那么租户可以自由取消租赁协议，不必承担失约责任，由此产生的搬迁费用及其他支出可由码头公司承担。与此同时，码头集团在租赁协议的签订上具有较大的弹性，对租户个性化需求都有所考虑，比如，尽管码头集团一般情况下与租户签订 25 年的长期租赁协议，但又设定了很多灵活条款，执行起来非常有弹性；再比如，码头集团为吸引大型企业的入驻，还主动向一些商业巨头免收一年租金。

2. 强调培育区域的多元活力

在区域的活力建设层面，金丝雀码头十分注重城市区域功能的多元化，一方面强调吸引金融、商业、出版等行业投资，另一方面注重教育和人才建设，打造文化和艺术空间。比如，码头区域已成功吸引了很多教育机构的入驻，伦敦城市大学便设置于此；再比如，码头区域通过定期开展各种业余公共活动，不定期举办文化艺术展览等，增强了码头区域的文化艺术活力。目前，金丝雀码头已经成为融合商业、金融、文化艺术等多个领域的全新创意空间，企业和群众的个性化需求基本得到满足。与此同时，在夜间经济日益景气的大背景下，码头集团注重吸引媒体企业入驻，推出夜行线，鼓励休闲购物、健身、文化艺术、旅游观光和餐饮等形式的城市消费，使得码头地区在夜间也能亮起来。夜间经济不仅丰富了人民群众的夜生活，还为城市挖掘商业潜能，为促进增长经济做出了重要贡献。

3. 加强制度环境建设

公司注册方面，拟注册企业可以通过在线、邮局以及中介代理等方式申请。其中，在线申请是最便捷、最经济的方式，只需 12 英镑注册费就可以在 24 小时内完成。根据世界银行发布的《2018 年营商环境报告》，英国在全球 190 个经济体中营商环境排名第七位。在世界银行就营商难易程度评估的 10 项指标中，英国在开办企业、办施工许可证、办理破产等指标的排名中均名列前 20 位。

税收方面，税收政策是世界银行《2018 年营商环境报告》中的重要指标，能够十分客观地反映企业开办和运营成本，并能较为显著地影响生产要素的流动。在税收政策优惠方面，英国在发达国家中征收的企业所得税最低，一直以来，较低的企业税费负担使得英国在国际竞争中保持着较高的吸引力。在金丝雀码头开发初期，当地税务部门颁布了工业园区内土地 10 年免税的优惠政策，令企业切实享受到税收减免红利，有利于码头区域的招商引资和全面开发建设。

融资政策方面，为了吸引更多的创业者和投资人，英国各级政府出台了各种政策。例如，英国政府推出的“企业投资计划”和“种子企业投资计划”对解决中小企业融资难问题起到重要作用。

签证政策方面，金丝雀码头积极想办法吸引海外高端人才。例如，“首席代表签证”就是英国政府对于海外公司高管赴英设立代表处或分公司专门设立的签证。根据规定，符合签证申请条件的申请者，首次获得签证的期限是 3 年，之后可以续签两年。在英国居住满 5 年后，可以申请英国的永久居留。

4. 注重中小企业的孵化

成立金丝雀码头智能孵化有限公司（Level39），通过专业的创业及企业家导师，为入驻该地区的中小企业提供动态的工作空间、丰富的商业文化活动和一流的配套设施。Level39 可迅速地帮助入驻企业实现规模化发展。此外，金丝雀码头还建设了一个统一的网站，能够使中小企业和其客户能够快速地浏览该地区的新闻活动，并为之提供各种相关服务。

四　伦敦中央商务区（金丝雀码头）遇到的问题

（一）脱欧带来的影响

脱欧是这几年影响伦敦金融业发展的最大变量。目前脱欧问题的发展有三种可能。

1. 留在欧盟内

这一选项对英国金融业的发展影响最小。在这种情况下，英国的金融机构可享受欧盟单一市场成员身份所赋予的“护照”特权。换句话讲，在英国注册成立的金融机构，无须欧盟国家的再次批准便可经营欧盟其他成员国的金融业务。因此，留在欧盟内对英国的金融业发展影响最小，但目前看来，留在欧盟这一选项几无可能，英国的金融业极有可能受到很大冲击。

2. 软脱欧

2018 年 11 月，英国曾与欧盟商定采取与欧盟市场等同性的金融市场准入制度，即英国和欧盟成员国的一些金融法规政策彼此互认。英国可以在这类法规的保护下，向欧盟成员国内的金融客户提供相关金融产品和服务，在欧盟市场中与同业竞争者平等竞争。但是，因英国议会中多数议员持反对意见，这种软脱欧框架下的金融市场准入机制仍然存在较多变量。

3. 硬脱欧

这一选项对英国金融业发展影响最大。英脱欧意味着英国不仅将失去欧盟单一市场的“护照”特权，而且还会丧失进入欧盟金融市场的“等同性”条件。在这样的背景下，已在英国注册成立的金融机构的业务市场范围可能会大受影响。这些金融机构倘若要在欧盟其他国家经营同类金融业务，必须重新申请当地授权，或选择在当地新建独立的金融机构，这种经营模式大大延长了运营时间，增加了经营成本，对经济效益将产生明显的负面影响。与此同时，如果英国的签证制度扩展到欧盟居民，英国3/4 的欧盟雇员将无法在英国继续工作，这对英国金融行业的发展将产生重大打击。

目前，脱欧谈判仍在进行，一些大型国际金融机构正布局转移其部分金融业务。据调查，截至 2019 年 1 月底，国际大型金融机构，包括高盛、摩根大通、摩根士丹利和花旗集团等已将近 3000 亿美元的资产从伦敦转移至法兰克福和巴黎。巴克莱银行也准备向东京转移 2150 亿美元。截至 2019 年 2 月底，欧洲银行在英国的资产总额大幅减少。2019 年 3 月 6 日，欧洲银行管理局已与法国政府签署搬迁协议，从伦敦迁至巴黎拉德芳斯商务区。还有些银行则寄希望于二次公投不脱欧。总之，一旦脱欧，伦敦金融业的发展或将遭遇重大打击。

（二）高地价高租金的影响

英国是最早政府干预住房市场的国家。英国房价长期以来基本处于上涨态势。从 1917 年到 2017 年的一百年中，英国的名义房价指数上涨了 52. 8 倍，年均涨幅达 7% 。相较之下，英国 CPI 仅上涨 48 倍，远远低于房价的涨幅。与其他发达国家相比，从 1917 年到 2017 年，意大利的名义房价指数上涨了 33. 9 倍，法国、美国、德国、日本分别上涨了 16. 1 倍、12. 5 倍、

2.3 倍和 2.3 倍。所以，英国的房价涨幅在过去的一百年中领跑全球，远远高于同等收入国家。另外，英国政府在土地规划开发上“重保护轻开发”，尽管土地多为私有，但英国政府通过规划许可严格限制了住宅用地党的开发建设，所以英国的住宅用地显著偏低。伦敦政府重视保护乡村与生态环境，在大伦敦周边设置绿带，控制大伦敦开发规模，限制了可供开发的土地。因此，金丝雀码头周边的住宅用地极其有限，在此工作的就业者不得不承受越来越拥挤和昂贵的房产，阻碍了人才引进。同时高地价高租金也导致了企业成本的上升，使得公司扩大再生产和雇用更多的劳动者困难重重。

五　对中国 CBD 发展的启示

从上文的论述中可以看出，伦敦中央商务区（金丝雀码头）经过短暂的三十多年的发展，从无到有，成为世界城市框架中全球最重要的中央商务区之一，这对于我国各大城市的中央商务区的建设发展，有着巨大的借鉴意义。此外，伦敦金融产业和中国金融业的关系极为密切：伦敦是最大的人民币离岸交易中心。2019 年 2 月，伦敦的离岸人民币交易额已占全球总交易额的 40%，远远高出中国香港 27% 的比重。同时，中英两国在金融科技、“一带一路”金融服务、绿色金融等领域合作密切。2019 年 6 月 21 日，中信银行伦敦分行正式开业，为伦敦中央商务区更好地吸引中资企业入驻做出贡献。因此，伦敦中央商务区（金丝雀码头）营商环境发展和优化，对我国相关的中央商务区的开发建设及发展有很大启示。

第一，在基础设施层面的营商环境建设方面，通过金丝雀码头的发展可以看出，交通的便利度是影响一个中央商务区能否成功的重要因素。提升交通便利度的方法是构建便捷的包含轨道交通等多种交通模式的立体交通系统。在开发模式上，中央商务区可以围绕地铁站点进行 TOD 模式的开发，完善商业配套，提高配套服务的价值。此外，中央商务区要注重不同阶段的开发模式，在开发初期以满足周边办公人群基本服务为主，充分明确目标消费客户群对住房及配套环境的要求；第二阶段，打造人文休闲的场所，增加咖啡店、酒吧、影院等设施，完善项目业态及品牌的丰富度；第三阶段，吸引高校、媒体等入驻，在不同时间、不同季节举行各种活动，聚集人气，拉动中央商务区的全方位发展。同时要注重智慧城市的建设，使进驻的企业可以便捷地通过互联网、智能终端等多种渠道随时获得城市服务；并提升城市智能电网、智慧交通、供水供气、排污、垃圾处理、环境监测等城市设施的智能化水平。

第二，在软性的营商环境建设方面，建立服务高效、管理到位的综合服务管理机构，做到“统一规划、统一设计、统一建设、统一管理”，帮助投资人、创业者、从业者解决遇到的各种问题。此外，在开发不同阶段，注重智能孵化，给予企业和个人各种扶植政策，在中央商务区发展前期进行营业税的减免；协助解决企业融资问题；降低企业所得税；对企业的投资施行税收抵免或资本收益津贴；放宽从业限制，加快审批流程。在中央商务区发展到成熟阶段，对转型升级的企业进行财政税收优惠，以多种方式支持企业发展，协助进行人才培训以及举办丰富的商业文化活动，实现可持续吸引客户、保持区域活力。

总而言之，在全球城市发展的背景下，城市的转型发展需要高度重视中央商务区规划和建设。伦敦中央商务区（金丝雀码头）营商环境（硬、软性层面）的发展和优化，为我国相应城市的中央商务区发展提供了重要借鉴。

参考文献

任永菊：《伦敦“梯度型”都市圈形成之源对雄安新区规划建设的启示与建议》，《经济社会体制比较》2018 年第 3 期。

周振华：《伦敦、纽约、东京经济转型的经验及其借鉴》，《科学发展》2011 年第 10 期。

付磊：《全球化和市场化进程中大都市的空间结构及其演化》，同济大学，2008。

肖礼斌：《全球化语境中的城市更新——读〈走向强有力的城市复兴〉有感》，《北京规划建设》2007 年第 1 期。

田莉、桑劲、邓文静：《转型视角下的伦敦城市发展与城市规划》，《国际城市规划》2013 年第 6 期。

Mayor of London, "The Mayor's Economic Strategy 2010", 2010.

Mayor of London, "The London Plan, Spatial Development Strategy for Greater London", 2014.

Mayor of London, "Opportunity Area / Intensification Area Frameworks", 2011.

Mayor of London, "Cultural Metropolis 2014", 2014.

Lundvall, B., "National Systems of Innovation: Towards a Theory of Innovation and Interactive Learning", *London*: *Pinter Publishers*, 1992.

Transport for London, "London Travel Report 2005", 2006.

GLC (The Great London Council), "Ecology and Nature Conservation in London," *Ecology Handbook*, 1 (1984): 6-7.

Tom Turner, "Open Space Planning in London - From Standards per1000 to Green Strategy", *TPR*, 63 (1992): 365-386.

任明：《耀眼的历史遗产与丰富的文化活动——伦敦公共文化一瞥》，《南方论丛》2014 年第 2 期。

雷新军、春燕：《东京产业结构变化及产业转型对上海的启示》，《上海经济研究》2010 年第 1 期。

邓汉华：《伦敦都市圈发展战略对建设武汉城市圈的启示》，《学理论》2011 年第 10 期。

程大林、张京祥：《城市更新：超越物质规划的行动与思考》，《城市规划》2004 年第 2 期。

邢琰、成子怡：《伦敦都市圈规划管理经验》，《前线》2018 年第 3 期。

大　事　记

Memorabilia

B.20
2018年度 CBD 发展大事记

一月

1 月 2 日　李强书记到上海虹桥商务区调研。市委常委、常务副市长周波，市委常委、市委秘书长诸葛宇杰参加。

1 月 3 日　北京 CBD 管委会召开核心区安全管理专题部署会，传达市、区两级专项整治工作部署及北京市住建委“12·28”会议精神，认真分析春节前后及 2018 年安全形势，要求做好核心区安全管理工作。

1 月 10 日　上海虹桥商务区“海外贸易中心”“长三角国际贸易展示中心”设立暨合作签约仪式举行，标志着商务区两大功能性平台正式宣布成立。

1 月 17 日　商务联盟参赞博士团一行 10 人考察银川阅海湾 CBD。

1 月 17 日　全国总工会书记处书记一行 12 人考察银川阅海湾 CBD。

1 月 17 日至 18 日　上海虹桥商务区管委会召开 2017 年工作总结暨

2018年工作务虚会议。

1月18日 位于重庆江北嘴CBD保利中心的“大数据产业基地”在“2018年产业互联网高峰会”正式揭牌。

1月20日 中国社科院课题组一行6人访查天河CBD，调研广州在粤港澳大湾区的定位与发展战略。

1月22日 林道平书记、丘卫青常委等领导在天河CBD管委会会见哈尔滨工业大学韩杰才副校长一行。

1月25日 重庆江北嘴金融促进会2018年会员年会在重庆大剧院国际时尚发布中心举行。

1月29日 郑州CBD辖区首个“互联网+政务”的“政务办公App”投用。

1月初 宁波南部商务区“佰事通”确定成为国家备案众创空间。

1月上旬北京国贸中心东楼改造及交通一体化工程开工建设，国贸站增设换乘通道、新建换乘大厅，预计2019年底建成投用。

2018年首期中英金融人才教育培训——金融科技创新专题班在广州珠江城国际会议中心举行。

二月

2月1日 上海虹桥商务区人才公寓入住仪式在虹桥商务区管委会举行。

2月1日 北京CBD安委会召开安全生产“春晖”专项行动部署会。会议传达国务院“1·25”全国安全生产电视电话会议精神及北京市安全生产会议指示精神，并对CBD安全生产“春晖”专项行动工作进行全面部署和安排。

2月6日~7日 广州天河CBD管委会常务副主任黄德树带队前往香港，拜访了香港贸发局及香港联交所，学习香港服务企业举措，了解香港主板上市规则修改的内容和进展情况。

2月8日 郑东新区重大项目发布暨银企对接会在郑州CBD辖区举行。

2月14日 北京朝阳区副区长李国红到CBD核心区中信项目、永安里旧城区改建项目等区域开展节前安全大检查。

2月28日 上海虹桥商务区管委会召集长三角各驻沪办等举行商务区长三角功能性平台建设说明会，介绍长三角国际贸易展示中心，并进行座谈交流。

三月

3月5日 浙江省委常委、宁波市委书记郑栅洁在宁波鄞州区调研，同时考察了宁波南部CBD。

3月13日 江西省委常委、南昌市委书记殷美根一行到宁波南部商务区考察参观。宁波市副市长褚银良、鄞州区委书记胡军、南部商务区管委会主任金伟莉等陪同考察。

3月15日 上海虹桥商务区管委会在商务区举行长三角电商中心签约仪式，阿里巴巴、京东、唯品会和星月投资签约。

3月15日 中国商务区联盟在北京召开2018年上半年工作会议，研究联盟会员发展、考察交流等重点工作。

3月15日 广西南宁市政府办公厅副主任一行8人考察银川阅海湾CBD。

3月19日 中国城市科学研究会调研考察虹桥商务区绿色低碳建设情况。国务院参事、中国城市科学研究会理事长仇保兴，管委会党组书记、常务副主任闵师林，上海市绿建协会会长甘忠泽出席，市住建委，中国城科会绿建研究中心等陪同调研。

3月20日 北京市优化营商环境政策沟通解读会CBD专场在CBD管委会举办。

3月20日 北京CBD管委会组织区征收办、区征收中心、CBD国际公司等研究推进化石营旧城区改建项目与金桐东路、西路项目相关工作，研究启动预签征收协议工作前期准备工作。

3 月 23 日 “长三角国际商务人才服务中心”揭牌仪式在虹桥商务区举行，并在虹桥商务区企业服务中心增设国际商务人才服务中心。

3 月 23 日 重庆江北嘴举行了城市品质提升工程城市设计方案征集发布会。

3 月 23 日 郑州 CBD 龙湖金融岛外环建筑群、清华附中项目全面开工。

3 月 23 日 石家庄 CBD 莅临郑州 CBD 考察。

3 月 27 日 广州天河区委常委、天河 CBD 管委会主任丘卫青，管委会常务副主任黄德树会见国际金融与银行协会主席梅尔耶姆·杜伊古女士，商谈合作举办国际金融与银行协会亚洲年会相关事宜。

3 月 29 日 宁波鄞州区影视文化产学研基地落户宁波广告产业园区。

3 月 29 日 ~ 30 日 广州东部沿江发展带专家座谈会在广州珠江城国际会议中心举行。

3 月 30 日 上海虹桥商务区管委会举办“长三角会商旅文体示范区建设研讨会”。管委会与闵行、青浦及有关方面共同启动虹桥商务区长三角会商旅文体示范区联动平台建设。

3 月 31 日 重庆首家“黑科技”智能美妆店亮相重庆解放碑 CBD。

3 月 重庆农村土地交易所已正式搬迁至江北嘴 CBD 办公。

四月

4 月 3 日 重庆市政府网正式发布了《中国（重庆）自由贸易试验区产业发展规划（2018 ~ 2020 年）》。《规划》指出，江北嘴金融组团将重点发展金融服务业，布局金融总部和要素市场，努力建设成为江北嘴金融中心极核区。

4 月 9 日 上海虹桥商务区管委会与中国电信上海公司联手打造“5G 示范商务区”战略合作协议签约。

4 月 8 日 ~ 12 日 广州天河 CBD 管委会赴迪拜参加第八届国际投资年

会，设置天河 CBD 展位并举办天河 CBD 专场推介会。

4 月 10 日 天河 CBD 楼宇可持续发展指数评定成果应用发布会暨 2018“发现 · CBD”摄影大赛启动仪式在珠江城大厦四楼会议厅举行。

4 月 12 日 北京 CBD 管委会组织区域 31 家楼宇单位召开了“节能减碳资金”政策解读会。

4 月 13 日 北京国贸公寓改造工程项目组正式提交工程规划获得批复。在 7 个工作日的时间内，国贸公寓改造工程获北京新政实施后首张工程规划许可证。

4 月 13 日 国务院参事陈全生、丝路规划研究中心副理事长、丝路产业金融国际联盟理事长蒋志刚赴天津市河西区参观南理工研究院科技创新转化成果。

4 月 13 日 全球治理高层政策论坛暨 2018“一带一路”金融投资论坛嘉宾一行 40 人来访天河 CBD，参观花城广场及数字化展厅，并实地考察辖内企业玖的、广汽集团、UC 等辖内企业。

4 月 16 日 郑州市“卢森堡签证中心”正式开通并投入使用。

4 月 17 日 第十二届中国（河南）国际投资贸易洽谈会开幕式暨重大合作项目签约仪式在辖区国际会展中心举行。投洽会共邀请客商 1.96 万人、签约项目 321 个，投资总额 4399 亿元。

4 月 21 日 ~22 日 郑州市龙湖金融岛超高层及文化建筑概念性设计方案国际征集评审会亮相。

4 月 25 日 国家市场监督管理总局广告司司长刘敏一行来到宁波南部商务区、宁波国家广告产业园区考察园区建设运营情况。

4 月 29 日 天津河西区在陈塘科技商务区服务中心召开 2018 纳米能源材料国际研讨会。

五月

5 月 2 日 上海虹桥商务区管委会与浙江省金华市签订战略合作协议。

5月4日　中国工程院院士王泽山、南京理工大学党委书记尹群赴天津市河西区参观考察军民融合产业项目发展情况。

5月8日　江苏省东台市智慧办一行10人考察银川阅海湾CBD。

5月8日　柬埔寨王国驻重庆总领事馆入驻解放碑WFC。

5月10日　吉林省工商局局长林玉成一行来到宁波国家广告产业园区考察调研园区建设运营情况。

5月10日　重庆渝中区政府出台《关于加快推进解放碑商圈环境综合品质提升城市设计项目的通知》（渝中府办〔2018〕42号）文件，并启动实施。

5月11日　北京华联集团在全国投运的除北京SKP之外第二家SKP旗舰项目——西安SKP正式对外试营业，标志着西安“大南门商圈”基本形成。

5月11日　重庆江北嘴投融资路演中心与山证国际签约，搭建赴港融资平台。

5月16日~17日　受香港品质保证局邀请，广州天河CBD管委会相关负责人赴港参加了题为“多元策略视野·缔造可持续发展经济”的专题研讨会。

5月17日　上海虹桥商务区举办“智［5G］限畅享8K”上海首个5G示范商务区建设启动仪式暨首批5G技术应用发布会。

5月18日　“陕西会客厅”商旅综合体项目正式开业运营，项目位于大南门外以东，是碑林区仁义村城改项目宏信国际花园商业配套项目，共17层，总建筑面积2.2万平方米，总投资约15亿元。

5月18日　2017~2018年中英金融人才教育培训项目的第六期——国际化管理专题培训在广州珠江城国际会议中心举办。

5月19日　“2018海外华媒看广东”广州行活动一行50人来访天河CBD，参观了数字化展厅，听取了天河CBD经济发展情况介绍。

5月22日　第十一届中国郑州（国际）生态城市与立体绿化大会在CBD辖区召开。

5月23日 上海虹桥商务区管委会与嘉兴市委市政府签订全面合作协议。

5月23日 北讯电信－虹桥商务区“新型城域物联专网”项目启动会在虹桥商务区举行。

5月26日 中宣部副部长、国新办主任蒋建国调研上海虹桥商务区管委会，管委会党组书记、常务副主任闵师林出席并介绍相关情况。

5月27日 2018中国（郑州）国际旅游城市市长论坛在国际会展中心开幕。美国、加拿大、德国、法国等28个国家的近百个旅游城市参会。

5月28日 上海虹桥商务区管委会与宁波市政府签订全面合作协议。

5月27日～29日 广州天河CBD管委会常务副主任黄德树带队赴北京参加京交会“一带一路服务贸易合作论坛”并与中国商务区联盟成员进行交流。

5月29日 2018京交会分会——服务业开放发展思想荟在国家会议中心召开，管委会常务副主任郭亮参加，详细介绍北京CBD在十几年间的发展变化，推介服务业扩大开放试点区建设的工作成果，并从企业服务、人才工作、环境品质、品牌影响等多方面介绍CBD优化营商环境的重大举措。

5月29日 作为2018中国（郑州）国际旅游城市市长论坛的重要组成部分，“一带一路”旅游城市市长峰会在国际会展中心举办。

六月

6月1日 西安市碑林区商会法律服务中心在长安银行大厦陕西瑞森律师事务所挂牌成立。

6月5日 上海虹桥商务区管委会与南京市政府签订全面合作协议。

6月6日 北京出版集团有限责任公司总经理一行4人考察银川阅海湾CBD。

6月6日 宁波召开IP思维激发企业新活力论坛。

6月6日 第四届中国楼宇经济峰会在杭州隆重举行，主题为“楼宇经济：从高速增长到高质量发展新时代”。广州天河CBD、郑州郑东新区CBD

和重庆解放碑CBD在此次峰会上荣获“2017年中国最具活力CBD”称号，广州天河区荣获“2017中国楼宇经济活力城区”称号。

6月8日 广州天河CBD管委会在广州珠江城国际会议中心举办2017~2018年中英金融人才教育培训项目的第七期——金融衍生品与财富管理专题”专题培训。

6月9日 起跑大虹桥·联动长三角——首届长三角城市群“双智”定向赛在虹桥商务区开赛。

6月12日 北京CBD地区500千伏变电站选址方案获市政府同意，电站规划条件已基本稳定。

6月13日 普华永道全球大客户主管合伙人峰会朝阳分会场活动在北京CBD管委会举办，邀请新型经济形态下的独角兽企业、大型跨国公司等主管合伙人共同研究服务业扩大开放、跨国公司总部发展等问题。

6月19日 中国商务区联盟考察团一行到西安碑林长安路CBD参观交流，调研小雁塔历史文化片区综合改造项目规划建设情况，并围绕城市商务区建设发展工作进行座谈交流。

6月20日 第七届中国商务区联盟年会在银川阅海湾CBD举办。

6月20日 上海虹桥商务区管委会党组书记、常务副主任闵师林参加嘉兴接轨上海活动，为虹桥长三角区域城市展示平台嘉兴馆和虹桥长三角会商旅文体联动平台嘉兴中心正式揭牌，嘉兴成为首家入驻虹桥长三角区域城市展示中心和虹桥长三角会商旅文体联动平台的城市。

6月21日 上海虹桥商务区管委会与无锡市政府签订全面合作协议。

6月22日 上海虹桥商务区管委会与盐城市委市政府签订全面合作协议。

6月22日 中国商务区联盟一行100人考察银川阅海湾CBD。

6月22日 北京CBD核心区文化设施项目顺利通过主体结构验收。

6月22日 为期三天的第七届中国（广州）国际金融交易·博览会在广州琶洲·中国进出口商品交易会展馆B区举行。重庆江北嘴CBD管理委员会办公室作为省市区域代表受邀参展此次博览会。

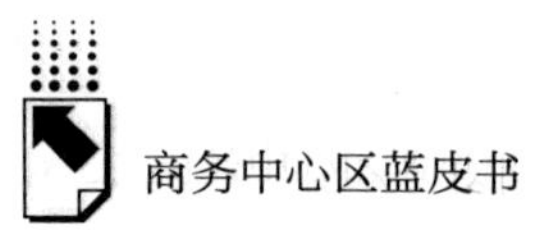

6月23日 上海虹桥商务区管委会与苏州市相城区签订《联动发展备忘录》。

6月27日 河南省首个大型涉外服务综合体——河南卢森堡中心在辖区开工建设，项目建成后将成为郑卢“空中丝路”融入国家“一带一路”建设的“国际客厅”，提供“一站式”的涉外服务。

6月28日 重庆两江海洋文化发展有限公司旗下的X－ZOO绿色星球科普乐园举行“爱无限　萌无边”新闻发布会，正式宣布X－ZOO绿色星球科普乐园项目入驻江北嘴CBD。

6月29日 宁波举行“南商”频道入驻鄞响客户端签约仪式，开启品质楼宇管理与宣传的新模式。

七月

7月1日 郑州郑东新区航运码头及相关配套工程项目奠基仪式在辖区龙湖滨湖湿地公园举行，标志着郑东新区水域靓城建设迈向新阶段，“东方威尼斯”渐行渐显。

7月2～3日 第四届中以科技创新投资大会在珠海国际会展中心举行，并取得圆满成功。开幕式当天，2000多家中以企业及机构，包括耶路撒冷、特拉维夫等城市著名企业5000多人次参会，15个重点项目现场签约，B2B企业对接会“火爆”。

7月4日 宁波南部商务区管委会安监所联合首南派出所开展“三合一”场所集中整治行动，确保辖区消防安全形势持续稳定。

7月10日 天津河西区人民政府与中国交通建设股份有限公司举行签约揭牌仪式。

7月12日 郑州CBD辖区龙湖地区被划定为海绵城市试点区域。

7月13日 2017～2018年中英金融人才教育培训项目的第八期——粤港澳大湾区金融合作发展专题培训班在广州珠江城国际会议中心举办。

7月14日 香港资讯科技访问团来津出席“2018中国－天津华侨华人

创业发展洽谈会暨世界侨商项目与商品博览会”，其间赴天津河西区及南京理工大学北方研究院参观考察投资合作项目。

7 月 18 日 国务院发展研究中心副主任隆国强一行到北京 CBD 调研指导工作，并进行了“透视中美经贸关系”专题讲座。

7 月 19 日 上海虹桥商务区管委会（开发建设指挥部）召开成员单位会议。市政府副市长、管委会主任、开发建设指挥部总指挥时光辉出席会议。

7 月 20 日 北京 CBD 党工委常务副书记张志国围绕“深入学习贯彻党的十九大精神 建设高素质专业化的干部队伍”主题开展书记讲党课活动，庆祝建党 97 周年。

7 月 24 日 上海虹桥商务区管委会与泰州市政府签订全面合作协议。

7 月 25 日 宁波南部商务区商会正式成立，区工商联、区民政局、宁波南部商务区管委会等部门参加，80 家园区企业成为会员单位。

7 月 27 日 江苏省南通市崇川区文化新闻出版局党组书记马建斌一行来到宁波国家广告产业园区，考察园区建设运营情况。

7 月 29 日 重庆首场并购基金主题规模化峰会——“江北嘴财经论坛.2018 中国（重庆）并购基金发展峰会”在重庆江北嘴 CBD 成功举办。

7 月 31 日 上海虹桥商务区管委会与市贸促会签订全面合作备忘录。

八月

8 月 1 日 重庆江北嘴国际投融资路演中心有限公司、重庆股权投资基金协会和重庆产业引导股权投资基金有限责任公司共同在江北嘴举办了重庆市科技型企业专场投融资对接会。重庆摩西机器人、重庆小富农康农业科技服务等 5 家科技型企业进行项目路演，融资总规模超过 4 亿元。

8 月 8 日 湖北省代表团莅临郑州 CBD 考察。

8 月 9 日 美国地方政府代表团一行 7 人来访广州天河 CBD，参观了数字化展厅，并听取了天河 CBD 发展情况的介绍。

8月9日 宁波南部商务区管委会组织召开第四次全国经济普查动员部署大会，全面部署南部商务区经济普查相关工作。

8月10日 嘉兴经济技术开发区党政代表团一行来宁波南部商务区参观考察。

8月10日 重庆解放碑CBD区域内的重庆商社（集团）有限公司和重庆医药（集团）股份有限公司入选国务院国企改革领导小组办公室下发的国企改革“双百行动”名单。

8月11日 重庆IFS国金中心主题盛典正式亮相。

8月14日 天津市河西区召开GIS如何助力设计产业发展技术研讨会。

8月15日 重庆解放碑CBD管委会组织参加“聚焦母城·投资渝中”2018渝中区招商引资项目签约活动，现场签约SOHO 3Q，朗廷酒店等项目15个，总投资额超过15亿元。

8月15日 上海虹桥商务区管委会与浙江绍兴市政府签订全面合作协议。

8月16日 广州天河CBD管委会常务副主任黄德树参加“粤港服务业交流会”暨《2018在粤香港服务业企业名册》发布会。

8月16日 北京区人大常委会副主任常树奇一行到北京CBD调研考察，听取了CBD管委会、中关村朝阳园年度工作进展和“十三五”中期评估情况的汇报。

8月16日 北京商务中心区安全生产委员会组织召开CBD区域重大活动期间安全生产服务保障工作部署会。

8月18日 北京CBD核心区Z1B清华项目外幕墙全部安装完成。

8月20日 重庆市与上海证券交易所合作共建的上交所资本市场服务重庆基地在重庆江北嘴国际投融资路演中心正式挂牌成立。

8月21日 中国国际智能产业博览会之全球“互联网+”创新创业大赛决赛在重庆江北嘴国际投融资路演中心举行。

8月22日 天津市河西区召开“海河杯”天津市优秀勘察设计奖评审会。

8月27日 上海虹桥商务区管委会与上海市浙江商会签订战略合作协议。

8月31日 广州第十四届穗台校长论坛一行40人来访天河CBD管委会，参观了数字化展厅，并了解了天河CBD经济发展情况。

九月

9月2日 在2018中国500强企业高峰论坛上，中国企业联合会、中国企业家协会发布“2018中国企业500强榜单”。

9月3日 在中国指数研究院发布的《重庆商业地产新常态：租金分化加剧，五大商圈抢七成人气》上，重庆解放碑商圈多项数据位居榜首。

9月4日 台湾东门永康商圈发展协会理事长刘鸿翔一行实地考察西安长安路CBD大话南门商业项目，洽谈合作。

9月4日 上海虹桥商务区管委会与安徽省芜湖市政府签订全面合作协议。

9月5日 海外华文媒体记者一行40人考察银川阅海湾CBD。

9月9日 2018第三届中国（郑州）国际期货论坛在郑州CBD辖区开幕。

9月13日 西安市长安路CBD管委会及CBD商会同志一同拜访北京朝阳区中小企业市场发展商会并实地考察了北京侨福芳草地综合体项目。

9月13日~16日 北京CBD国际论坛在北京朝阳规划艺术馆成功举办。本次论坛由国务院发展研究中心指导，世界商务区联盟及中国商务区联盟支持，中国发展出版社、朝阳区人民政府与北京CBD创新发展年会组委会共同主办，国研智库、北京CBD管委会联合承办。

9月13~15日 广州天河区委常委、天河CBD管委会主任丘卫青，管委会常务副主任黄德树带队赴北京参加北京CBD创新发展年会暨中国商务区联盟闭门会议。

9月14日 2018中国商务区联盟闭门会议在北京郡王府成功举办。

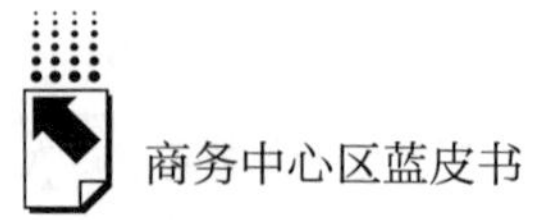

9 月 14 日　2018 年发展中国家技术培训班一行约 20 人来访天河 CBD 管委会，参观了数字化展厅，了解了广州天河 CBD 经济发展情况。

9 月 14 日　上海虹桥商务区管委会与浙江省杭州市政府签订全面合作协议。

9 月 14 日　由北京中国商务区联盟、中国社会科学院城市发展与环境研究所、社会科学文献出版社联合主办的中国商务中心区发展高峰论坛暨《商务中心区蓝皮书：中国商务中心区发展报告 No. 4（2018）》发布会在中国社科院报告厅举行。

9 月 17 日　上海虹桥商务区长三角电商中心授牌仪式在星月虹桥中心举行，虹桥商务区管委会会同中国电子商会、中国电子商务协会分别向长三角电商中心授予“中国长三角跨境电子商务创新示范集聚区”“长三角跨境电商产业园”称号。

9 月 19 日　2018 首届郑州国际城市设计大会开幕式和主旨报告会在辖区国际会展中心举行。

9 月 19 日至 20 日　由中央广播电视总台和广东省人民政府共同主办的第二届“21 世纪海上丝绸之路”中国（广东）国际传播论坛在珠海国际会展中心举行。论坛主题为“新时代、新丝路、新形象”。

9 月 20 日　广州市第五期海外侨团一行 20 人来访天河 CBD 管委会，参观了数字化展厅及花城广场。

9 月 20 日　2018 产业创新生态合作论坛成功举办。活动由北京 CBD 跨国公司俱乐部主办，以“创新生态，合作共赢”为主题，聚焦于产业升级背景下的创新生态合作，共同探讨传统产业如何构建和参与新生态建设。

9 月 21 日　广州天河 CBD 管委会常务副主任黄德树参加中非商贸促进论坛暨大中华非洲商会就职典礼。

9 月 23 日　2018 郑州龙湖国际半程马拉松在龙湖区域落幕。

9 月 26 日　天津河西区在新八大里二里格调绮园会议中心举办天津商会、行业协会河西行活动。分别与市汽车行业协会、市餐饮行业协会、市湖北商会、市甘肃商会、市金融投资协会签订战略合作框架协议。

9月27日 河南省小微企业金融服务政策宣讲暨政银企项目对接会在CBD辖区举行。

9月28日 广州互联网法院在环球贸易中心正式挂牌成立。

9月29日 北京市第一个商圈党建工作联盟在北京CBD华贸成立。

9月30日 外交部副部长秦刚，外交部相关领导华春莹，耿爽、洪磊、范勇到北京朝阳区调研CBD建设发展情况，区领导王灏、文献、何明、王晰宁、李国红陪同。

9月 重庆江北嘴实验学校建成投用，并迎来了首批6个班近200名学生。这标志着，江北嘴CBD的教育配套又迎来了一次升级。

9月 在江北区委组织部的指导下，“江北嘴金融服务集聚示范区现场教学基地”成功获批。

9月 广州琶洲互联网创新集聚区成功加入中国商务区联盟。

十月

10月11日 郑州CBD辖区智慧停车场“上线”，实现泊位查询、自助缴费、打印票据等。

10月11日 上海虹桥商务区管委会与市对外文化交流协会签订战略合作协议。

10月15日 上海虹桥商务区管委会（指挥部）组织中外专家、人大、政协、管理部门和新闻媒体、市民代表并邀请市委督查室、市政府督查室开展了虹桥商务区“迎进口博览会市容环境综合整治提升”第三个百日检查考评。

10月17日 商务部服务贸易和商贸服务业司司长冼国义，北京市委社会工作委员会书记、市社会办主任宋贵伦出席北京CBD党建促区域发展联学共建座谈会。

10月17~19日 广州市天河区委常委、天河CBD管委会主任丘卫青带队赴澳门参加第二十三届澳门国际贸易投资展览会，获澳门展贸协会颁发的唯一奖项“环保展台嘉许奖”。

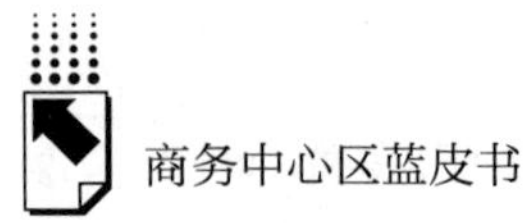

10月18日 2018中国·嘉善国际投资贸易洽谈会在嘉善举行，会上虹桥商务区管委会与嘉善县人民政府签订联动发展战略合作项目。

10月19日 上海虹桥商务区管委会与安徽省池州市人民政府签订战略合作协议。

10月22日 宁波南部商务区美洲大厦暨巴西国家馆启动仪式在开元名都大酒店国际厅盛大举行。在“一带一路”的巨大历史机遇下，美洲大厦将为中巴贸易和文化牵线搭桥。

10月22日 上海虹桥商务区启动运营进口商品展示交易中心。

10月23日 上海虹桥商务区管委会与浙江省舟山市人民政府签订战略合作协议。

10月24日 中国城市科学研究会向虹桥商务区管委会颁发全国首个“国家绿色生态城区三星级运行标识”。

10月25日至31日 适逢世界瞩目的港珠澳大桥正式通车运营重要历史时刻，首届珠海国际设计周暨北京国际设计周珠海站在珠海十字门中央商务区珠海国际会展中心举办。

10月26日 围绕绿色金融发展、支持生态文明建设，2018中国绿色金融创新发展高层论坛暨江北嘴财经论坛年会在重庆大剧院时尚发布厅成功举办。

10月29日 “2018粤港服务贸易自由化推介会”在香港国际金融中心召开，吸引了来自香港中华总商会、工业总会等五大商会代表和当地知名企业代表160余人参会。

10月30日 北京CBD楼宇品质评价标准发布大会正式举行，会上首批认定了8家超甲级写字楼和10家甲级写字楼，表彰了95位北京CBD楼宇金牌管理员，促进楼宇经济高质量发展。

10月 重庆江北嘴CBD成功加入中国商务区联盟，成为联盟正式会员单位，搭建起与世界商务区联盟和国内21个商务区的交流沟通平台。

10月 重庆解放碑CBD获评“首批文旅融合最佳特色品牌小镇”。

十一月

11 月 1 日　“首届海峡两岸网络媒体大陆行”广州联合采访团一行 70 人来访天河 CBD，参观了花城广场及天河 CBD 数字化展厅。

11 月 4 日　中国海关总署署长倪岳峰带队考察虹桥商务区进口商品展示交易中心平台。虹桥商务区管委会党组书记、常务副主任闵师林，上海海关关长高融昆及管委会副主任费小妹等陪同。

11 月 5 日　由郑州 CBD 通往龙子湖湖心岛的“智慧岛便民服务直通车”正式上路试运行。

11 月 5 日～11 月 10 日　首届中国国际进口博览会在国家会展中心举办。习近平总书记出席并在开幕式上发表主旨演讲，提出将支持长江三角洲区域一体化发展并上升为国家战略。

11 月 6 日　银川阅海湾 CBD 获“现代服务业集聚区”称号。

11 月 6 日　克罗地亚——中国经贸论坛及对接会在虹桥商务区成功召开。克罗地亚共和国总理 Andrej Plenković、克罗地亚经济商会主席。LukaBurilović、上海市副市长彭沉雷、中国驻克罗地亚大使胡兆明、上海虹桥商务区管委会党组书记、常务副主任闵师林等出席。

11 月 6 日　中国国际贸易服务促进委员会、联合国贸易和发展会议联合主办的首届全球数字贸易（跨境电商大会）大会在虹桥商务区举行。

11 月 8 日　为全面承接和辐射进口博览会溢出效应，进一步推动虹桥进口商品展示交易中心建设，“虹桥之夜”活动在虹桥商务区举行。

11 月 9 日　“2018 中国国际跨境电商发展高峰论坛”在位于虹桥进口商品展示交易中心内的长三角电商中心举行。

11 月 9 日　长三角区域城市展示中心揭牌仪式在虹桥进口商品展示交易中心举行。

11 月 12 日　“关于协助做好“粤兴粤盛　勇立潮头创辉煌”——庆祝改革开放 40 周年大型网络主题采访活动”采访团一行 65 人来访广州天河

CBD，参观了天河 CBD 数字化展厅，听取了 40 年来广州，尤其是天河 CBD 成长过程的介绍。

11 月 14 日 中国商务区联盟部分成员单位共计 40 余人走访天津河西 CBD。

11 月 16 日 香港旺兴达集团有限公司一行 6 人考察银川阅海湾商务区，刘鲜兰主任陪同参观。

11 月 17 日 天津河西区赴深圳参加第九届国际薄膜晶体管计算机辅助设计会议。

11 月 21 日 2017～2018 年中英金融人才教育培训项目的第十期——“中英金融合作专题”在广州珠江城国际会议中心举办。

11 月 23 日 2018 年中国工业互联网大会在广州琶洲召开，大会举行了琶洲创建国家互联网创业创新示范区启动仪式，琶洲成为全国首个启动创建国家互联网创业创新示范区的集聚区（产业园区）。

11 月 26 日 河南省政协莅临郑州 CBD 辖区，就郑州建设国家中心城市情况进行视察。

十二月

12 月 1 日 北京市领导蔡奇、陈吉宁、崔述强、隋振江、杨斌、王红，市政府秘书长靳伟围绕“提高开放发展水平，推进国际一流商务中心区建设”主题到朝阳区专题调研北京 CBD 建设发展情况，区领导王灏、文献、李国红出席。

12 月 4～8 日 广州天河 CBD 管委会常务副主任黄德树带队赴法国巴黎拉德芳斯商务区参加世界商务区联盟重组后的全球商务区创新联合会成立大会，天河 CBD 正式成为全球商务区创新联合会副会长单位及创始成员。

12 月 4 日 重庆江北嘴庆云路跨线桥已正式通车，至此从金融城至 IFS 国金中心仅需“一分钟”车程。

12 月 5 日 宁波南部商务区“牵手”蓝源资本，双方签订合作协议，蓝源供应链集团等总部将落户南部商务区，以南商为总部基地，打造中国建筑行业产业整合平台“众建联”、中国首个汽车零部件供应链金融平台等一批重点项目。

12 月 7 日　日本福冈市副市长荒濑泰子一行 3 人来访广州天河 CBD。

12 月 12 日　中国移动率先在北京 CBD 开通 4.9GHz 频段 5G 基站，频率带宽高达 100MHZ，单用户下载速率高达 2.8Gbps，可最大化利用现网站址，完成 4G/5G 站点同覆盖。

12 月 17 日　按照银保监会党委的统一部署，中国银行保险业监督管理委员会重庆监管局举行揭牌仪式，标志着新组建的重庆银保监局正式挂牌运行。

12 月 18 日　北京 CBD 党工委、管委会积极组织收看庆祝改革开放 40 周年大会，认真学习领会习近平重要讲话精神，机关和下属事业单位全体人员参加。

12 月 19 日　重庆江北嘴新金融峰会在重庆大剧院成功举办。本次峰会以“内陆开放·智领新金融”为主题，邀请了包括诺贝尔经济学奖获得者托马斯·萨金特在内的 11 位顶级专家学者演讲，取得了良好成效。

12 月 21 日　“2018 中国海外人才交流大会暨第 20 届中国留学人员广州科技交流会”参会人员一行 20 人来访天河 CBD。

12 月 25 日　北京 CBD 核心区 Z12 泰康项目幕墙顺利实现整体封闭。该项目总建筑规模约为 18 万平方米，建筑高度 216 米，地上 45 层，地下 5 层，建成后将成为金融总部办公为主的 5A 级国际一流写字楼。

12 月 27 ~ 29 日　广州天河 CBD 管委会常务副主任黄德树带队拜访香港规划署、香港工贸署、国际企业财资（中国）协会、英国皇家特许管理会计师公会香港分会等相关机构，实地学习香港旧街区改造经验做法。

12 月 29 日　重庆解放碑步行街纳入国家商务部首批步行街改造提升试点。

Abstract

A good business environment is an important foundation for building a modern economic system and promoting high-quality economic development. Creating a business environment that can maximize the vitality of the market, encourage compatibility, and be efficient and transparent is an important development trend of China's CBD. "China Business Center Development Report No. 5 (2019)" (hereinafter referred to as "Report") is based on the theme of "Building a CBD-first-class business environment", established in the dual background of deepening reform and opening up, systematically summarizing the progress, results and problems of the optimization of China's CBD business environment. The general ideas, key tasks and countermeasures to promote the optimization of the business environment of CBD in Chinawas put forward. The overall framework of the report includes eight chapters, including comprehensive articles, government affairs articles, investment trade articles, innovation environment articles, integrity law articles, domestic case articles, international experience articles and CBD development memorabilia.

The report pointed out that with the deepening of China's reform of "putting and changing the service", CBD pioneered and explored experiences in the areas of deepening the reform of commercial systems, promoting investment and trade facilitation, strengthening the construction of credit system, and creating an environment for innovation and entrepreneurship. The level of internationalization, rule of law and facilitation of the business environment has significantly improved. The Report analyzes the progress and achievements of China CBD in the optimization of business environment from four aspects: government service environment, investment and trade environment, market rule of law environment and innovation and entrepreneurship environment.

First, the government service environment continues to be optimized. By reducing administrative examination and approval matters, deepening the reform of the commercial registration system, and promoting the "Internet + government service", the CBD maximized thefacilitation of the access link, which not only improved the efficiency of government services, but also injected new momentum and new vitality into the development of the CBD. Second, investment and trade are more convenient. The CBD proactively benchmarked the international high standard investment and trade rules, promoted the opening up and institutional innovation in the service sector, implemented the pre-entry national treatment plus negative list management system, minimized the market entry threshold, and significantly improved the investment and trade environment. Third, the market rule of law environment has improved significantly. By building a market supervision mechanism with credit supervision as the core, the CBD has improved the social credit system with business integrity as the core and strengthened measures such as intellectual property protection, striving to create a fair and efficient market rule of law environment. Fourth, the vitality of innovation and entrepreneurship has improved significantly. Based on the global situation of technological change and the competition of innovative talents, CBD promotes the vitality of innovation and entrepreneurship by intensifying the energy of enterprises, optimizing the environment for talent development, and promoting the governance of multiple subjects through burden reduction and tax reduction.

Overall, China's CBD has made great strides in optimizing the business environment. Especially in Beijing, Shanghai, Guangzhou and Shenzhen CBD have entered a deep-seated and cutting-edge exploration stage in the optimization of business environment. However, with the changes in the international competition pattern, the international market environment is more severe. The development of China's CBD still faces many problems and challenges, including the gap between investment trade rules and international high standards, the imperfect credit supervision system, along with constantly heavy corporate tax burden, policy accuracy and synergy to be improved. How to break through the bottleneck of development, systematically design and reform the business environment, and build a world-class business environment is the key task for the CBD in the future period. Facing the new situation and new challenges, the

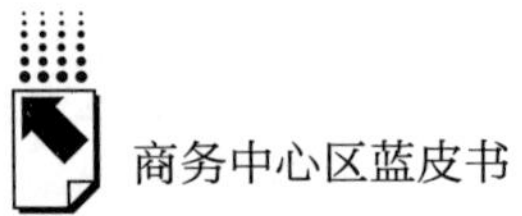

"Report" pointed out that the CBD not only shoulders the strategic task of the country to develop a higher level of open economy, but also faces the inherent transformation requirements of the economy towards high quality development, and should aimed at taking the market subject's sensibility as the evaluation standard, taking institutional innovation as the core, further deepening the reform of "putting and changing the service", creating a world-class government service environment; The CBD should dock the highest international standards, focus on improving the trade and investment environment; The CBD should strengthening the rule of law, create a competitive and efficient market operation order; The CBD should stimulate market vitality, create a more dynamic and innovative entrepreneurial environment; The CBD should focus on public participation, promote multi-agent synergy, multi-dimensional, all-round promotion of the formation of a world-class business environment.

Keywords: CBD; Business Environment; High Quality Development; Open Economy

Contents

I General Reports

B. 1 To Build a World-class Business Environment and Promote High-quality Economic Development

General report to research group / 001

Abstract: Creating a sound business environment is an important foundation for building a modern economic system and promoting high-quality economic development. With the deepening of the reform of "freeing up services" in China, CBD has focused on deepening the reform of the business system, continuously opening up market access, improving market regulation, and taking multiple measures to promote innovation and entrepreneurship. As a result, the business environment has become more international, law-based and convenient. With the change of international competition pattern, the international market environment is more severe, and the development of CBD is still facing new problems and challenges, including the gap between investment and trade rules and international high standards, the imperfect credit supervision system, the lack of competitiveness of various factor costs, and the need to improve policy accuracy and coordination. Faced with the new situation and new challenges, the report proposes that CBD should further deepen the reform of "freeing up and changing services" to create a world-class government service environment. We should align ourselves with the highest international standards and improve the trade and investment environment. Strengthen the guarantee of the rule of law and create a competitive and efficient market order; To stimulate market vitality and create a more dynamic environment for innovation and entrepreneurship; We will focus on public participation, promote synergy and co-governance among diverse actors, and foster a world-class business environment in all dimensions.

Keywords: CBD; Business Environment; The Commercial System; Market Regulation

B. 2 China CBD Development Evaluation in 2018

General report writing team / 033

Abstract: 2018 is the first year to fully implement the spirit of the 19th National Congress of the Communist Party of China (CPC). In the face of complex and volatile domestic and international situations, China's supply-side structural reform has been deepened, and the business environment has been continuously optimized. In this paper, 21 CBD of China business district alliance are quantitatively evaluated from the perspectives of innovation and development, economic benefits, openness and business environment. The evaluation results show that in 2018, China's CBD has remarkable economic benefits and is moving towards a stage of high-quality development. The number of market entities continued to grow rapidly, and the vitality of innovation and entrepreneurship continued to grow. Continued progress was made in opening up and the open economy reached a higher level. China's business environment has been significantly improved in line with international norms. Looking ahead, CBD should strive to build a more competitive world-class business environment and promote high-quality economic development through deeper reform and opening-up.

Keywords: CBD; Business Environment; High-quality Development

Ⅱ Government Environment Chapters

B. 3 Local Practice and Experience of China's CBD Government Service Reform *Huang Qing*, *Liu Huaxing* / 049

Abstract: In recent years, urban CBD has played an increasingly important role in local development and local competitiveness improvement. It has become one of the main driving forces for attracting high-quality enterprises, gathering industrial resources, activating urban economy, and promoting inner city renewal. With the advancement of the reform of "delegation of power and optimization of government service", the construction and development of CBD need to be shifted from hardware environment improvement to the promotion of public services and the construction of soft management environment. In order to promote the development of CBD, different cities have taken different approaches. This paper observes and analyzes the practice of Chang'an Road CBD, Dalian CBD and Zhengdong New District CBD, and puts forward some policy recommendations for the further reform of CBD government service. The recommendations include that city government should enhance the scientificity of the spatical planning, conduct refined management of environment facilities, perfect investment promotion policies, formulate talent introduction strategy and improve the government service level.

Keywords: CBD Government Service Environment; Cooperative Governance; Life-oriented

B. 4 Progress, Achievements and Countermeasures of CBD Investment Approval Reform: Taking the Reform of Engineering Construction Projects Investment Approval as an Example

Miao Tingting / 064

Abstract: Since the 18th National Congress, China has entered a critical period of comprehensively deepening the reform of "delegation of power and optimization of government service". Governments at all levels have taken practical measures to speed up the implementation of the investment approval system. In regard to the reform of the engineering construction projects investment approval system, approval items and materials have been streamlined, the approval process has been innovated, the management ideas and supervision mode have been changed, so the investment approval time is greatly shortened, and the government service efficiency is continuously improved. CBD is a business card of the city. It has higher construction density and higher requirements for infrastructure functions. Therefore, it is necessary to improve the government efficiency of investment approval in CBD to demonstrate the vitality of the city. At present, relying on the pilot reform of urban investment approval reform for engineering construction projects, many CBDs carry out institutional innovation and make great breakthroughs. At the same time, under the special institutional background and CBD management mode in China, there is still room for further improvement.

Keywords: Business Environment; Delegation of Power and Optimization of Government Service; CBD; Engineering Construction Projects; Investment Approval

B. 5 Progress, Achievements and Countermeasures of the CBD Commercial System Reform

Li Shuijin, Ouyang Lei and Li Na / 081

Abstract: The report of the Nineteenth National Congress pointed out that we should deepen the reform of commercial system, break administrative monopoly, prevent market monopoly, speed up the market-oriented reform of factor prices, relax the restrictions of service industry access and improve the market supervision system. Since the reform of " delegation of power and optimization of government service", China's CBD commercial system reform has achieved remarkable results. For instance, the market access has become increasingly convenient, the process of operations has been continuously efficient, market supervision has become more precise, service methods have become more intelligent, and the business environment has become more international. At the same time, there are still many shortcomings in the reform of China's CBD commercial system, and there is still great room for further improvement.

Keywords: Commercial System Reform; Market Supervision; Business Environment; CBD

Ⅲ Investment and Trade Chapters

B. 6 Opportunities and Challenges of CBD under the Strategy of Expanding Opening-up of Service Industry

Tan Hongbo, Xia Jiechang / 096

Abstract: CBDs, as important cluster districts of high-end service industry and corporate headquarters, lead the development direction of industry in a region, a country or even the world. Therefore, the development status of CBDs in a country or region can reflect the competitiveness of the industry in the country or region, especially the high-end service industry. Market economy is the fundamental driving force to promote the formation and development of CBDs, and opening up is an indispensable condition for the development and optimization of CBD industry. At present, China is vigorously promoting the opening up of the service industry. The facts show that some important measures such as the relaxing of market access and reforming administrative examination and approval system have significantly improved the degree of openness of the service environment and the convenience of the business environment. This report mainly discusses why the strategy of opening up the service industry to the outside world will bring opportunities and challenges to the development of CBDs in China, and analyses the opportunities or challenges for the development of CBD, such as helping CBD to gain sustained momentum for development, accelerating the optimization and adjustment of CBD industrial structure, forcing the opening up service industry to the outside world, trends of industrial isomorphism, uncertainty of International environmental, insufficiency of openness, lack of various international organizations, etc. In addition, this report also puts forward some policy suggestions for the development of CBD in China, such as paying attention to the shortcomings, strengthening the coordination among different CBDs, continuing to expand the openness of service industry to the outside world and to attract international talent organizations.

Keywords: CBD; Opening-up; High-end Service Industry; Business Environment

B. 7 The Development of Trade and Investment Facilitation in China and Its Reference to CBD *Yu Peng* / 120

Abstract: A good business environment is an important foundation and guarantee for China to build a modern economic system and promote high-quality development, while trade and investment facilitation is an important aspect of building a good business environment. In recent years, China has made rapid progress in promoting trade and investment facilitation, ranging from strengthening

Customs administration, building a "single window", cross-border e-commerce facilitation, implementation of negative inventory management system and other domestic measures, to international cooperation, and has achieved fruitful results, increasing ranking in international evaluation. However, China's trade and investment facilitation is still facing many obstacles. We need to take scientific and innovative measures, strengthen research, identify weaknesses and fill shortcomings. These experiences provide useful reference for promoting trade and investment facilitation and improving business environment in CBD area.

Keywords: TCanary Wharf; Business Environment; Global Cities; Financialization; Central Business District CBD

Ⅳ Innovation Environment Chapters

B. 8 Spatial Agglomeration of Financial Industry in Beijing and Development Path of CBD's Financial Industry *Zhao Lu* / 133

Abstract: The financial industry is core competitiveness of the country, and its agglomeration can promote economic growth. As the carrier of the international financial center city and the control center of global resource allocation, CBD is an important indicator to measure the degree of openness and economic competitiveness of a country. Based on the spatial agglomeration development and evolution of Beijing's financial industry, this research comprehensively analyses the status and role of the CBD in the spatial agglomeration pattern of Beijing's financial industry, and explores the development path of the CBD's financial industry in the new era. Through spatial statistical analysis, it is found that the financial industry in Beijing presents the development pattern of "three nuclear agglomeration" in Financial Street, CBD and Zhongguancun West District. At the same time, the core gathering area is spread to the outer with the main direction of east-west. As a leading area for high-end and service-oriented industries, CBD in Beijing has the advantages of rapid development of international finance, diversification of financial industry and comprehensive development of science and technology innovation, and it plays a key role in the high-quality development and transformation of Beijing's economy. Facing to the strategic needs of the financial system reform and the goal of building a financial center city with international influence in Beijing, it is proposed to draw up a special plan for the development of the financial industry in CBD, to promote the integration of industry and finance with the "financial +" mode; establish networked cluster organizations to promote the high-quality development of financial services industry clusters with benchmarking the world's leading financial services industry cluster; promote the construction of multi-dimensional CBD financial network system with "point-line-plane-system" linkage, comprehensively integrating regional resources, effectively connecting national resources, and integrating into global economy; learn from the management experience of foreign financial cities, optimize the business environment and reduce institutional transaction costs; use the regional central activity zone as spatial development pattern, and enhance the compound diversification with the direction of people oriented management theory.

Keywords: Spatial Agglomeration of Financial Industry; CBD; "Financial +" mode; Clustering Development; Beijing

B. 9 Study on the Countermeasures of the Development of Innovative Talents in CBD

Wu Xiaoxia, *Huang Yan* / 149

Abstract: Innovation is the first driving force for leading development. As the center of urban development, CBD is of great significance to guide regional innovation development and promote technological change. The agglomeration of CBD innovative talents is the key to improve CBD innovation ability. Based on the characteristics and needs of innovative talents, the present situation and existing problems of innovative talents of different grades CBD in China is proposed. Meanwhile, by drawing lessons from the experience of CBD at home and abroad, strategies such as improving the information database of innovative talents, introducing high-level innovative talents, promoting the training system of innovative talents, supplying, providing high quality public service and constructing good innovation atmosphere are put forward.

Keywords: CBD; CBD Innovative Talents; Talent Development Strategy

V Credibility and Legality Chapters

B.10 Progress, Problem and Promotion Path of CBD Credit System Construction *Zhou Li* / 166

Abstract: The construction of credit system plays an important supporting role in optimizing business environment and enhancing the soft power of regional competition. Through systematic thinking and understanding of the connotation and concept of the social credit system currently being carried out in China, the progress of policy system, standard system, unified credit code, joint reward and punishment mechanism, credit information sharing, key areas development, special governance, urban credit system, etc. of the construction of social credit system in China in recent years were analyzed. At the same time, the problems and challenges faced in the development of credit legislation, credit culture, credit reporting system, government credit and judicial credit, joint punishment mechanism, application of credit products, balance of development and protection of the main rights and interests were also objectively analyzed. The promotion path was proposed in terms of laws and regulations, standards and norms, moral culture, information platform and working mechanism. Especially for the construction of CBD regional credit system, practical measures and suggestions were put forward, looking forward to provide reference examples for the construction of social credit system under the drive of CBD regional credit system construction mode.

Keywords: Social Credit System; Credit System; Industry Credit System

B. 11 Xiamen's Practice in Intellectual Property Protection and Transaction

Deng Ming / 183

Abstract: In the past 40 years, Xiamen City has made great achievements in intellectual property protection and transaction, and accumulated a lot of practical experience. This paper reviews the achievements and experience of intellectual property protection and transaction in Xiamen. It believes that strengthening top-level design, innovating financial and financial support, deepening the training of intellectual property talents, strengthening intellectual property propaganda, improving intellectual property public service capabilities and relying on special location advantages are the success experiences of Xiamen City' intellectual property protection and transaction.

Keywords: Intellectual Property Protection; Intellecture Property Transaction; Xiamen City

B. 12 Ideas and Countermeasures for Improving the CBD Market Supervision System

Wang Yanhong / 193

Abstract: Improving CBD's business environment requires a perfect market supervision system. The reform of market supervision in China has formed distinctive supervision modes represented by Shanghai, Tianjin, Shenzhen and Zhejiang province. There are some problems in CBD market supervision at present, such as unclear connotation of market supervision and boundary of power, inconsistent rules and regulations, unsmooth system and mechanism, insufficient functional transformation, neglect of non-government organizations, and imperfect market supervision and accountability mechanism, need for improving efficiency and strengthening law enforcement. Under the thought of market regulatory reform, we should establish a perfect market regulation laws and regulations, unify rules standardize of market supervision system, renew the idea of supervision, strengthen the law enforcement and clear boundary functions, improve the efficiency of supervision continuously, form the institutionalization of performance evaluation of regulatory system, strengthen market supervision accountability mechanism and the construction of supervision team, attaches great importance to the nongovernmental organizations in market regulation, information disclosure transparency, promote the construction of credit system.

Keywords: Market Regulation Regulatory Model Functional Boundaries Regulation Performance

Ⅵ Chinese Experience Chapters

B. 13 ACase Study on Building International First-class Business Environment in Beijing CBD

Zhang Jiongyang, *Wu Xiaoxia* / 207

Abstract: Creating international first-class business environment is of great significance to implement the new development concept and achieve high-quality development. As high-level industrial agglomeration area in capital and forerunner of economic development, Beijing CBD should take the lead in impletementing the reform of business environment. Focusing on the construction of platform and standard, for example, building evaluation standard, enterprise credit supervision platform, government service platform, government enterprise communication platform, etc. Reform measures have been formed to build international first-class business environment in accord with its characteristics in Beijing CBD through practice.

Keywords: Beijing; CBD Business Environment

B. 14 Lujiazui City on Innovation "Industry Co-governance" Model to Optimize Business Environment Practice

Ren Kaifeng, Zhou Haidong, Li Yan and Zhang Yu / 218

Abstract: The lujiazui city council as the "field work" a new mode of regional governance, embodies the work sharing a new social governance structure, through to the international first-class city, combined with the feature of the Chinese characteristic characteristics, lujiazui, Shanghai, create the government provides the high-quality service, optimize the environment of doing business, cross-border mutual exchanges, the co-construction and sharing of the regional development to discuss effective platform for the public.

In this article, through analyzing the innovation of the lujiazui city council practices, research "the industry should be" model in the optimization of integrated development environment, development consensus and resultant force, to the highest international level of the successful practices of public management mode, etc, and can be copied, can promote the effective experience, to construct a new pattern of social governance provides referential results and case.

Keywords: Lujiazui City Industry Co-governance International Financial Center Business Environment

B. 15 Expand the Frontier of Enterprise Services to Create a Benchmark for Business Environment

Feng Xiangyang / 236

Abstract: Business environment refers to the sum of all external environments involved in the whole life cycle of enterprise from preparation, establishment, operation to cancellation. Business environment is the soil for the survival and development of enterprises. It is closely related to the economic prosperity of a region and its importance is self-evident. As the forefront of reform and opening up the window and shenzhen CBD location, in recent years, the futian district to build service based on market principle as the breakthrough point, is good at exploration market dynamics, to actively guide resources, effective supervision market transaction link, take the initiative to provide value for the enterprise, the knowledge and platform service, full-service business requirements, experience and development opportunities, formed by the "care" for the identification of service culture, and to "rational rules, service adaptation" as the essence of the service mode, set up the business environment in the field of reform "," benchmarking. This report discusses the business environment in futian district in detail from three aspects, including the general situation of business environment in futian district, the series of measures to optimize the business environment and the next steps, and reflects on the development opportunities of the headquarters economy in futian district in the era of the guangdong-hong kong-macao greater bay area.

Keywords: Futian District; Business Environment; Adapter Service

B. 16 The Brilliant Exploration and Practice of Guangzhou Tianhe CBD in Modernizing and Internationalizing Business Environment *Wu Zhanyun*, *Yang Yang* / 247

Abstract: As the pioneering zone of China's reform and opening up, Guangzhou has realized the leap of development from "Millennium Commercial Capital" to a global city in the past 40 years. Tianhe CBD, is not only the main bearing area of Guangzhou's national central urban function and an international first-class CBD, but also an important window to show the achievements of Guangzhou's reform and opening-up. Facing with the historical opportunity of the guangdong-hong kong-macao greater bay area construction, its formation and development are closely linked with the reform and opening up process and economic and social changes in Guangzhou. It has carried out effective reform and exploration in creating a modern and international business environment, and formed a series of experience that can be used for reference. Based on the macro background of "Guangzhou sample" which has carried out reform and opening-up for 40 years and optimized its business environment, this paper focuses on the exploration and practice of Guangzhou Tianhe CBD in the aspect of modern and international business environment, hoping to benefit the high-quality development of CBD in China in the new era.

Keywords: Tianhe CBD; Modernize; Internationalize; Business Environment

Ⅶ International Experience Chapters

B. 17 A home to Global Enterprises, a Paradise for International Business

—*A lesson from the optimisation of business environment in Singapore and its enlightenment to the development of central business districts in China*

Zhu Yijia, Zhao Dasheng / 259

Abstract: At present, the international trade friction represented by Sino-US trade war is becoming more and more frequent. Economic globalization is facing great challenges from 'unilateralism' and 'trade protectionism', which brings many uncertainties to the normal development of enterprises. Singapore has always adhered to the belief that enterprises are the cornerstone of economic development since its independence from 1965. By constantly improving its pro-business climate, Singapore has been favoured by global enterprises. This paper states that Singapore has nurtured a globally-recognized best business environment by building trust among enterprises, linking more resources to enterprises, delivering knowledge and labour capitals serving the knowledge-based economy, and providing high-quality living conditions for employees. Therefore, by learning from the development of Singapore's business environment, this paper puts forward proposals to China's Central business districts according to their current situations, which could provide as beneficial references for policy makers and decision makers.

Keywords: Singapore; Business Environment; Experience; China's Central business districts

B. 18 Regional Governance, Vitality and Attraction: A Case Study of France *Bu Ruifei, Zhu Yuming and Fan Dewei* / 275

Abstract: As globalization continues to increase competition among countries, territories and regions, they must continually innovate to enhance their respective attractiveness. However, attractiveness policies are usually directed to investors and international talents, leaving out the majority of the population. Our article aims to show how France and the city of Nantes are trying to balance attractiveness for talents and investors, while trying to maintain the quality of life of the middle and popular classes. This desire for balance does not go without contradictions. Indeed, the tax and regulatory policies decided by the French government seem to have both attracted foreign investors and discontented a large part of the population. Another contradiction lies in the desire to attract international talents, while the tax system based on extensive solidarity makes the country less attractive than others for those talents. We will study the case of the city of Nantes, and show how it has implemented an urban policy focused on improving the quality of life and image of the city, to enhance its attractiveness for companies, investors and retirees, becoming one of the most dynamic cities in France.

Keywords: Attractiveness; Territories; Talents; France; Nantes

B. 19　Business Environment Development Strategy for the London Central Business District (Canary Wharf)

Xiao Chaowei / 302

Abstract: According to the relevant theories of global cities and financialization, the central business districts in global cities bear the core functions of global cities, such as the City of London and Wall Street in New York. The other parties of the global cities are the areas serving the CBD, such as manufacturing area, science and technology city, etc. Therefore, it is particularly important to analyze the development of CBD and optimize its business environment. As a central business district developed in the context of urban renewal, the Central Business District (Canary Wharf) in the UK has developed rapidly in just 30 years and has become an important part of the world's financial system. Through the analysis of the software and hardware of Canary Wharf, the central business district of London, and the development and optimization of business environment at all levels, this paper tries to provide reference for the development of the central business district in China today.

Keywords: Canary Wharf Business Environment Global Cities; Financialization; Central Business District CBD

Ⅷ　Memorabilia

B. 20　Chronology of China's CBD in 2018 / 316

皮书起源

“皮书”起源于十七、十八世纪的英国，主要指官方或社会组织正式发表的重要文件或报告，多以“白皮书”命名。在中国，“皮书”这一概念被社会广泛接受，并被成功运作、发展成为一种全新的出版形态，则源于中国社会科学院社会科学文献出版社。

皮书定义

皮书是对中国与世界发展状况和热点问题进行年度监测，以专业的角度、专家的视野和实证研究方法，针对某一领域或区域现状与发展态势展开分析和预测，具备原创性、实证性、专业性、连续性、前沿性、时效性等特点的公开出版物，由一系列权威研究报告组成。

皮书作者

皮书系列的作者以中国社会科学院、著名高校、地方社会科学院的研究人员为主，多为国内一流研究机构的权威专家学者，他们的看法和观点代表了学界对中国与世界的现实和未来最高水平的解读与分析。

皮书荣誉

皮书系列已成为社会科学文献出版社的著名图书品牌和中国社会科学院的知名学术品牌。2016 年，皮书系列正式列入“十三五”国家重点出版规划项目；2013~2019 年，重点皮书列入中国社会科学院承担的国家哲学社会科学创新工程项目;2019 年,64 种院外皮书使用“中国社会科学院创新工程学术出版项目”标识。

中国皮书网

（网址：www.pishu.cn）

发布皮书研创资讯，传播皮书精彩内容
引领皮书出版潮流，打造皮书服务平台

栏目设置

关于皮书：何谓皮书、皮书分类、皮书大事记、皮书荣誉、
皮书出版第一人、皮书编辑部

最新资讯：通知公告、新闻动态、媒体聚焦、网站专题、视频直播、下载专区

皮书研创：皮书规范、皮书选题、皮书出版、皮书研究、研创团队

皮书评奖评价：指标体系、皮书评价、皮书评奖

互动专区：皮书说、社科数托邦、皮书微博、留言板

所获荣誉

2008 年、2011 年，中国皮书网均在全国新闻出版业网站荣誉评选中获得“最具商业价值网站”称号；

2012 年，获得“出版业网站百强”称号。

网库合一

2014 年，中国皮书网与皮书数据库端口合一，实现资源共享。

中国社会发展数据库（下设 12 个子库）

全面整合国内外中国社会发展研究成果，汇聚独家统计数据、深度分析报告，涉及社会、人口、政治、教育、法律等 12 个领域，为了解中国社会发展动态、跟踪社会核心热点、分析社会发展趋势提供一站式资源搜索和数据分析与挖掘服务。

中国经济发展数据库（下设 12 个子库）

基于“皮书系列”中涉及中国经济发展的研究资料构建，内容涵盖宏观经济、农业经济、工业经济、产业经济等 12 个重点经济领域，为实时掌控经济运行态势、把握经济发展规律、洞察经济形势、进行经济决策提供参考和依据。

中国行业发展数据库（下设 17 个子库）

以中国国民经济行业分类为依据，覆盖金融业、旅游、医疗卫生、交通运输、能源矿产等 100 多个行业，跟踪分析国民经济相关行业市场运行状况和政策导向，汇集行业发展前沿资讯，为投资、从业及各种经济决策提供理论基础和实践指导。

中国区域发展数据库（下设 6 个子库）

对中国特定区域内的经济、社会、文化等领域现状与发展情况进行深度分析和预测，研究层级至县及县以下行政区，涉及地区、区域经济体、城市、农村等不同维度。为地方经济社会宏观态势研究、发展经验研究、案例分析提供数据服务。

中国文化传媒数据库（下设 18 个子库）

汇聚文化传媒领域专家观点、热点资讯，梳理国内外中国文化发展相关学术研究成果、一手统计数据，涵盖文化产业、新闻传播、电影娱乐、文学艺术、群众文化等 18 个重点研究领域。为文化传媒研究提供相关数据、研究报告和综合分析服务。

世界经济与国际关系数据库（下设 6 个子库）

立足“皮书系列”世界经济、国际关系相关学术资源，整合世界经济、国际政治、世界文化与科技、全球性问题、国际组织与国际法、区域研究 6 大领域研究成果，为世界经济与国际关系研究提供全方位数据分析，为决策和形势研判提供参考。

法律声明